图书 影视

万物皆假设

[英]埃里克斯·伯依斯 著　马盈佳 译

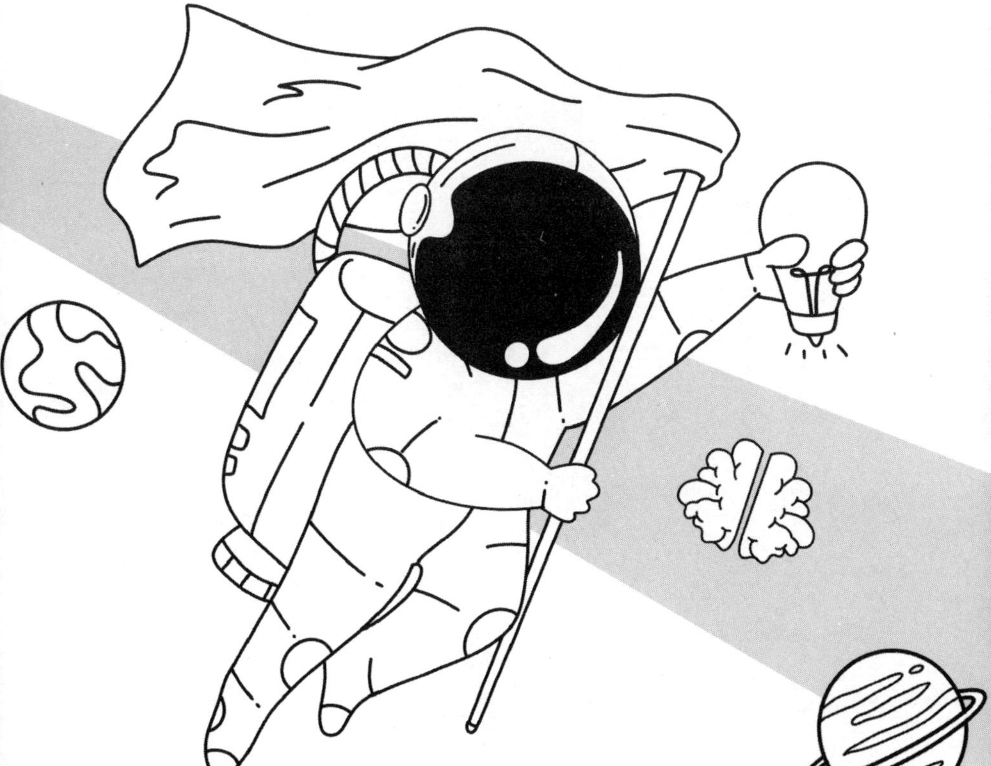

江西科学技术出版社

前　言

　　这是一本讲述有史以来最不可思议、离奇古怪和著名的反主流理论的书。在接下来的篇章里，我们将探究诸如此类的新奇问题：我们是生活在电脑虚拟世界中的吗？疾病会不会来自外太空？行星如果偶尔爆炸将会怎样？恐龙有没有可能死于一场核战争？人类会是水猿猴的后代吗？另外，耶稣其实是恺撒大帝吗？

　　这些念头或许听起来过于离谱，以至于没人能把它们当真，但是它们并非玩笑。长久以来，学者们以绝对认真的态度提出这些古怪的猜测，他们声称：不论这些猜测对普遍观念的挑战有多大，实际上它们都有可能是真的。对于这一观点，主流科学家自然强烈反对。他们坚持这些想法都是胡说八道。有人提出这些想法已经使一些主流科学家怒火中烧了，更别提去相信这些"胡言乱语"了。虽然如此，奇怪的理论仍然在科学史中长久地存在着。它们就像古怪而奇异的植物一样，持续不断地从知识文化的土壤中涌现。

　　作为对非正统观念的探索，本书的题材属于一种非常古老的类别——关于错误的历史。在传统上，这一题材的目的在于描述和批评愚蠢或错误的信念，所以才列举这些有缺陷的思想作为案例，以便在未来避免此类情况的出现。然而，我在本书中并无此意。另一方面，我并不想为这些奇怪的理论辩护或代言。我与它们的关系更加复杂。我承认这些主张都十分离谱，也愿意承认其中的大多数，抑或全部可能都是彻头彻尾的错误。然而，我对这些理论并不反感。事实上，它们还令我着迷，这也正是我写下这本书的原因。

　　在某个层面上，我被这些"错误"所吸引是缘于我个性中的一种怪癖。

一直以来，历史中的怪人怪事都令我颇为着迷，尤其是那些涉及局外人和古怪者的内容。从这个角度来说，这些理论的吸引力就很明显了，因为它们都是奇特想象的产物。其创建者大多都是传说中的怪咖，由于他们坚持主张反常的观念，最终被科学界排斥。

对于我受这些理论吸引的原因，还有一点是它们提供了一窥科学文化的独特窗口，科学文化本身就十分迷人。具体来说，它们展现了科学文化核心中的叛逆主义和建立共识两者之间的紧张关系。

科学是一种独特的知识形式，其独特之处在于：它鼓励对其主张持怀疑的态度，反对所谓完全确定的理念，总是承认存疑是有可能的，并且积极地将他们的主张付诸检验。为此，它给叛逆主义——正如著名的苹果公司广告语所说的那样——"不同凡想"赋予了巨大的价值。想想那些科学天才，如哥白尼、达尔文和爱因斯坦，他们正是因为以全新的方式看待自然世界，变革了我们对世界的理解而闻名于世。

但同时，科学也要求建立共识。如果研究者们永远相互反对，无休止地创造出新的相违背的解释，一切也就毫无用处了。在某一刻，他们必须聚到一起，并且认同对证据的其中一种解读比其他所有的解读更有说服力。换句话说，尽管科学有时会将最高荣誉赋予那些思维独特的人，但大多数科学家在大部分的时间里，需要思维一致。正如历史学家托马斯·库恩在他1962年出版的书《科学革命的结构》（*The Structure of Scientific Revolutions*）中所写的那样，他们共享的解读或者范式，指导着日常的研究，同时催生了他们提出的问题和他们认为正确的答案。

因此，叛逆者和共识建立者都在科学中扮演着必要的角色。但正如我们即将看到的，他们之间经常会发生冲突——尽管这种说法或许太轻描淡写了。其实，说他们经常在最后落得彻底厌恨彼此也不为过。

就共识建立者看来，其问题在于，尽管叛逆主义有其存在的意义，但它很容易被用过火。他们宣称，如果支持一种范式的证据是压倒性的，那么坚持拒绝接受它，选择宣扬自己激进的理论去替代它的做法，会很快变成愚蠢和疯狂，而这就等同于拒绝科学本身。

另一方面，叛逆者强调，解读证据的不同方式一向存在，而且证据甚至可能还是不完整的,或许是因为拼图缺失了一块最关键的拼板。他们警告说,僵化的依从对科学构成的威胁或许要严重得多,因为它令研究者无法看到可能的新解释。

在这场辩论中,我对两方皆怀有同情和同感。我承认,现实地说,传统科学智慧几乎一定是正确的。毕竟科学家们在评估证据方面受过高度训练。如果证据是说服了他们大多数人偏好一种解释,那很可能因为这真的就是最佳解释。但我身体里住着叛逆者,令我乐于见到那些反传统者在搅动局面,询问着棘手的问题。即使有时他们会被彻底当成疯子。偶尔——也许没有经常的程度,但时不时地——那些看起来违背常识、疯狂、非正统的理论最终被证明是正确的。

这由此引出了我着迷于奇怪理论的主要原因——纯粹的好奇。当有人想出完全有悖于正统观念、真正离谱的点子时,我就克制不住想知道他们的论点是什么。而且,有时会好奇,他们有没有可能是对的?他们另类的观点是一种疯狂的念头,还是天才的想法呢?

这就是这些理论的好玩之处。它们提供了放肆而激动人心的猜想。它们应对的是科学中最大的一些问题——关于世界万物、宇宙的本质、生命的起源和我们的物种、意识的出现以及文明的诞生——同时,给这些问题提供看似荒谬的答案。考虑到围绕这些话题的有多少是未知的事物,我们应该思考:这些答案真的显得那么疯狂吗?不确定性恰恰就是这些理论的吸引力所在,令它们得以赢得拥护者。

通过了解这些异见,你可以造访知识国度的塞外边疆,可以看看(有没有可能)其中哪个理论能诱惑你改旗易帜。也许它们会使你对原本毋庸置疑的主题产生疑惑,抑或这些理论对你完全构不成问题。

我确实有意给这些理论一个说服你的机会。因此,我尝试清晰地重现论证它们的过程,甘冒有时看似过分赞同它们的风险。尽管每一例我都必定会附上解释,说明为何这些理论被一些行业的专业人士所否定,但我并不会告诉你,我本人对任何一条正确与否的判断。因此,判断其价值的决定权在你自己。

如果你最终的确得出结论,认为普遍观念是对的,这些理论真的很疯狂，那我仍然要说，思索它们所花去的时间不会白费。古典学者玛丽·比尔德曾在探讨"荷马是一位女性"的理论（我们会在本书的最后一章谈到它）时主张：有一个想法有可能是"错而有用"的。我完全同意她的观点。我相信一个具有煽动性的想法，即使完全错误，也能引导我们跳出固有思维的框架。那些跳出熟悉的知识领域的练习，能够撼动我们的思维，引发我们对自己的假设提出质疑，使我们认识到，以全新的方式看待我们原以为理所当然的事物是有可能的。

而且，在更实际一些的层面，这些奇怪的理论的确提供了一种另类的途径，帮我们学习不少正统的科学知识，因为它们不断提及主流科学学派，虽然同时也在驳斥它们。这就像借助哈哈镜审视科学史一样。理念参考体系或许极为另类，但你还是会接触到大量被认为"正确"的科学知识——与不正确的混在一起。这其中的某些理论甚至有望激发你涉猎该主题的更多信息，抑或促使你就某个学科更深入地研读下去。

"奇怪理论"这一题材的内容广博而芜杂。想要全面涉猎，得花上数卷才写得完。为了让一切变得更简单，我使用了一些过滤手段。

首先，我去掉了所有我认为缺乏真正叛逆精神的理论。这样就排除掉人们经常拿来与反叛正统科学联系在一起的理论：神创论和气候变化否定论。我们将在本书中谈及的很多理论都曾被评论家指出与这两种理论的相似之处，但我认为这种对比是错误的。

神创论是人们对于一种古老的宗教传统僵化地信奉之下出现的理论。这恰恰是叛逆主义的反面。类似地，气候变化否定论者也代表着一个强有力的利益群体——化石燃料产业与其所有同盟者。

在我心里，一名真正的科学叛逆者未曾简单地接纳一种另类、固有的正统观念。他们并不从属于某个根深蒂固的派系，并认为自己的派系被科学共识威胁，而与人展开口舌之争。相反，他们是真正的怪咖，开辟出属于他们自己的奇怪天地。不管人们对他们作何评价，在他们的立场背后，并没有隐含愤世嫉俗的观念或者秘而不宣的动机。他们对寻求他们所理解的真理有着诚挚的热忱。然而，当他们明显反对特定科学观念时，他们也不反对科学；恰恰相反，他们把自己看作科学价值正义的守护者，对抗着日渐抬头的趋同思维。

由此推论，我相信叛逆主义并不等同于无知。一名真正的叛逆者必须了解他们所否定的科学结论是怎么回事。世界上有整个一个类别的怪诞科学，人们构想出烦冗的理论，显然从未阅读过其所属主题下任何相关的科学文献。我把这看作另外一种现象——它自有其趣味，但这并非我想在本书中审视的东西。我认为：本书涉及的理论提出者都为理解他们所否定的范式而付出了一番努力。事实上，他们之中还有很多人，之前在其所在的学科还极受人敬重，后来他们似乎完全脱离了正轨，这令他们的同事感到十分困惑。

就算有了这层过滤，我们的主题仍然相当宽泛。因此，我进一步将范围缩小到历史科学学科：宇宙学、地质学、演化生物学、古生物学、人类学、社会科学、考古学和历史学等。这与实验科学学科，诸如物理学和化学（我选用了两个物理学理论，因为它们都与宇宙学相关）相对应。

我选择这些学科是出于对我钱包的考虑，这些历史学科可以产出最好的（也是最离谱的）奇怪理论。它们是该类别下一些历来最经典的奇怪理论的出处。它们天然就比那些实验科学学科的理论更具猜测性，因此理论的提出者能让他们的想象力尽情翱翔。

聚焦于历史学科，也使我能够为本书构建起一定的结构。虽说每一章都各自独立，你想以怎样的顺序阅读都可以，但同时，如果你选择从头到尾依序阅读，各个主题会以大致的逻辑顺序展开。我们会从最宽广的视角开始，探讨整个宇宙的话题，随后我们将不断拉近视野：来到太阳系，接着是地球——生命的起源，人类的演化，最终探究文明的出现。我以这样的方式设计本书，让它为你提供某种宇宙的另类历史，从其诞生一直聊到现代的开端。

为了丰富全书的多样性，我顺带还提及了几个古怪却正确的理论的例子：这些概念一开始被科学界否定，但最终作为正确（或者至少是可能正确）的理论而被接受。我这样做是为了向你展示：理论确实有可能从被排斥最终发展成被人们接受。

最后，让我再加上一些对本书术语的说明。"理论"一词在科学中有特定的含义。它被定义为得到证据的强有力支持，并且大致被科学界接受的解释。这与"假说"相对，"假说"更像是在一定知识基础上，根据有限的证据做出的猜测。

由此，出现了一个问题——因为在大众用语当中，一个"理论"指任何推测或者观点——理论一词与"假说"或者"猜测"是可以互换的。这就产生了一个矛盾的源头，因为一些科学家会对这些词语的用法特别挑剔。事实上，他们还曾经发起过长达两个世纪的运动，试图让人们不再将"假说"描述为"理论"。他们担心如果公众将一个科学理论当成是任何旧观念或者猜想，公众就没法充分认识到它的分量和重要性了。最终，公众有可能会认为进化论不过是达尔文坐在马桶上想象出来的半吊子理念罢了。

我害怕自己会招来用词挑剔者的愤怒，因为我选择使用"理论"世俗的而非科学上的含义。我的理由是，本书是为更广泛的大众读者所写，因此我认为运用公众所熟识的用法比较合宜。我试着坚持用最普遍使用的词语来描述每个观念。如果大多数人把它称为"理论"（不管这样是否确切），那我也这么做；同样地，如果大多数人把某个特定的理念称为"假说"，我也照此称呼它。

说了这么多绕圈子的话，我还得补充，我可能把接下来书中的一些观念称为"理论"，但这并不意味着它严格来说就是理论。其中一些倒确实接近了，你会在书中发现不同程度的合理性。我猜想你甚至可能会最终同意其中的一些主张。然而，其他的甚至连假说也算不上，大概仅仅把它们称为猜想比较确切吧。继续阅读时请持适当谨慎的态度。

目录

第一章 宇宙难题   1
    若宇宙大爆炸从未发生？   2
    我们的宇宙其实是电脑虚拟世界？   15
    全宇宙只有一个电子？   20
    我们生活在黑洞中？   26
    我们会永远活下去？   34

第二章 不寻常的暗淡蓝点   43
    地球位于宇宙的中心？   44
    行星会爆炸？   50
    太阳系有两个太阳？   63
    每年有千万颗彗星撞击地球？   72
    地球在膨胀？   78

第三章 它是活的   87
    万物都有意识？   89
    疾病来自太空？   95
    地球拥有不竭的石油和天然气储量？   106
    另类生命存在于地球上？   114
    我们已经找到了地外生命？   124

第四章　迷幻猿的崛起　　　　　　　　131
　　恐龙灭绝于一场核战争？　　　　　133
　　我们的祖先是水猿？　　　　　　　139
　　我们的祖先是猪和黑猩猩混血？　　150
　　迷幻药使我们演化成人类？　　　　156
　　人类在变笨？　　　　　　　　　　165

第五章　蘑菇上帝和幻影时代　　　　173
　　古代人类受幻觉指引？　　　　　　175
　　荷马是女人？　　　　　　　　　　186
　　耶稣是蘑菇？　　　　　　　　　　192
　　耶稣是恺撒大帝？　　　　　　　　203
　　中世纪早期从未存在过？　　　　　210

后　记　　　　　　　　　　　　　　219

致　谢　　　　　　　　　　　　　　221

参考文献　　　　　　　　　　　　　223

◇ 第一章

宇宙难题

COSMOLOGICAL CONUNDRUMS

如果你从市中心出发，穿行经过摩天大楼和城市街灯，越过市郊，来到郊外开阔的田野，请记得一定要抬头看看夜空。你会看到广阔的宇宙在你的头顶伸展开来。这景象令人惊叹，或许它会引起你思考：宇宙到底是什么，又从哪里来？群星和星系是如何出现的？我们该如何解释这广袤无垠的存在呢？

人类从史前时期就一直在思考这类问题，那时他们从神话中获得答案。中国古代神话故事里提到：一个名叫盘古的巨人从一颗巨蛋中醒来，试图走出巨蛋而打碎了它，宇宙也由此诞生；在雷纳佩族和易洛魁族[①]的创世故事中，一只海龟将整个世界驮在背上；根据古巴比伦史诗《埃努玛·埃立什》[②]中的描述，风暴之神马尔杜克[③]用被杀死的巨大海龙提亚玛特[④]的尸体塑造了天空和大地。

如今，宇宙学是研究宇宙整体问题的学科。其本质决定了它研究的都是些抽象而奇特的概念，如黑洞、更高的维度以及在太空的真空中闪现和湮灭的虚粒子。因此，宇宙学家很能容忍古怪的观点。他们当作正统观念的理论有时颇令人费解。至于那些我们在本章中审视的非正统理论，姑且说它们对我们心中真实世界的某些最基本的方面提出了质疑吧。

若宇宙大爆炸从未发生？

宇宙是如何诞生的？主流科学告诉我们，宇宙是在大约138亿年前，

[①] 雷纳佩族和易洛魁族：都是美国本土的印第安族。
[②]《埃努玛·埃立什》(Enûma Eliš)：古巴比伦史诗，"埃努玛·埃利什"是阿卡德语，可译作"天之高兮"或"当在最高之处时"。
[③] 马尔杜克（Marduk）：最开始是雷暴之神。传说中他制服了造成原始混乱局面的怪物提亚玛特之后成为众神之首。
[④] 提亚玛特（Tiamat）：又被称为龙，代表海。

从一个极热、致密的状态爆炸形成的。随着这个火球一样的宇宙不断扩张,它冷却了下来,首先形成了原子,然后形成恒星和星系,最后它的一小部分转变成地球以及包括你我在内的所有地球居民。

这就是大爆炸理论,它首先于20世纪20年代成形,尽管它未被立即广泛地接受。20世纪中叶的数十年里,一种名为"稳态模型"的理论对它构成了严峻的挑战。这种替代性的宇宙论于20世纪40年代被提出,并且提出了迥异的宇宙起源说——认为宇宙没有开端,宇宙大爆炸从未发生。事实上,稳态说的支持者主张:科学的一个最基本的原则令宇宙大爆炸不可能发生。

然而,他们倒并未提出,缺少开端意味着宇宙的诞生本身就从未发生。正相反,他们主张——这是该理论最古怪的部分——宇宙的诞生一直在持续。他们想象在太空边界,物质持续从虚无中产生。这种新生物质具体是何种形式并不清楚。该理论的提出者猜测,它可能是弥散的氢原子,从虚无中冒出来。尽管他们之中还有个人异想天开地提出,它甚至有可能是自然产生的肥皂块,但他们主张,不管新物质属于何种形式,宇宙永无止境地以这种方式更新自身——如果可能的话——就跟一个人通过永无止境地获得新生的健康细胞而永生一样。

翻开任何一本科学教科书,你都找不到任何关于弥散的原子,或者从虚无中冒出肥皂块的内容。现代科学绝不会相信这样的现象可能存在,说它更像魔法还差不多。那么,稳态理论的提出者们是如何说服他们自己相信,这种所谓持续诞生的想法有可能是真的呢?为便于理解,让我们退一步,先来看看大爆炸理论的产生,因为彼理论的出现正源于此。

大爆炸理论的灵感来源于观测证据。20世纪20年代,在美国加州的威尔逊山天文台,天文学家爱德文·哈勃[①] 运用刚安装好的大型天文望远镜,发现可见宇宙中几乎所有星系都在快速地远离彼此,就好像在向外逃逸一样。这使他得出结论:宇宙一定正在膨胀。

[①] 爱德文·哈勃(Edwin Powell Hubble, 1889—1953):研究现代宇宙理论最著名的人物之一,河外天文学的奠基人,提供宇宙膨胀实例证据的第一人。

这一发现反过来很快让比利时物理学家（同时也是罗马天主教神父）乔治·勒梅特[1]推测：如果宇宙在不断变大，那么在过去它一定相对较小，而且小得多。他推测，如果令时间倒退得足够久远，你最终会抵达一个原初时刻，那时宇宙中所有的物质都被压缩在一起，呈一丁点大的单个物质，他称之为"原始原子"。他主张，宇宙中存在的一切，肯定都来自这一源头。此解释深具说服力，令大爆炸理论很快成为关于宇宙起源的主要科学理论。

稳态理论在此之后发展起来，但它的灵感来源于更抽象、更具哲学意味的思考。它是三位剑桥研究者：赫尔曼·邦迪[2]、托马斯·戈尔德[3]和弗雷德·霍伊尔[4]思想的产物。邦迪和戈尔德都是逃离了纳粹德国、客居奥地利的流亡者，霍伊尔则是英国约克郡人。二战期间，英国军队为发挥他们的科学才智，安排他们研究雷达，其时三人得以相遇。他们在战后都成了年轻的教授，继续着这段友谊。

三个人都同意哈勃做出的"宇宙正在膨胀"的发现十分重要，但是他们认为勒梅特的结论肯定不对，因为他们相信，这违背了科学的一个最基本的原则——自然法则是普遍适用的，应当在任何地方及任何时间都一致地发挥作用。他们坚称这是不能妥协的绝对概念。他们提出警告：如果你开始与这个概念过不去，比如你认为万有引力定律也许只在周二有效，周三无效，那么整个科学大厦都会倒塌，知识将不复存在。

这一原则本身并无争议。他们说这是科学信念最基本的一部分，这点没错。但是，若将它死板地用在宇宙起源这一问题上时，就导致他们得出了惊人的结论，认为物质和能量的产生不可能像勒梅特所想的那样，是一次性发生的，因为如果宇宙诞生能够发生一次（它显然已经发生过一

---

[1] 乔治·勒梅特（Georges Lemaître, 1894—1966）：比利时神父、宇宙学家。

[2] 赫尔曼·邦迪（Hermann Bondi, 1919—2015）：英国籍数学家与物理学者。与弗雷德·霍伊尔、托马斯·戈尔德三人共同提出稳态理论。

[3] 托马斯·戈尔德（Thomas Gold, 1920—2004）：出生于奥地利的天体物理学家，是提出稳态理论的三位科学家之一，同时也以提出化石燃料的非生物成因说而为人熟知。

[4] 弗雷德·霍伊尔（Fred Hoyle, 1915—2001）：英国天文学家。曾担任英国皇家天文学会会长。1972年获封爵士。

次,因为我们存在),那么它一定在过去的任何时间都可能发生,未来也随时都可能发生。宇宙诞生一定是一个持续不断发生的过程。如果自然法则自始至终恒定不变,那么又怎么会有其他解释呢?

他们批驳勒梅特的理论极不科学,因为它违背了这一原则,未对宇宙诞生的问题加以解释,使它成了时间之初的一个神秘的一次性事件。邦迪批评道:"将整个宇宙诞生的问题推到过去,是在限制科学,使人们只能讨论宇宙诞生之后的情形,从而阻碍了科学研究宇宙的诞生本身。"

简而言之,这就是两种宇宙论模型之间的论争。大爆炸理论的支持者依据的是使人想到一次性宇宙诞生事件的观测证据;而稳态理论的拥护者作为回应,援引了一个哲学原则来坚称宇宙诞生一定是持续不断发生的。

邦迪、戈尔德和霍伊尔承认,物质在持续不断地被创造出来的观点可能会让许多人感到奇怪,毕竟还有其他需要考虑的科学法则,如能量守恒定律。该定律指出:能量只能转变形式,不能被创造或者消灭。因此,物质作为一种形式的能量,不应该凭空产生。

同样重要的是,丝毫没有观测证据能够为宇宙持续诞生的主张提供支持。科学家从未观察到此类现象。物理学家赫伯特·丁格尔(Herbert Dingle)气愤地将这一概念比作利用超自然魔法,将铅转化为金子的炼金术信念。然而,"剑桥三人组"依然坚持认为:把宇宙诞生当成持续发生的过程比当成一次性事件要更合理。为支持这一论点,他们仔细地基于宇宙持续诞生的理论,推导出宇宙模型的各项细节,以展示它可能是如何运作的,并由此得出他们的稳态模型。

故事是这样展开的,三名研究者在看过一部1945年的恐怖电影《死亡之夜》[①]后,想出了他们宏大的替代性宇宙论。电影讲述了一个人被困在不断重复的梦魇中,并且以这个人再次从其噩梦的开头醒来而结束。这种周而复始循环的叙述结构,使研究者们想到无始无终的宇宙概念。这一联系或许对大多数人来说并不明显,但是三个人看完电影之后坐在邦迪的

[①]《死亡之夜》(*Dead of Night*):1945年上映的恐怖片。该电影以一个鬼怪故事为框架,叙述了五个鬼故事。

公寓里共饮的朗姆酒显然帮他们看出这一类比的合理性。

大爆炸理论中的宇宙，以剧烈的爆炸为开端，并随着时间推移，经历了急剧的变化；与此相反的是，他们的稳态宇宙一直处于平静和安宁的状态。它提供了一幅令人安心的图景：在足够大的范围内，宇宙过去一向并且未来也将一直保持稳定。

邦迪在 1950 年出版的宇宙论教科书中解释道："'稳态'这个词用来形容一直在广大范围内维持原样的宇宙。"他将其与一条河流相比拟，河中的水在向下游流动时持续变化着，但是日复一日，河流整体上是恒定不变的，它流动的速率是稳定的；与此相似，稳态宇宙一直会在小范围内发生变化，但是其整体始终保持一致。

维持这种稳态的关键在于物质的持续产生。如果现存的物质就是一切，不会再有新物质产生，那么随着恒星燃尽所有可用的燃料而变暗，宇宙最终会步入冰冷的死亡，但是如果物质持续产生的话，它们就会提供无尽的燃料，即使在衰老的恒星燃尽之后，仍然能够有新生的恒星形成。

根据他们的计算，维持宇宙运转甚至不需要用到很多的物质，而且这一需求量小到一个人可能永远无法观察到它在发生，也不会有任何已知的实验能探测到它。以提供简单朴素的解释而著称的霍伊尔是这样描述的："每十亿年里，在相当于一品脱容量的牛奶瓶大小的范围内，大约会产生一个原子。"（前文中，那个半开玩笑地声称物质有可能以肥皂块的形式出现的也是霍伊尔。）

至于规定了物质不可能凭空产生的物质守恒定律所涉及的问题，霍伊尔辩称："事实上，宇宙的持续诞生，有可能是在不违反此定律的情况下发生的，而实现它的关键就是'负能量'。"霍伊尔假设全宇宙范围内存在负能量场——他称之为"创造场"。他说，任何的扰动都会令该场的体积增加，随后就会触发了等量的正能量（即物质）产生。同时产生的正负能量相互抵消，令宇宙中能量的总和保持恒定。

批评家们将这种解释驳斥为"数学把戏"，但霍伊尔回应道，即使如此，它也能说得通，因为能量守恒定律仅要求能量总量保持不变。有多少正负能量产生根本无关紧要，只要总量维持平衡，那么能量守恒定律就没有被违反。

物质的生成还起到了另一个作用。随着物质形成，创造场会扩张，而且因为其能量是负的，它有一种反引力的效应，造成宇宙膨胀。这与哈勃早期的观测相符，宇宙膨胀本身就会起到某种清除宇宙垃圾的作用。衰老的恒星和星系被向外推，推出可观测宇宙的边界，使新生的恒星和星系得以取代它们的位置。由此，稳态系统的各部分一起运作，如同顺畅运转的机械装置一样，永远不断地运行着，无始亦无终。

1948 年，"剑桥三人组"发表了他们的新宇宙论的细节，以两篇文章的形式展现：一篇由邦迪和戈尔德合写，另一篇单独由霍伊尔所写。随后，他们开始推广自己的理论。在推广过程中，霍伊尔意外地为大爆炸理论定了名，也算是历史上的一桩不大的奇事。在那之前，勒梅特的理论通常被冠以"演化宇宙论"模型的名字，但在 1949 年英国广播公司（BBC）的一次广播讲座中，霍伊尔语气略带不屑地将之描述为物质"在久远的过去一个特定时刻的一次大爆炸中"被创造出来的观点，而这个说法就这样被沿袭了下来。

一段时间里，稳态理论获得了不少人的追随，特别是在英国研究者群体中。科学史学家曾记录，该理论让整个宇宙保持不变、稳定、平静，似乎对热爱传统和稳定性的英国人很有吸引力。霍伊尔同时也是一位实力卓著、颇具影响力的成功人士。在 20 世纪 50 年代，他所领导的一支团队研究出了恒星核合成的原理——太阳内的氢和氦是如何形成诸如碳和铁等元素的。这一发现被认为是"20 世纪天体物理学界最出色的成就之一"。

然而，最终令该理论退出历史舞台的是观测证据。这些观测证据一向更符合大爆炸理论。随着天文学家继续探索宇宙，他们发现宇宙与稳态模型的预测并不相符。

20 世纪 50 年代，天文学家开始使用射电望远镜的新技术来探索宇宙最遥远之处——也是最古老的区域——他们发现，那些区域的星系比更"年轻"区域的星系聚得更紧密。这直接与稳态理论所预测的——宇宙应该总是和它的现在有一致的样貌（因此也应有同样的密度）相违背。

然而，真正的致命一击来自 1965 年，宇宙微波背景辐射的发现。这是一种微弱的电磁辐射，充斥着宇宙中的每个角落。大爆炸理论家们曾精确地预测这样的现象，是早期宇宙极热的初始状态遗留下来的辐射。另一方面，稳态理论的支持者却落得措手不及，他们并没有理论可以拿出来解释为什么会存在宇宙微波背景辐射。

就大多数科学家看来，这些观测证据放在一起，使天平决定性地倾向了大爆炸理论一方。它们清晰地表明宇宙肯定曾有一个开端。其结果是，稳态理论的支持者迅速减少，到20世纪70年代，大爆炸理论已经被接受成为宇宙论的标准模型。

20世纪90年代，不认输的霍伊尔试图为稳态理论拼凑一次重回历史舞台的机会。他与天体物理学家贾扬特·纳利卡和杰弗里·伯比奇①合作，一起提出了他们称为准稳态宇宙论的理论。

在这一新版本中，他们承认，观测证据的确表明大约在140亿年前，某种重大、宇宙规模的事件曾经发生，但他们辩称：这一事件并不一定是宇宙的起源；相反，他们提出宇宙经历过500亿年收缩和膨胀的无限循环。他们倒并未想象宇宙一直收缩到勒梅特的原始原子那么大。他们声称，在最近的一次收缩中，宇宙仍维持足够大小，使所有星系都保持完整。这就将他们的观念与大爆炸理论的一些模型——它们构想宇宙历经坍缩和重生的循环——区分开了。但他们宣称，宇宙收缩到足以令上次收缩期结束，和当前膨胀期的开端看起来如同大爆炸。这就令所有作为大爆炸证据被引用的观测，能够在宇宙持续诞生的框架内，被重新加以解读了。

对大多数天文学家来说，这一新模型看起来不过是为挽救失败理论而做的绝望尝试罢了。对此，他们大都采取了无视的态度。当然，这也丝毫没有影响大爆炸理论的流行。遗憾的是，霍伊尔于2001年去世，稳态模型失去了最强有力和最著名的宣扬者。

纵观这段历史，将稳态理论看作一次雄心勃勃却误入歧途的、试图基于哲学原则而非观测证据找出宇宙论模型的尝试而弃之不顾的行为似乎轻而易举。当然，它注定失败，但重要的是，实际上该理论的确提出一

---

① 杰弗里·伯比奇（Geoffrey Burbidge）：英国天文学家，理论物理学家。

个合理的问题：物质和能量的产生到底是怎样发生的？物质是如何凭空出现的？如果物质在整个外太空随机产生是错误答案，那么正确答案是什么？大爆炸理论对该现象的解释又是什么呢？

直到 20 世纪 70 年代，大爆炸理论支持者中，占主导地位的学派单纯地将宇宙诞生当成了一个越限话题。其证据也强有力地表明：一次单独的宇宙诞生事件曾发生过，但是没有线索说明它为何发生或什么引发了它，因此去猜想它的原理似乎并无意义。但当大爆炸理论被奉为正统观念，忽视宇宙诞生的问题已开始让人无法满足。正如科学史学家约翰·汉兹所说，它开始变得像现代宇宙学房间里的大象[①]一样。许多科学家感到有必要给出某种解释。

当然，我们一向可以拿上帝来作为一切的答案。也许某位神祇打了个响指，开始了创造。这个解释看似与大爆炸理论奇怪地相容，这一点并没有逃过大爆炸反对者的眼睛，也没逃过教皇庇护十二世[②]的注意，后者于 1951 年称赞了大爆炸理论，称其为宇宙有一位造物主提供了科学证明。随着时间流逝，许多大爆炸理论坚定的无神论批评者指责该理论不过是迷信的人偷偷把神学混进科学的工具罢了。他们指出：勒梅特既是物理学家，又是一名神父。

大爆炸理论的支持者愤怒地否认这一指控，并提出他们许多人也是无神论者。无论如何，他们并不想为宇宙诞生的谜题找一个宗教性的答案；他们想要一个真正的科学答案。但是，当他们沉思于如何在大爆炸背景下解释宇宙诞生的时候，他们遇到的问题在于，由稳态理论支持者提出的批评，其实是对的。迄今为止，只发生过一次宇宙诞生的确非常奇怪。自然界的基本力——如引力和电磁力——都是持续存在的。它们不会被开启或被关闭。因此，为什么某种力会让宇宙诞生只发生一次，随后却禁止它再次发生了呢？

---

① 房间里的大象：形容一个显而易见、人们却避而不谈的主要问题。
② 庇护十二世（Pope Pius XII，1876—1958）：第二百六十任教皇。1933 年代表教廷和德国签订条约。2009 年被列为"可敬者"。

这就是谜题所在,这个逻辑引导人们得出了一个看似矛盾却可能的答案:如果宇宙诞生不可能发生在我们的宇宙,那它曾必然发生在其他地方。这尽管听起来非常古怪,但我们的宇宙外一定还有宇宙,宇宙诞生肯定曾经(有可能目前仍在)以某种方式,在我们视野外的其他地方发生。

这一解释要求我们重新定义"宇宙"这个词。传统上,该词指的是存在的一切,但现在它被给予了一个有限的含义。我们用"全宇宙"来指代一切时空。而"宇宙"则被重新定义,以表示大爆炸所创造的一切。这暗示了形成我们这个宇宙诞生事件的外部,可能还存在着广大的区域。事实上,也许在我们居住的这个宇宙之外,还存在许多个其他的宇宙。

自20世纪70年代起,大多数主流宇宙学家都采纳了这一答案的某种变体。它是对勒梅特最初提出的大爆炸模型的重大修改,原模型宣称它描述了所有一切事物的诞生。而新大爆炸理论仅仅描述了我们这个宇宙诞生于此前存在的某种形态的情形。然而,关于这种形态可能是什么并无共识。或许是一种量子真空,其中随机的能量波动偶尔产生新的宇宙。也许是一种五维超空间,里面存在着飘浮的能量膜,每次它们相撞时会孕育新的宇宙。又或者(这是目前最流行的观念)是一个"多元宇宙",里面充斥着迅速膨胀的负能量场,从这里持续不断地形成新的宇宙,这个过程就像水蒸气冷凝成水滴一样。

但是想想这些猜想意味着什么吧。它们暗示了,如果大爆炸的确曾发生过,那么全宇宙肯定是一个非常奇怪、我们所知甚少的地方,比我们的宇宙要广大得多,而且特性也与我们的宇宙极为不同。相对地,如果大爆炸从未发生,那么正如稳态理论所设想的那样,无论何时何处,我们所见到的宇宙的样子,应与全宇宙实际的样子差不多。

从这个角度来看,稳态理论就成了一个极为保守的理论。它接受了一点点的奇怪之处(在我们的宇宙中,物质持续不断地产生),来使总体达成大规模的常态,使我们的宇宙仍作为全宇宙存在。另一方面,大爆炸理论否定了奇怪的宇宙持续诞生的概念,但结果是,它的支持者最终将宇宙诞生的发生地,推到了我们的宇宙之外。他们把我们的宇宙重新想象成了一个大得多的整体的一小部分——某种泡泡宇宙,在某种无限而陌生的太空中飘浮，四周围绕着其他的泡泡宇宙。

这就是具有反讽意味的稳态模型。它提出物质杂乱无章地到处生成的概念，被看作一个非正统的、奇怪的理论，但其宇宙模型可能比当前大爆炸理论的支持者们所想的要保守得多。所以说，到底哪个才算是更奇怪的理论呢？也许真实情况是，解决宇宙诞生的问题并没有不奇怪的法子。解开这一谜团的所有努力都会引向一些非常古怪的结果吧。

怪论成真：射电天文学

20世纪后半叶，射电望远镜彻底改变了天文学，开启了通向宇宙的全新窗口。它使研究者得以发现宇宙中的一些天体。这些天体甚至在以往从未有人猜想过它们的存在，如被称为"类星体"的高能星系和被称为"脉冲星"的高速自转的中子星。因此，天文学家必定曾展开双臂欢迎射电天文学的到来吗？其实并非如此。事实上，他们起初的反应更像是集体耸了耸肩，没把它当回事。

暗示这种技术可行的最初迹象，实际上根本没出现在天文学界内部。它来自美国电话电报公司（AT&T）的研究部门——贝尔电话实验室。20世纪30年代早期，他们对使用无线电进行跨大西洋的电话通话产生了兴趣。然而，在电话测试的过程中，通话一直被来自未知源头的噪声干扰打断。该公司安排了一位年轻的工程师，二十六岁的卡尔·央斯基[①]找出干扰的源头。

为此，央斯基在位于美国新泽西州霍尔姆德尔镇的贝尔实验室总部附近，一座废弃的土豆农场的田地里，建了一台高百英尺的无线电转向天线。他的同事们给这台设备起了个别名叫"央斯基的旋转木马"。经过两年的研究，他得出结论，当地和远方的雷电是干扰的一个原因，除此之外，

[①] 卡尔·央斯基（Karl Guthe Jansky，1905—1950）：美国无线电工程师。1932年，他发现的发射自银河系中心的无线电波，标志着射电天文学的诞生。

还有一个他无法识别的源头。这是一种充斥着噪声的无线电信号，大约每24小时就会达到强度峰值。

通过转动天线朝向，央斯基能够确定信号来自哪个方向，而令他惊讶的是，起初信号显示来自太阳——单单这一件事就已属意义重大了，因为从未有人考虑过无线电来自太空的可能性。但随着继续跟踪这一信号，央斯基意识到信号并非来自太阳。在一年的时间里，该信号缓慢地在天空中移动位置：开始时，它处于太阳的方向；六个月后，它已经在天空中相反的位置了；在一年的末尾，它又回到了太阳的方向。

虽然央斯基没有天文学背景，但是他的天文学知识足以令他意识到：这一有趣的位置变化意味着该信号的源头在天空中占据着一个固定的位置，而地球在一年里围绕太阳的公转，使信号看起来好像在移动位置一样。反过来，这意味着信号必然来自太阳系外的源头。比如说，一颗恒星，因为太阳系内没有天体能保持在固定的天文位置上。在查阅星图之后，他发现信号似乎来自太阳系所在的星系——银河系的中心。

央斯基的发现成了报纸上激动人心的新闻头条，记者们急于了解央斯基是不是收到了来自外星文明的信号。央斯基向记者们保证，信号看起来是由自然现象引发的，因为该信号声是连续且纯粹的，完全是一种噪声，听起来就像用平底锅煎培根一样。尽管如此，媒体还是找到了一种引爆这条新闻的方法——"进一步猜测，这股无线电波可能是从银河系中心流出的无限电力的一个源头（遗憾的是，根本没这种好事）"。

另一方面，对专业天文学家而言，央斯基的发现似乎并没有什么影响。他们不过把这一发现当成偶遇的奇闻趣事罢了。产生这一想法的原因在于，20世纪30年代，那些一般意义上的天文学家，几乎对无线电工程学一无所知。他们只通过光学天文望远镜观测太空，从不鼓捣无线电。因此，央斯基出人意料的发现，正处于他们的专业领域之外。另外，传统的知识认为，恒星只产生光，除此之外无其他产物。虽然有些人提出了，信号的真正来源或许是射入地球大气的恒星辐射；但大多数人只是把这一报告束之高阁，弃之于不顾罢了。

这就是射电天文学虎头蛇尾的诞生过程。央斯基试图说服贝尔实验室资助自己探究这种神秘的"恒星噪声",但是贝尔实验室并没看出这一研究有什么赚头。最后,央斯基的上司让他改做其他的项目,他也照做了。

尽管天文学专家们没怎么为央斯基的发现而激动,但对天文学来说幸运的是,有个年轻人因此兴奋不已,他就是二十一岁的格罗特·雷伯[①],住在芝加哥地区,是一名拥有电学工程学位的无线电业余爱好者。像央斯基一样,他也没有天文学背景,但他认为恒星噪声是他听过的最神奇的东西,所以他决定把这个谜题研究个透。

一开始,雷伯试图通过与专家联系来满足他的好奇。他写信给央斯基,想取得一份做他助理的工作,但央斯基告诉他贝尔实验室已经砍掉了这个项目的资金。随后,雷伯确认了一遍有没有哪位天文学家正在研究这个问题。哈佛天文台礼貌地回应道,央斯基的发现很有意思,但他们还有更紧迫的研究项目需要开展。芝加哥大学的天文学教授杰拉德·柯伊伯态度则轻鄙得多。他向雷伯保证:央斯基的发现"最好也不过是个错误,最坏也许是一场骗局"。

然而,雷伯身上有一种叛逆的个性,这种个性会贯穿他的一生。他的一位传记作家在后来写道:"雷伯并不关心权威科学,在表达其鄙弃情绪的时候除外。"如果专家们不打算探究"恒星噪声"的谜题,雷伯决定他会自己去做。

1937 年,雷伯住在他母亲位于美国伊利诺伊州惠顿的房子里。在房子旁的一块空地上,他着手开始建造世界上第一台射电望远镜。与央斯基的天线不同,这是一台正规的射电望远镜,拥有一个直径三十二英尺的抛物面"锅",将无线电波汇聚在一起。这台望远镜坐落在巨大的脚手架结构上,他的母亲之后用它晾起了衣服,邻居的孩子们则把它当作攀爬架玩了起来。

1938 年,雷伯完成了望远镜的建造,随后开始绘制有史以来第一幅射电天图。他只能在深夜工作,主要因为他白天得去芝加哥的一家电子技

[①] 格罗特·雷伯(Grote Reber,1911—2002):美国天文学家,无线电天文学先驱之一。进行了第一次的无线电频率巡天。

术公司上班，但有时也因为夜晚路上车比较少，毕竟汽车引擎产生的噪声会干扰他敏锐的接收器。

在接下来的一年中，他将自己工作的细节寄给了一些天文学期刊，但正如在他之前的央斯基的遭遇，他得到的回应即使不是彻底的怀疑，也是缺乏兴趣的回应。毕竟，在天文学的研究上，他基本上属于自学成才，并非任何一家学术机构的成员。这些期刊的编辑们无法判断他是真的在做研究，还是只是一个不知哪来的疯子。最终，《天文物理期刊》的编辑下决心进一步审视这名年轻人，万一他的主张真的有分量呢。于是，这位编辑派出了一支天文学家队伍，前往惠顿查看这台射电望远镜。

天文学家们惊讶地绕着这台设备走来走去，不时捅捅这儿戳戳那儿，最终发回报告说"它看起来是真家伙"。1940年，该期刊发表了一篇由雷伯撰写的短文，这是在天文学期刊中发表的第一篇关于射电天文学的文章。由此，多亏了雷伯的恒心，天文学家们终于了解到无线电波能怎样帮助他们探索宇宙了。

可即使如此，直到二战后，得益于军方对发展雷达技术的兴趣，射电天文学才被全面确立为一门学科。然而，原先那种漠视的态度，仍在天文学家群体中延续了许多年。据说，在20世纪50年代的一场学术会议中，一位备受尊敬的天体物理学家在介绍接下来将演讲的一位年轻的射电天文学家时说道："好，接下来将介绍的是一篇关于射电天文学的论文，不管那是什么东西。"

当然，射电望远镜如今已成为天文学家最重要的工具之一，他们中间再也没有人会做出这样的评论了。有史以来最大的射电望远镜阵列——平方公里阵列，计划在澳大利亚和南非建造，将于2024年上线运行。这一计划最初的开支预算逾七亿美元，人们预计它将对爱因斯坦的广义相对论做出迄今为止最精确的验证，对宇宙的性质做出根本性的发现，甚至有可能探测到外太空生命的存在——当然，如果它们确实存在的话。

我们的宇宙其实是电脑虚拟世界？

科学家们耗费了漫长的岁月，试图理解世界的运行规律，但如果宇宙中的一切不过是一场宏大的幻觉，他们所有的研究不过是在白费力气呢？如果我们并不是生活在地球上的血肉之躯，而是一块硅芯片处理器中穿梭的电子数据呢？如果我们的意识以及我们感知和体验到的一切都由一台电脑生成，而这台电脑也许正放在"真实"世界里某人的桌上呢？

2003年，牛津大学的哲学家尼克·博斯特罗姆发表了一篇文章，并且在文中提出这一令人不安的理念并不仅仅是凭空猜想。他坚称确有理由相信它是真的：我们所有人及整个可观测到的宇宙，或许都是电脑虚拟出来的。

认为人类生活在虚拟世界的观点已在哲学圈回荡良久。你可以在古代的文献中找到相关的内容。柏拉图写道："我们都如同笼中的囚犯，凝视墙上的投影，以为这些投影就是真实世界，却对外面更丰富的真实世界一无所知。"类似的看法也出现在印度教和佛教最早的文献中。但是这种认为我们的知觉欺骗了我们的传统观念，在它流行的漫长时间里，一直未曾说清这种欺骗是如何发生的。也许是哪位神把世界设计成这样的吧。

20世纪，电脑的发明为这些怀疑的思想增添了新的情节，因为突然间人们可以想象出一种创造虚假现实的物理手段了。技术的高速发展使研究者将来能造出人工、非生物的智能，拥有与人类相当的知觉这件事越来越有可能了。本质上说，它就是生活在硅芯片中的大脑。并且如果他们能够创造出这样的东西，那么想必他们也能控制其感官输入。他们可以构建电脑生成的虚拟环境，供其生活其中。该造物将生活在虚拟世界中，但它却没办法知晓此事。

这种可能性构成了一种矛盾的局面：如果令一个有知觉的造物生活在虚拟世界中从技术上可行，那么我们如何知道我们自己的情况并非如此呢？我们怎么能确定我们自己不是电脑处理器里的某个人工大脑呢？

一些研究者曾试着寻找辨识差别的方法，设想我们能以这种方式，用科学的方法解开这一矛盾谜题。他们相信虚拟世界必然包含暴露真相的缺陷，只要查验得足够仔细，就会发现它们。差别在最小的尺度上或许显得不甚清楚，就像你把数字图片放得太大，它会被像素化一样。或者，它也许会在程序中包含错误和故障，令欺骗曝光。

但这种思路真的不会出错吗？首先，这些研究者认定我们了解真实世界应有的样子。可如果实际上我们一生都生活在虚拟世界中，我们也就无法知道真实世界是什么样的了。我们会缺乏"真实的"参考标准以评判自己所处的虚假世界。

研究者的主张同时假设：我们有可能比虚拟世界的编程者更聪明，但显然编程者在这场游戏中手握着所有的牌，只要他们乐意，他们有许多方法从我们的眼前隐藏事实。如果我们确曾撞见无可否认的证据，证明世界是虚拟的，那么他们可以轻易地将程序倒转，把我们的发现抹去。更不用说，我们根本无从知晓自己有没有被给予审视世界的自由意志。我们只知道，人们采取的或许都是预设好的行为，而我们天真地以为自己所做的决定全凭自己。你能确定你今天早晨真的想要第二杯咖啡，还是仅仅是在服从命令呢？

换句话说，我们似乎逃不开虚拟世界的矛盾谜题。如果人工智能有可能存在于电脑生成的环境中，那么我们就永远无法避开这个世界可能来自虚拟的不确定性。

博斯特罗姆的主张就是从这里切入的。他认定"确无科学方法能够判定我们宇宙的真相"，还认为我们可以代之以概率分析，弄清哪种情况的可能性更大：我们到底生活在虚拟世界还是真实世界。

坏消息是：他认为如果我们就这样，把它当成统计学和概率问题，那么自然会得出结论，我们有相当大的概率生活在虚拟世界里。

他的推论过程是这样的，如果你打算对宇宙历史中曾存在，或将存在的所有拥有知觉的个体进行普查，那么你也许会发现其中大多数个体是虚拟个体，比率有可能为99∶1，甚至更高。因此，得出以下结论是合理的：我们最有可能属于更大比率的那个群体——虚拟个体。

虚拟个体的数量可能比非虚拟个体大得多，原因在于真实的世界只有一个，但人造的世界很可能有很多。一个拥有且可以运用巨大计算能力的先进文明,则可以创造充斥着虚拟个体的成千上万个虚假"世界"。

事实上,我们已经在忙于用现有技术创建日渐精密的虚拟世界了。包含虚拟环境的电脑游戏,如《魔兽争霸》《第二人生》和《模拟城市》都颇受欢迎。

随着科技的不断发展,我们可以很合理地认为:这样的游戏会越来越精细复杂,越来越像真实生活,直到最后我们的后代有可能凭借成熟的人工智能进入游戏生活。博斯特罗姆相信,先进文明创建人造世界可能不仅用于娱乐,还用于科学研究,作为一种研究其祖先和自身演化过程的方法。

除此之外,还应考虑在虚拟世界内部创建虚拟世界的可能性,这会产生更深程度的人造个体,也许其中存在不计其数的层次,像俄罗斯套娃一样在彼此内部存在,从而令虚拟世界的数量呈指数增长。但是真实世界永远只有一个,因此虚拟个体相对于真实个体而言,在数量上会有显著的优势。

所以,很显然这就是答案了。我们的确生活在电脑虚拟世界中。但博斯特罗姆提醒人们:这种论证的思路有其局限性。它的前提在于一种假设,认为先进文明既能够开发虚拟世界,又乐于这么做。毕竟,我们也能想象从不曾创建虚拟世界的未来情形。据我们所知,先进文明有可能自我毁灭,或者在达到特定发展阶段,使其能创建真正令人信服的人造世界之前就已被消灭。或者也许我们低估了技术挑战,创造虚拟世界本就不可能。或者它们被认为完全不符合伦理,以非法之名而被禁止。

所有的这些可能性都是存在的,它们降低了虚拟个体的数量超越真实个体的概率。博斯特罗姆认为,如果将所有这些不同因素纳入考量,那么我们生活在一个虚拟世界里的概率大约在20%。这总比99%的概率要好多了,尽管这个数字还是高得让人感到不适。

不过,单纯为了讨论,让我们想象一下生活在虚拟世界中的情形。因为这会带来一些着实古怪的影响。例如:我们将无法知道虚拟世界何时启动。或许大爆炸代表了程序最初启动的时刻,或许一切开始于五万年前的虚拟山洞人,而编程者们从那时起就一直在跟踪着人类的发展,如同在开展某种演化方面的实验一样。也许它昨天,或者一个小时前才刚刚启动。我们早先的所有记忆都是被植入我们意识中的虚假记忆。我们甚至可能生活在一个五分钟的无限时间循环中,就像博物馆里一卷不断反复播放的历史胶卷一样。

也可能你是虚拟世界中唯一的真人,而其他所有人都是幻影个体,缺乏真正的知觉。然而,博斯特罗姆指出:如果我们在此衡量概率,必须有许多单人虚拟世界被创建,从统计学意义上你才更有可能身处其中一个,而非真实世界之中。因此,你还不能马上就跳到结论,认为你的邻居都是人造个体。

接着,有趣的部分来了:在一个虚拟世界中,所有物理学的法则都可以被丢出窗外。一切都可能成真:魔法、吸血鬼、幽灵、狼人、超能力、奇迹……你随便提。事实上,如果我们身处虚拟世界,那么创造我们的编程者,就是"上帝"。他们的能力是无限的。他们可以令我们起死回生,或者赐予我们永生。博斯特罗姆指出:来世成了极为可能的事。

虚拟世界的概念吸引了一群热情的粉丝——或许不出意外地,恰是受到"一切皆有可能"原理的吸引吧。科技大咖埃隆·马斯克曾宣称自己是该理论的信徒,据《纽约客》杂志报道,两名硅谷亿万富翁也认为这是真的,他们一直在资助一个项目,试图找到进入真实世界的突破口。

许多支持者认为,我们的世界是电脑生成的概率比博斯特罗姆的估计要高得多。一些人几乎把它当成了已经确定的事,他们辩称这能解答许多未解之谜,比如声称超自然现象存在的说法,或者为何宇宙看起来奇怪地适合于我们的生存需要。

当然,随着虚拟世界的假说越来越流行,该假说也引起一批科学家的强烈反对。他们认为这一切该适可而止了:说到底,这终究是个荒谬的概念,我们应该接受宇宙的真相。

他们有这样的感受的部分原因在于,他们相信博斯特罗姆和他的支持者们过分高估了这种令人信服的虚拟世界能被造出来的概率。他们主张:技术挑战本身就会极为艰巨,有可能根本无法逾越。在电脑游戏中创建栩栩如生的图像是一回事,但生成建造整个世界的必要的,一直细化到量子层面的数据，完全是另一回事。就连最现代的超级计算机或许都没法做到。

而且，说真的，为什么会有先进文明创造这样的东西呢？物理学家萨比娜·霍森菲尔德明确表示，任何能够创造人工智能的人，当然都想让这些智能发挥作用，解决真实世界中的问题，而不是把它们困在虚拟环境中。

然而，更大的怨言在于，整个关于虚拟世界的讨论看起来都轻率而没有意义。毕竟，就算知道宇宙可能是一个虚拟世界，我们也束手无策。它对我们应当怎样生活，并没有任何明确的指导。也没给我们增添任何新的知识，因为我们没有办法证明或者证伪这个假说。他们坚称，整个概念都应当被归入伪科学的胡扯这个类别。

博斯特罗姆同意：我们不应仅仅因为自己可能生活在虚拟世界，就做出任何行为上的改变。从这个方面来说，这一假说确实与我们的日常生活毫无关系。但有一种支持该假说的思路认为，它吸引人们去注意它吸引人们去注意，科学知识大厦底层的一种假设。这种假设用天文学家威廉·基尔的话说就是：宇宙待我们以法则。

科学家理所当然地认为自然界遵循特定的规则，且不会违背这些规则。这其中包括自然法则，如万有引力和电磁学的法则，它们是普遍及统一适用的。但是，人们没有办法测试并证明它绝对正确。我们只能说，目前我们从未观察到任何一个违背自然法则的例子。

另一个假定正确的规则——这与虚拟世界假说直接相关，即我们观察不到的宇宙区域与我们能观察到的宇宙区域相似。当天文学家从地球看向太空时，他们可以大致观察到任一方向上四百六十亿光年远的距离，这是光从宇宙诞生时起能走的最远距离。鉴于他们怀疑宇宙或许无限大，那么这一围绕在地球周围的可观测空间的气泡，也就只代表了整个宇宙一个很小的部分。

尽管如此，宇宙学家仍会照例得出关于整个宇宙的结论。他们能得出结论，只因为他们假设整个宇宙与我们生活和所观测到的区域非常相似。他们假定我们附近的太空区域是整个宇宙的典型样本。他们把这一假定称为"宇宙学原理"。但同样，我们依然没有办法检验这一原理是否正确。我们只知道，一旦你越过可观测宇宙的边界，那里的太空有可能是由马苏里拉奶酪做成的。

要真是用奶酪做成的宇宙,那它就会违背所有已知的物理法则,但是一个虚拟宇宙却不会违背任何法则,这样的宇宙没有什么本质上不可能的事——也许偶尔会出现难以实现的情况,但没有不可能(实现)的情况。因此,我们可以试图想象一种可能性,即宇宙不循法则地对待我们。

也就是说,如果我们能以某种方式拉远视角,看到可观测宇宙之外的整个宇宙的全景画面,我们将不会看到星系外套着星系,一直延伸到无限的景致。相反,我们会碰到的是一块电脑硬盘的坚硬外壳。

全宇宙只有一个电子?

公元前 6 世纪,古希腊哲学家泰勒斯宣称万物由水构成。这句话的确切含义是什么呢?他真的认为万物由水构成,还是只是用了比喻的说法?直到今天,我们都无法确定这句话确切的含义,因为没有任何泰勒斯的手稿被保留至今。就连我们所知道泰勒斯曾说的这句话,也仅仅因为约二百五十年之后,亚里士多德在文稿中简短地提到了他的这番话。然而,这段含义隐晦的论断仍然为泰勒斯赢得了声誉,使他成了有史以来提出具有科学性观点的第一人,因为他看起来是在试图以反映自然的方式解释世界,而没有像他之前的大多数人那样,诉诸神话。同时,泰勒斯还暗示了自然的复杂性,包括多样得令人目眩的各种形式,可能都是由某种更为基本的物质所构成的。

这种观念恰恰处于科学实践意义的核心。科学家日夜奋斗,正是要发现自然外在的复杂性下蕴藏的更简单的模式和结构,以理解自然。而这种由泰勒斯首次清晰表述的科学追求,已收获了惊人的结果。生物学家发现,地球上千姿百态的生物体的那些令人震惊的多样的形态竟都得自写在基因编码中的细胞指令,而这些基因编码仅由四个字母组成:A、C、G 和 T。根据这四个字母,自然界产生出了千差万别的物种。如细菌、真菌、橡树、北极熊、蓝鲸等。

在更宽广的视角下，物理学家已证明宇宙中所有不同的物质：钻石、花岗岩、铁、空气等都由原子构成，而原子则由不多的几种亚原子粒子构成，它们包括电子、质子和中子。如果泰勒斯看到这一研究结果，也会深受感动的。

那么，是否可以再进一步追寻自然界暗藏的构成要素呢？科学家或许已找出构成万物的几种基本粒子类型，但若从万物的基本材料以及数量上讲，万物的构成只有一个呢？如果一切存在物都是由唯一一个亚原子粒子构成呢？

这就是单电子宇宙假说的前提。该假说想象：宇宙中并非有无限数量的粒子，事实上只有一个粒子。这个粒子同时出现在无限多个位置中。它通过不断地穿越时间，向过去和未来运动来实现这一点。

"单电子宇宙假说"是普林斯顿大学教授约翰·惠勒[①]想象的产物。惠勒教授是 20 世纪最受人尊敬的物理学家之一。1940 年的一个晚上，他坐在家中沉思刚被发现的反物质的谜题时，想出了这个点子。

反物质就像物质奇怪而又邪恶的孪生兄弟一样。虽然它看起来或许与物质别无二致——没人确信这一点，因为从来没有人见过它——但它有相反的电荷。这意味着，物质与反物质一旦相互接触，会瞬间湮灭，从而转化成纯能量。事实上，物质与反物质的相互消灭是已知自然界存在的从物质释放能量最高效的方式。这显然引起了美国军方的兴趣。有一个流传了很久的传言：据说，美国国防部的研究人员，一直试图弄清如何制造出反物质炸弹，据称这种炸弹的威力会令所有核弹相形见绌。

反物质的存在首度被人预言是在 1928 年，由英国物理学家保罗·狄拉克[②]提出。此前，他一直试图找到一个公式来描述电子的行为，但他的计算却反复得到两个结果，一个正值和一个负值，这令他深感奇怪。大多数物理学家很可能会忽略负值，认为在真实世界中它没法代表任何事物，

[①] 约翰·惠勒（John Wheeler，1911—2008）：美国物理学家，首次提出并使用"黑洞"一词。
[②] 保罗·狄拉克（Paul Adrien Maurice Dirac，1902—1984）：量子力学的奠基者之一。对量子电动力学早期的发展做出了重要的贡献。

但狄拉克却相信数学为更深层的真相开启了一扇窗,即使在它给出不合理答案时亦如此。因此,他最终得出结论,电子肯定拥有某种镜像的亚原子"分身"。

看来他是对的。1932年,物理学家卡尔·大卫·安德森[①]通过实验证实了这一点,他在一次云室实验中找到的正是这样的反物质粒子存在的证据。安德森发现的粒子在大多数方面与电子毫无二致,它的质量和自旋与电子相同。然而,它带的是正电荷,而电子带的是负电荷。出于这个原因,安德森将这种粒子称为"正电子"。

安德森证实了反物质的存在,但它是因为什么才出现的,或者它在更广阔的亚原子世界中处于何种位置并不清楚。这些正是1940年那个晚上,约翰·惠勒在想到他奇怪的点子之前思索的问题。他突然想到或许正电子不过是穿越到过去时点的电子。毕竟,正电子和电子除了携带相反的电荷,看起来在各个方面都一致,而穿越时间向过去运动可以反转电子的电荷。

惠勒想象出一个正在向未来运动的电子,随后调转路线,作为正电子返回。这使他意识到:从一个身处特定时刻的人,诸如我们自身的视角来看,电子和正电子像两个不同的粒子,然而事实上,它们是同一个粒子在时间旅行不同阶段的分身而已。

随后,惠勒想象这一过程是如何持续进行的。电子会向未来运动,直到抵达时间的终点,然后反转路线,以正电子的形态向过去运动,直到抵达宇宙的开端,随后再次反转路线。如果这种前后反复的时间旅行无限继续下去,在时间的起点和终点之间不断往返交错,可以想象,这单个电子会变成宇宙中的每一个电子。我们现在认为存在的巨量电子,或许是反复穿过我们这一特定时刻的同一个电子。

惠勒想到,如果这是真的,它能够解答另一个谜题:为何电子与电子之间无法区分开来。因为它们的确都全然相似。没有可能将任何两个电子区分开来。

[①] 卡尔·大卫·安德森(Carl David Anderson,1905—1991):正电子的发现者,1936年诺贝尔物理学奖得主。

接下来的故事是这样的，在这顿悟的一刻，惠勒兴奋地给他聪慧过人的年轻研究生理查德·费曼①打电话，分享他的这一发现。

"费曼，"他得意扬扬地宣布道，"我知道为什么所有的电子都有同样的电荷和质量了。"

"为什么？"费曼回应道。

"因为它们都是同一个电子！"

尽管惠勒想象出了单个穿越时间旅行的电子，但宇宙不可能只由电子构成。所有其他粒子又怎样呢？比如说，质子和中子？宇宙中是有许多质子和中子，但只有一个电子吗？

答案是：惠勒的假说的确可以扩展，以囊括其他所有粒子。惠勒专注于电子只是历史的巧合罢了。因为在1940年，正电子是唯一被确认存在的反物质形式。直到20世纪50年代，研究者们才证明其他粒子同样具有其相对应的反物质。

然而，惠勒在与费曼分享了他的怪想法之后，并没有试图进一步完善他的理念。他认为这不过是胡思乱想罢了，单电子宇宙假说本可能就此沉寂，但费曼使它维持了生机。

费曼整体上对该假说持怀疑态度。他不认为整个宇宙真的只有一个电子，但他对惠勒提出的穿越时间的电子之说极为感兴趣。他进一步发展了这一概念，在此过程中他为将来的工作打下了基础，这些工作最终使他成为20世纪最著名的物理学家之一。

到了20世纪40年代末，费曼能够证明的是：把反物质看作时间上反向的物质一点也不离谱。事实上，这一理论提供了一种理解亚原子粒子行为的强大手段。如果你以这种方式想象亚原子世界，那么，当一个物质粒子与反物质粒子相撞，它们并未以释放能量的方式相互毁灭。相反，表面上的相撞实际代表着粒子改变它时间上运动方向的时刻。

这现在被称为"反粒子的费曼-斯蒂克尔堡诠释"，它被看作一个完

---

① 理查德·费曼（Richard Phillips Feynman，1918—1988）：加州理工学院物理学教授，1965年诺贝尔物理学奖得主。

全合理且被广泛使用的将反物质概念化的方式。这倒不是说物理学家相信反物质真的是时间反转的物质，只是说这是一种为其行为建模的有用方法。从数学的角度，一个正电子与一个时间反转的电子是一回事。

这给惠勒的单电子宇宙假说增添了一些可靠性，因为这意味着其核心存在合理的观念。把反物质想成时间反转的物质并非荒诞的点子：这是物理学家很认真对待的一个概念。

1965 年，费曼获得了诺贝尔奖，在发表获奖感言时，他讲述了 1940 年惠勒深夜给他打电话的故事。正是由于这番演讲，单电子宇宙假说最终被更多人所了解。

如果费曼这么喜欢惠勒穿越时间的电子概念，那为什么他没有接受单电子宇宙假说的其余部分呢？这是因为他即刻就意识到，这种单一电子在时间起点和终点间往返运动的概念中有个大问题。如果这是真的，半个宇宙应该都由反物质构成，因为这个粒子必须花去一半的时间（作为反物质）向过去运动。但是，据研究者们所知，在宇宙中几乎没有反物质。每次反物质被制造出来，不管是在自然界还是在实验室，它几乎即刻就会与物质相撞而湮灭。

从我们的角度来看，在我们周围没有更多的反物质存在是件好事，因为这意味着我们不必担忧会随机撞上它们，而瞬间被消灭。但是缺少反物质是科学最大的谜题之一，因为物理学家相信：在宇宙大爆炸过程中，应当创造出等量的物质和反物质。但如果这是真的，所有的反物质都去哪儿了？科学家并不确定。目前的想法是，由于种种原因，在宇宙大爆炸的最初时刻，创造出的物质肯定比反物质稍微多一点。随后，一切都在一个被称为"大湮灭"的灾难性事件中相撞。在尘埃落定（一种比喻）之后，所有反物质都消失了，但因为起初的一点点不平衡，一些物质保留了下来，而保留下来的这部分就代表了现在宇宙中存在的一切物质。

然而，这个解释对单电子宇宙假说不适用，因为该假说暗示物质和反物质的量应在所有时间中等量分布。回到 1940 年，在惠勒给费曼打的那通讲述该假说的电话中，费曼指出了反物质缺失的问题，这促使惠勒提出了一种可能的解答：也许所有缺失的反物质都藏在了质子之中。毕竟，质子与正电子一样带有正电荷。但惠勒很快意识到质子大约比电子大两千倍，而放弃了这个想法。大小如此地不匹配是不可能的。而且，如果质子真是电子的反物质形式，那么原子会在其质子和电子相撞时，陷入持续不断的自我毁灭中。

该假说的支持者后来尝试拿出对反物质缺失谜题的其他解释。例如：如果它不在质子里，或许藏在了其他什么地方，比如在宇宙遥远的角落。或许遥远的恒星和星系实际上就由反物质构成。

这种认为宇宙大片区域可能由反物质构成的观点，令许多科学家很感兴趣，天文学家也一直关注着是否有任何表明事实的确如此的证据，诸如反物质区域与充斥着物质的区域相撞时产生的宇宙"焰火"。至今，他们还未曾见过此类迹象。

但是反物质藏匿的方式可能更为奇特。如果惠勒的单个粒子并没循原路返回呢？20世纪50年代，物理学家莫里斯·戈尔达贝提出，或许在我们以物质为基础的宇宙旁，形成了一个反物质宇宙。毕竟，如果亚原子粒子以物质或反物质成对出现的话，为什么整个宇宙就不会同样成对出现呢？如果有这样的反宇宙存在，也许粒子是通过这个路径返回到时间起点的，或者也许时间是首尾相接的，也许电子无须沿原路返回，当它抵达时间的尽头时，它会即刻返回到时间的起点。

惠勒的这一假说的批评者们抱怨说，这类猜测已经脱离了任何一种可检验的证据，走进了纯粹异想天开的领域。他们还提出问题："那又怎样？就算假说是真的，我们又能获得什么新知呢？它能使人们开启什么新研究，或者领悟什么新概念？"似乎不能，因为不管宇宙是充斥着无数粒子，还是只有一个同时位于无限多位置的粒子，其实两者是一回事。其物理特性是一样的。

不过，或许这能带来一种收获——它实现了泰勒斯古时的科学梦想，弄清了构成自然界的终极要素。而且也别小看它令人惊讶的本事。作为一个谈论宇宙的假说，能令人惊讶显然赋予了它全新的意义。

我们生活在黑洞中？

如果你不巧掉进黑洞，会被"挤成面条"。是的，这正是对即将发生的事做出的科学描述。黑洞毁灭性的引力会同时将你挤压和抻拉，把你塑成一串亚原子粒子，看起来就像长而细的面条。这些曾经是你的粒子，随后会坠入黑洞的中心，在那里你的粒子会继续被压缩，致密的程度高到连数学也无法量化。

这一切唯一的好处在于，如果你掉进黑洞时恰巧醒着，压面条的过程会快到让你毫无感受。总而言之，这也不算一个糟糕的死法。

既然黑洞的环境如此险恶，那么它们也就不大可能存在生命。说到底，有什么能在其中存活下来呢？不过，有一个流行的理论违背了这一逻辑。它声称，尽管看似不可能，但生命不仅可以存在于黑洞中，而且我们就是证据，因为我们生活的宇宙就是一个巨大的黑洞。

黑洞的定义是一种引力大到没有什么能逃离它的天体，就连光也做不到。关于这种天体可能存在的猜想，可以追溯到数个世纪之前，尽管那个时代的大多数时间里，科学家们并不愿意接受"如此古怪的现象有可能是真的这样的"想法。预言黑洞存在的第一人是英国的牧师约翰·米歇尔。1783 年，他给英国皇家学院递交了一篇论文，在论文中他猜测：如果一颗恒星比我们的太阳大五百倍，其引力场的强度会大到使光无法逃离。尽管它如此大，该恒星仍会从视线中消失，成为一个黑洞（尽管米歇尔并没用这个词）。

科学界把这一假说斥为胡思乱想。似乎不大可能有任何恒星会如此巨大。而且无论如何，当时主流的信念是：光不受引力的影响。于是，关于黑洞的奇怪想法就这样被束之高阁了。

直到 1915 年，它才被重新捡起，恢复生机。阿尔伯特·爱因斯坦当时发表了他的广义相对论，从而说服科学家相信引力并非一种力，而是代表着空间与时间的弯曲。这样的话，光就会受引力的影响，因为它会沿着时空的曲线运动。

广义相对论还意味着，具有足够大的质量和密度的天体，可能会强烈地扭曲时空，以至于形成一个"井"，任何东西都不能逃离它，就连光也不能从中逃脱。在这个"井"的中心将形成一个奇点——在这个点上，引力场的强度将无限放大。

尽管广义相对论本身隐含此点，大多数科学家，就连爱因斯坦本人，都仍然认为黑洞是一个疯狂的想法。问题在于，物理法则会在奇点失效，而物理学家会出于本能，避不接受这件事可能会发生。物质可能会被无限压缩的想法似乎也是错的，因为有限的事物怎么能拥有无限的值呢？科学家们认为，到了某个点上，构成物质的亚原子粒子会找到一种办法，抗拒进一步被压缩。

直到20世纪60年代，科学界才接受了黑洞的存在。事实上，黑洞这个词也是在这十年间才被创造出来的。1964年，科学记者安·尤因首次在文章中使用了该词。人们更好地理解了空间会怎样在黑洞周围弯曲的复杂数学问题，这使物理学家不再对整个黑洞的概念感觉到别扭了。另外，射电和X射线天文学的新技术展现出宇宙拥有一些非常奇怪、高能且极为致密的天体，如类星体和脉冲星。相比来看，黑洞似乎也没那么离奇了。

黑洞刚被接受为可能的现象没多久，人们就开始怀疑，我们会不会生活在一个黑洞中呢？

黑洞宇宙假说并不是某个理论家的发明，并没有哪个人物站出来，成为它的捍卫者。相反，20世纪60年代末70年代初，黑洞宇宙假说就像一个"梗"一样在科学界流传着，随后在大众中风靡起来。

物理学家罗杰·彭罗斯[①]可能是在出版物中提出这个猜测的第一人。他在一篇1967年提交给剑桥大学亚当斯奖的文章中提到这种可能性。五年后，物理学家拉杰·帕斯利亚和欧文·古德各自就此假说写了一篇短文，分别发表在《自然》和《今日物理学》期刊上，令其获得了更广泛的受众。到了20世纪80年代，该假说被看作一个即使非正统，但也十分流行的想法，关于它的讨论经常出现在书籍和文章中。

[①] 罗杰·彭罗斯（Roger Penrose）：数学物理学家。与霍金一同证明了"奇点定理"。

许多人各自独立地想到了这个假说，因为在天体物理学的框架里，它是一个在某种意义上很明显易得的想法。在自然界只有两个位置与奇点相关：黑洞中心和创造我们宇宙的大爆炸的起点。因此，想象两者会不会相关也确实自然合理。

一旦你开始把宇宙与黑洞做比较，那么其他相似之处自然就会浮现出来。有一个事实是，黑洞存在一个事件视界，这是一个无法回头的地方。就像一条围绕在黑洞周围看不见的线，无论什么东西越过这条线，都会彻底被黑洞的引力攫住，即使是光也无法逃脱，而且从一个外部观察者的视角来看，它会彻底从宇宙中消失，不复存在。事件视界的作用如同一道屏障。任何在其界限之内的事物都永远无法逃出来。

类似地，我们则被困在一个宇宙级的事件视界中，这一界限由我们能够向宇宙看多远来定义（大约是朝任意方向看去的四百六十亿光年）。正如物体会被彻底困在黑洞的事件视界中一样，我们被彻底困在其中，永远也无法跨越这一视界。

我们无法跨越这个宇宙级视界的原因在于：宇宙的持续膨胀造成该视界远离我们的速度要快于我们做星际旅行去追赶它的速度。事实上，它远离的速度比光速还快，而且尽管它不受光速的限制，但我们受这个限制。这意味着物理法则使我们永远无法跨越这一视界。

这一切可能听起来相互矛盾。为什么宇宙级视界能以高于光速的速度移动，而我们却不能？这是因为宇宙在膨胀，而且无处不在膨胀，这意味着膨胀是累积的。两个天体之间距离越远，就会有越多单位的空间同时在膨胀，没有极限。累计足够大的空间，膨胀速度就会超越光速——可从来没人说过天体物理学浅显易懂。

接下来，就是史瓦西半径的问题。1915 年，爱因斯坦刚刚发表了他的广义相对论，德国物理学家卡尔·史瓦西[①]就用它的公式计算出围绕在任何均匀球形物质周围的引力场强度。这是令人震撼的成就，不仅因为爱

---

① 卡尔·史瓦西（Karl Schwarzschild, 1873—1916）：德国物理学家、天文学家。黑洞的两个性质史瓦西度规与史瓦西半径以他为名。

因斯坦的广义相对论公式以难于求解著称，而且因为史瓦西当时身在德军军队中，是在俄国前线躲避子弹时完成的这件事。另外，他感染上了一种无法治愈的皮肤病，使他迅速地陷入了生命垂危的境地。他将他的计算结果寄给爱因斯坦之后就过世了。

史瓦西的分析得出了一个看似古怪的结论。暗示任何物体如果被压缩得够小，都会变成一个黑洞，因为随着密度越来越大，其表面受的引力会增强。一个物体引力的强度和你与它之间的距离呈负相关——具体来说，和你与其中心点之间的距离呈负相关。因此，如果你压缩整个物体，使它直径更小，由此缩短了其表面到中心的距离，则其引力会相应地增大。

让我们来看一个例子：如果疯狂的科学家们能够将整个地球压缩到比高尔夫球稍小的程度，那么地表所承受的引力将变得无法抗拒，地球会变成一个黑洞。与此类似，如果这些科学家能够把你压缩成一个微小的点，比一颗原子的原子核还要小一些，你也会变成一个黑洞。物体会转变成黑洞的那个临界半径，现在被称为它的"史瓦西半径"，任何物体的史瓦西半径都是可以算出来的。

起初，科学家们把史瓦西的发现当作怪论而未加理睬，因为他们不愿相信黑洞是真实存在的现象。但是，他们刚回过头来接受黑洞存在的事实，就有人想起询问可观测宇宙的史瓦西半径会是多少。这也就是说，你需要将可观测宇宙压缩到多小，它才会转变成一个黑洞呢？

可观测宇宙的质量可以借助观测加以估算，而且我们知道它的大小（我们可以朝任一方向看四百六十亿光年远，因此它的直径是九百二十亿光年）。当把这些数值代入公式，令人不安的结果出来了，可观测宇宙现在的半径就小于史瓦西半径。它的大小已经是可以转变成黑洞的大小了。

这一结论或许令人难以置信，因为一个物体当然必须要极为致密才能拥有黑洞的引力，但是，看看我们周围的宇宙，有的是空无一物的宇宙空间。但这一点恰恰凸显出了史瓦西的计算中另一个奇特之处。他的分析显示，一个物体的质量越大，它成为黑洞所需要的密度就越小。例如：如果那些疯狂的科学家能将整个银河系的半径压缩到小于史瓦西半径，其密度会比海洋中水的密度还要小。而整个可观测宇宙的质量,若是被压缩到了小于史瓦西半径的尺寸,密度不会有多大。事实上,它应有的密度恰是我们目前观测到的密度。

因此,辩论接下来就发展成:如果你将所有这些因素放在一起考虑——因大爆炸而与我们的宇宙相关联的奇点、宇宙级事件视界以及我们可观测宇宙的半径小于史瓦西半径的事实——你就会被引向看起来躲不开的结论:我们肯定生活在一个黑洞之中。

当然,大多数天体物理学家并不打算承认这一点。首先,他们提出,大爆炸的奇点与黑洞的奇点并不具有可比性,因为它所在的位置不对。如果你即将掉进黑洞,奇点会不可避免地位于你的前面,存在于你的未来,但是在我们的宇宙中,奇点处于我们的过去,处于大爆炸发生的时刻。这是一个巨大的差别。我们的宇宙看起来是从一个奇点中诞生出来的,但它并没有奔向某个奇点。

同时,黑洞的事件视界是太空中一个固定的界限,而宇宙级视界则与观测者所处的位置相关。一个二百亿光年之外的文明所看到的宇宙级视界会与我们的视界有显著的差别。

另外,至于可观测宇宙的半径小于史瓦西半径一事。这确实是真的,但这并不一定意味着我们就身处黑洞中。实际上它意味着宇宙膨胀的速度已经接近其逃逸速度①,而我们应当对此心怀感激。如果宇宙膨胀得再慢一点,它可能已经向自身内部坍缩回来了,而如果它膨胀得再快一点,星系和太阳系这样的天体会无法形成。然而,它膨胀的速度恰到好处,使我们得以存在。

理论物理学家西恩·卡罗尔指出,如果有谁真的热衷于想象我们被困在某种巨大、宇宙级的洞里的话,对于这种想象,一个更好的表述方法或许是,我们生活在一个"白洞"(也就是黑洞的反义词)中。说得更具体点,这是一个时间倒转的黑洞,物质无止境地从中喷薄而出,而不是掉

---

① 逃逸速度(escape velocity):一指天体表面上物体摆脱该天体万有引力的束缚飞向宇宙空间所需的最小速度。在此指宇宙作为一个整体摆脱自身引力束缚向外膨胀的最小速度。

进其内部。但白洞也有一套问题随之而来。它们从理论上是可能存在的，因为不管事物在时间上是向过去还是向未来移动，物理法则都发挥着同样的作用。但是照这样说，一颗打碎的鸡蛋自然而然地重新变回成一颗完整的鸡蛋，理论上同样可能。物理法则是允许它发生的，但是目击这种事发生的概率几乎为零。

所以说，或许我们并没生活在黑洞中，而我们的宇宙并没有朝一个奇点向内坍缩的这个事实——其本身就证明了这一点。但是，在天体物理学中，事情从来就没有这么简单。黑洞宇宙假说的支持者们坚称有办法绕过所有相反的论证。

它仍然可以说得通的一种方法是，假设确实有一个奇点就处在我们无法逃避的未来。如果从现在起数十亿年之后，宇宙膨胀会暂停，然后反转过来开始一场大收缩，那么可能就满足了黑洞的定义。

理论物理学家尼克蒂姆·波普拉维斯基还提出另一种办法。他主张，在一个黑洞内部，物质有可能是在向外膨胀，而不是向内收缩。当物质坍缩到一个无法再坍缩的点时，可能就会发生此事，物质随后会像被上满弦的发条一样，爆炸性地向外反弹。事件视界会继续将黑洞内的物质与更广阔的宇宙分隔开来，而这种膨胀随后将进入到全新的时空维度之中，与宇宙大爆炸时的时空突然扩张开来的情形全无二致。波普拉维斯基甚至提出：所有的黑洞都会形成新的宇宙，而这正是我们的宇宙诞生的方式，它就是从更大宇宙的某个黑洞中诞生出来的。

当然，这引出了母宇宙如何形成的问题，这似乎是一个谜。除非它也是从黑洞中诞生出来的。也许全宇宙都由一系列黑洞宇宙构成，就像俄罗斯套娃那样一层套一层，向外和向内都无限延伸。这可能是个令人困惑的想法，但比起其他关于宇宙起源的理论，它大概也并没有显得更加离谱吧。

怪论成真：暗物质

仰望夜空，你会看到头顶万千闪耀群星，但看到最多的还是黑暗。

你或许会将这些黑暗之处想象成空无一物的空间。但事实并非如此。如今，天文学家相信这里充满了不可见的"暗物质"。这种物质的粒子或许现在就飘浮着穿过你的身体，而你永远都不会察觉到，这是因为暗物质从根本上不同于一般物质。两者几乎从不相互作用，而且，暗物质较可见类型的物质要多得多——总量超过物质的五倍。

鉴于这一概念的古怪性，在很长一段时间里，天文学家不愿相信有暗物质存在的这件事也就无足为奇了。事实上，从第一次提出暗物质存在，到主流科学接受它真的存在，两者之间几乎相隔了半个世纪之久。

发现暗物质的人是瑞士天体物理学家弗里茨·扎维奇[①]，1925年，他接受了美国加州理工学院的一个职位之后，搬到了美国居住。在那里他的部分时间是用来做巡天观测的，这是一种常规性的天文工作，涉及给全天的天体做记录的工作内容。在此过程中，他的注意力被后发座星系团吸引了，这是一个庞大的星系团，位置距地球三亿两千万光年远。

扎维奇注意到这一星系团中的各个星系移动得极快——快到据他的测算，它们应该在很久以前就已经各自分散，相距遥远了。但与此相反，它们仍然作为一个星系团存在，并受到彼此的引力束缚。这令他十分困惑，因为他知道需要很大的引力才能抵消它们的速度。扎维奇做了计算以弄清确切的数字，这时事情开始变得奇怪。他估计所需要的引力是后发座星系团所有可见星系生成引力的五十倍。

也许大多数天文学家会认为自己在计算中犯了什么错误，但扎维奇对自己的工作很有信心，而且他并不会怯于跳跃性地得出宏大结论。他认定那里必然有大量额外的隐藏物质，令整个星系团受引力束缚而聚在一起。在一篇1933年刊发的德语文章中，他将这种物质描述为"暗物质"。

但根本没人理睬扎维奇的理论。部分原因是他的文章发表在一本德国期刊上，也就是说大半个说英语的天文学圈子都注意不到它。但是，更重要的是，他的想法非常离谱。如果一个人宣称宇宙中有什么是光学望远

[①] 弗里茨·扎维奇（Fritz Zwicky, 1898—1974）：1972年被授予英国皇家天文学会最负盛名的奖项——"天文学和宇宙学的杰出贡献"。

镜观测不到的，如行星或者燃尽的恒星，倒并不会引起争议，但扎维奇提出的却是，暗物质要比可见物质多得多，多出巨量的程度。自然而然地，天文学家会在接受如此极端的概念之前，想要更多的证据。

扎维奇很难找到盟友愿意认真对待他的怪想法，还出于一个更平凡的原因——他的同事们不是太喜欢他。他的个性是出了名地生硬粗鲁、暴躁易怒，极为固执己见，经常将那些敢于反对他观点的人称为"全方位浑蛋"（他形容一个人从任何角度看都是浑蛋时所用的词）。这一类行为不会让他的同事们多喜欢他。其结果是，暗物质的概念就这样默默无闻地凋零了。直到20世纪70年代，得益于薇拉·鲁宾①的工作，这一概念才终于重见光明。

正如扎维奇，薇拉·鲁宾也在其工作被接受的过程中经受了社会的挑战，但更令人沮丧的是，这种挑战缘于她的性别。当她开始职业生涯时，她是仅有的几名女性天文学家之一，在这个男性主导的职业领域，你必须竭尽全力争取被认真对待。扎维奇只会对那些反对他的人发怒，鲁宾却耐心地收集越来越多的数据。最终，人们无法再忽略她所说的一切。

鲁宾研究的是单个星系，而不是整个星系团，但和扎维奇一样，她注意到它们的运动有些奇怪之处。她研究的这些星系的外缘旋臂运动得太快了。以它们的速度，这些旋臂应该已经完全脱落，除非有什么额外的引力物质使它们保持原样。1970年，她与天文学家肯特·福特一起发表了一篇文章。文章中提出：为了解释仙女座星系旋臂旋转的速度，该星系需要包含几乎十倍于可见物质的质量。

在接下来的几年里，鲁宾和福特继续提供了更多星系类似的观测数据，而其他研究者证实了他们的发现。到了20世纪70年代末，科学观念已经决定性地倒向了支持暗物质存在的一边。科学界的共识是，简单来说，并无其他办法可以解释所有这些数据。

但暗物质到底是什么呢？扎维奇认为它不过是不可见的常规物质，

---

① 薇拉·鲁宾（Vera Cooper Rubin，1928—2016）：研究星系自转速度的先驱，发现了实际观察的星系转速与原先理论的预测有所出入。

但是如果这是真的,除了通过其引力效应,应该还有多种方式能探测到暗物质的存在。天文学家尝试了各种方法,但都一无所获。渐渐地,人们转而相信暗物质肯定是由某种更奇怪的东西构成。

人们已考虑并否决了一长串清单上的备选物质,并由此引出了目前最流行的假说,认为暗物质肯定是某种不为人知的亚原子粒子,除了通过引力,不与常规物质相互作用。这种物质很可能无处不在,但它会在围绕星系的巨大光环中汇聚,而这些巨大的光环也正是暗物质形成的地方。

然而,至今所有想直接探测到暗物质粒子的尝试都失败了,这导致一些怀疑论者开始质疑这种物质是否真的存在。他们暗示,那些被归因于暗物质的效应或许实际上是由(与较小的太阳系尺度相对的)星系尺度上引力的不同作用造成的。这种替代性理论第一次是由以色列物理学家莫迪凯·米尔格罗姆于 1983 年提出的,被称为"修正牛顿动力学"或"MOND 理论",该模型很好地解释了单个星系的运动,但在解释整个星系团的运动时就远没那么好用了。

然而,对大多数科学家而言,改写万有引力定律的想法近乎异端。出于这个原因,修正牛顿动力学吸引的支持者不过屈指可数。但是,只要暗物质支持者还不能通过探测到这种物质的粒子而彻底结束争议,修正牛顿动力学也就尚存希望,而且,暗物质无法被直接探测到的时间越久,就有越多关于它的怀疑浮出水面。这意味着尽管扎维奇的奇怪想法现在已经被主流科学界所接受,但仍然有很小却真实存在的概率,有一天其命运会再次改变,令它成为一个古怪而成了真,最后可能又会被否定的理论。

我们会永远活下去?

你有没有与死亡擦肩而过的经历?也许你正准备过马路,一只脚已经迈出人行道,这时一辆汽车从你面前疾驰而过;或许有东西从高楼坠下差点砸中你,掉在几英尺外的地面上;或许你身患重病生命垂危,却奇迹般地痊愈了。与死亡擦肩的种种情形多到不可胜数……

这里有个令人不安的想法：也许你已经死了。或者说，你在一个版本的真实世界中死过，而在另一个版本（你的此时此地）中，你仍然活着。物理学中最奇怪的理论之一——休·埃弗里特的多世界理论提出了这种可能性。该理论认为：一切可能发生的事都会发生，因为宇宙在持续不断地分裂成平行宇宙，在平行宇宙中，一切可能性都已实现。因此，所有濒死体验都既能引发你活下来的结果，也引发你没存活下来的结果——这些结果会同时并存。

或许比起科学理论，埃弗里特的理论倒更像是科幻故事。可即便如此，它的确为物理学和宇宙学中数个令人困惑的问题提供了简明的解释。这为该理论赢得了许多杰出科学家的认可。若不是它会得出以下这个极为古怪的推论，它或许还能赢得更多的支持者——如果一切可能发生的都会发生，那么显然，在至少几个可能存在的平行宇宙中，我们会找到一种办法，不断地死里逃生，永远地活下去。

埃弗里特的理论是从量子力学的学科领域出现的，该学科是20世纪初研究者们开始对亚原子世界之谜有所了解时形成的。在物理学家探索这一领域时，他们极为惊讶地意识到，支配亚原子对象行为的法则，与支配我们周围一般物体的法则差异极大，特别是人们发现电子等亚原子粒子可以同一时间出现在不止一处。事实上，它们可以同时处于多个位置。这一现象被称为"叠加"，如果你对量子力学不是很熟悉，这可能听起来很奇怪，但物理学家对它并无怀疑。他们相信这件事完全是真的。如今，它甚至在真实场景中派上了用场，诸如量子计算机，它运用这一原理同时执行多次计算，这使它拥有了前所未有的速度。然而，叠加与它听起来一样的奇怪。

物理学家竭力尝试预测和理解亚原子粒子的运动，在这个过程中接受了叠加的真实性。在经典力学中，如果你用手枪射出一颗子弹，你可以确切地预测它会打中哪里。它的弹道遵循非常合理的法则。然而在亚原子世界，却不存在这种确定性。研究者们意识到，当他们用枪发射一颗光子（光的粒子）或者电子，你是没有办法预测它会循着什么样的轨道以及会射中哪里的。你就是做不到这件事。

他们可以做的是，绘制出这些粒子可能射中区域的概率图，但这又让人们多了一层困惑，因为这张图并未形成任何与他们的预想相似的模式。相反，它表明亚原子粒子以非常没有章法的方式运动。例如：他们以每秒一个光子的速率，向一块有两道缝的金属板射出一束光子时，他们的预想是，在双缝后方的墙面上会形成两道直线的图案。这正是子弹被射向有双缝的金属板后会发生的情况。但是相反，光子生成了一个波的干涉图样，就像池塘中两波涟漪相遇会形成的图案。

根据经典力学原理，这应该不可能发生。研究者们对到底发生了什么毫无头绪，直到他们考虑到每个单独的光子都同时穿过两个缝隙的可能性。虽然这听起来非常有违直觉，但波的干涉图样肯定是每个光子与其自身干涉的结果。

为了更形象地理解，可以想象成一个光子同时依循每一条可能的轨迹运动，所有的这些轨迹向外辐射如同一股浪，同时抵达两条缝隙。在这股"浪"穿过两条缝隙时，它在另一边形成了干涉图样。其所有可能的轨迹以叠加态共存，像不可见的力线一样相互作用。

1925年，这一概念由奥地利物理学家埃尔温·薛定谔[①]以数学形式表示了出来。他写了一个公式，通过亚原子粒子的"波函数"，生成一个粒子可能依循的所有轨迹的地图，预测了量子系统的行为。从那以后，物理学家一直用薛定谔的公式来为量子力学系统的行为建立高度精确的模型。

但还有一个问题。叠加的概念虽然出色地解释了亚原子粒子看似古怪的运动方式，但它并没有解释，当一个粒子最终打到双缝板背后的墙上时，为什么只打到了一个位置。这违背了所谓粒子同时循多条轨道运动的主张。那么，粒子是如何从叠加态回到仅处于单个位置的呢？

这就是物理学家接受了叠加态的概念之后，困扰他们的问题。即粒子如何从同时存在于多处的概率性对象，转变为在空间中具有固定位置的确定性对象的谜题。这在后来被称为"测量问题"，因为这种转变似乎发

[①] 埃尔温·薛定谔（Erwin Schrödinger，1887—1961）：量子力学奠基人之一，1933年荣获诺贝尔物理学奖，1937年荣获马克斯·普朗克奖章。

生在测量或探测的时刻。

20世纪20年代，物理学家尼尔斯·玻尔[①]和沃纳·海森堡[②]为测量问题提供了一种解答。他们提出：是观察这个行为，以未知的方式，造成薛定谔的波函数描述的无限种可能的轨迹坍缩成一条轨迹的。他们主张，仅仅通过观察一个处于叠加态的粒子，观察者就能让它选择单个位置。因为玻尔是丹麦人，生活在哥本哈根，所以这种解读后来就以"量子力学的哥本哈根诠释"之名为人们所熟知。

哥本哈根诠释具有一些奇怪的哲学引申意义。它暗示真实世界不经观察就不存在——我们作为观察者，正持续不断地从围绕我们的可能性中，创造出我们自己的真实世界。尽管有这种奇特之处，科学界多数人仍迅速地将哥本哈根诠释作为测量问题的解答接受了下来。这有可能是因为玻尔是极受人尊敬的。没人敢于反对他。另外，似乎也没有什么其他解答使人信服。

然而，并不是所有的科学家都对玻尔和海森堡的诠释感到满意。对一些人来说，观察的行为有可能塑造物理现实这件事未免荒唐。据报道，爱因斯坦本人就抱怨过他无法相信一只老鼠可以仅仅通过"看"这个行为就给宇宙带来急剧的变化。

20世纪50年代初，身为普林斯顿大学物理学研究生的休·埃弗里特就是这些怀疑诠释者中的一个。在他看来，整个哥本哈根诠释的前提都不合理。他无法理解一颗亚原子粒子怎么会"知道"它正在被观察的。随后的一个晚上，当他在和一些朋友分享一瓶雪莉酒时，解释测量问题的另一种方法在他脑海中浮现了。他想到，也许叠加态这种奇怪的现象，被观察时从未真的消失。也许波函数从未坍缩，也许所有可能的粒子轨迹曾存在，且继续同时存在于平行世界。在我们观察者看来，波函数坍缩了，仅仅是因为我们无法一次感知到一个以上这种世界。

[①] 尼尔斯·玻尔（Niels Henrik David Bohr，1885—1962）："哥本哈根学派"的创始人，1922年获得诺贝尔物理学奖。

[②] 沃纳·海森堡（Werner Karl Heisenberg，1901—1976）：尼尔斯·玻尔的学生，量子力学的主要创始人，哥本哈根学派的代表人物，1932年获得诺贝尔物理学奖。

埃弗里特很快就迷上了这个想法,并决定将它当作自己博士论文的主题。论文于 1957 年完成。文中,他是这样阐述的,薛定谔的公式并不仅仅是一个数学公式。它是一个对现实的直观描述。波函数描述的每一条可能的轨迹都同样真实,正如我们观察者一样——处于叠加态。因此,当一位研究者测量一个粒子,他本人的多个副本正在观察那个粒子的每条可能的轨迹,他的每一个副本都认为自己正在看到唯一的一条轨迹。

埃弗里特在论述的最后推演出了符合其逻辑的结论,他假设宇宙最根本的性质与我们的理解相差甚远。我们的感觉欺骗我们自己相信,只有一个版本的现实,但真相是:存在许多版本的现实——大量可能的世界——以叠加态同时存在。

这意味着物理上任何可能发生的都必然发生,因为宇宙中每个波函数每种可能的轨迹都同时展开。这不容许超自然现象,如魔法或者超感知觉的存在,因为它们从物理上都是不可能的。但它确实暗示存在不同版本的宇宙,在其中每一种物理上可能的情形都会发生。在宇宙的某处,我们的意识穿行于广阔的量子混沌中,那里必定有某个版本的宇宙,其中地球从未形成,生命从未诞生,恐龙从未灭绝,我们每一个人都赢得了彩票大奖。每种可能的事件链条,不管有多不像真的,肯定都实现了。

一开始,科学界无视了埃弗里特的论文。它默默无闻地沉寂了十三年。作为对这种无声拒绝的回应,埃弗里特抛弃了学术生活,在五角大楼找了份工作,分析核武器战略。他再也没有就"量子力学"这个主题发表任何文章。但埃弗里特的理论最终得到了宇宙学家布赖斯·德威特(Bryce DeWitt)的注意,他成了该理论的第一个粉丝。他以书籍形式重新出版了埃弗里特的论文,并且创造了"多世界理论"这个名词,得益于他的这些宣传,该理论获得了更广泛的受众。

而且,物理学家了解到该理论之后,并没有对埃弗里特的想法置之不理。不出所料,许多人对所谓的"我们持续分裂成平行副本"的说法大为恼火。毕竟,我们周围的世界看起来单一和稳定,令人愉悦。但该理论确实成功地获得了一批支持者,他们提出:作为测量问题的一种解答,它是有效的,而且它并不像哥本哈根诠释那样,在解答时给观察的行为赋予魔力。

还有些宇宙学家对此很感兴趣。他们指出，它可以解答他们最近注意到的一些"微调"问题。这一问题是说，为了使生命可能存在，宇宙的设计中有数百个方面都必须在大爆炸中被微调到恰好的程度。例如：质子和中子必须要有几乎相等的质量，这样电磁力和引力的相对强度才能恰如我们观测到的样子，宇宙膨胀的速度才能恰如它现有的速度。如果这些数值里的任何一个有所不同，哪怕只是有略微差异，生命就不可能存在，除此之外，还有许多这类常数和比率必须要完美地协调。然而，所有这些数值，看起来却好像是随机形成的。你很容易想象它们会有所不同的情形，那么为什么它们都恰巧表现为生命诞生所需的那个数值呢？

如果只存在一个宇宙，那么生命竟然存在的概率已经超出了不可思议的程度。这就如同掷骰子连续掷出100万次双六点一样地罕见。但如果存在许多平行宇宙，在这些宇宙中所有物理上的可能性都会发生，那么其中一些宇宙必然会被微调到适合生命的诞生。

然而，有一个技术问题仍然令许多物理学家不愿接受埃弗里特的理论。他们无法理解为何一个粒子的所有轨迹都会各自独立？为什么我们会认为自己被困在一个现实世界之中呢？为什么所有这些宇宙没有作为一个整体混合在一起呢？

在20世纪80年代，海德堡大学的物理学家迪特·泽赫提出了"消相干理论"，提供了一种可能的答案。该理论假设一个粒子的波函数与其周围粒子的波函数相互作用，在这个过程中，会发生"消相干"。粒子的轨迹会彼此缠结、捆绑，就像绳结一样，而这造成多个平行宇宙彼此独立。

消相干是一个极为精密复杂的数学理论，而且当它与埃弗里特的多宇宙理论放在一起看时，两者为我们置身的亚原子世界提供了令人信服的完整模型。其结果是，人们的支持开始从哥本哈根诠释转向多宇宙理论，而这一风潮一直延续至今。不过，多宇宙理论仍被大多数科学家排斥的一个原因是它会引出特别古怪的推论。尤其是它能推论出永生的这个特点。

对多宇宙理论存在这种永生的推论，出版物中首度提及是在1971年。物理学家门德尔·萨赫斯写信给《今日物理学》期刊，提出如果埃弗里特的理论是对的,它能让一架行将坠毁的飞机上的乘客情绪高涨起来,因为他可以想到在宇宙别的什么分支里,飞机必将安然无恙地降落。

到了20世纪80年代,科学家们已了然于胸,多宇宙理论保证的不仅是临时逃避死亡,而是彻底永生。毕竟,如果可能发生的都会发生,那么每次我们面对可能死亡的情形时,至少一个版本的我们肯定会找到活下去的办法,因为总是会有某种事件组合能拯救我们。我们生存的概率会随着时间的推移变得越来越渺茫,但渺茫不等于不可能。在量子宇宙鲜为人知的分支里,我们会永远活下去。

1998年,埃弗里特最坚定的支持者之一,物理学家马克斯·泰格马克指出了永生这个特点一个有趣的方面:它给予了我们一种测试多宇宙理论的途径,这样我们就能确切地知道它是正确的还是错误的了。

泰格马克的想法是设计一把手枪,可以随机射出一颗子弹,或者仅在每次有人扣动扳机时发出响亮的咔嗒声。两种结果的概率各为50%。实验者随后将自己的头抵在枪筒上,并让一名助理开枪。泰格马克认为:如果枪连续十次都只是咔嗒响,而没有射出子弹,就能充分证明多宇宙理论的正确性。

这一"量子自杀"的实验用到的技术完全在可实现范围内。问题当然是,没有一个脑子清醒的人会愿意做这只小白鼠,而且就算有实验者活了下来,也没人会真的相信他。

哲学家也受到了量子永生概念的吸引。现在哲学文献已经有一个小类别致力于探索其实用及伦理方面的影响。其中有一个正在进行的辩论,探讨一个相信多宇宙理论的人去玩俄罗斯轮盘赌①是否符合理性,假设有很大一笔奖金在等着他。毕竟,如果该理论是正确的,此人至少有一个副本一定会每次都赢得赌局。而其他副本则会死亡,因此不在考虑之列。

关于这个问题的哲学结论是混杂的。一些人承认,的确你可能让未来的一些你更富有,但大多数人指出有很多负面的地方需要考虑。就算

---

① 俄罗斯轮盘赌:一种赌博游戏,规则是在左轮手枪的六个弹槽中放入一颗子弹,任意旋转后关上转轮,游戏参加者轮流把手枪对准头,扣动扳机。旁观的赌博者对参加者的性命押赌注。

你不介意杀死其中一些未来的你，但你的那些亲人朋友需要忍受悲痛这件事该怎么办？而且，同时肯定还有一些未来的你会活下来但身陷残疾，要么脑损伤，或者半边脸被炸伤。这对于某个平行宇宙中的你变得更富有这一点来说，付出的代价似乎太高了些。

埃弗里特本人从未就量子永生写任何东西，但他显然知道这种可能性。他的一个同事基思·林奇称他曾与埃弗里特讨论过这个想法，埃弗里特宣称自己坚信这个概念。他可能相信量子永生，但在我们的世界里埃弗里特于 1982 年死于心脏病，死时年仅五十一岁——是常年饮食不调和缺乏锻炼的受害者。

说件更阴郁的事，他的女儿丽兹大半生药物成瘾，于 1996 年三十九岁时自杀身亡。她生前留下了一张字条，在字条中她要求家人把她的骨灰丢进垃圾桶，正如她的父亲，一位毕生的无神论者，为自己提出的要求一样。她还写下了这样的话："我会最终来到正确的平行宇宙与爸爸相见。"

批评者们将量子永生看成是一个不言自明的荒唐概念，它使整个多宇宙理论都遭到人们的怀疑，你也很难反驳这一点。我们从未遭遇永生。每个人看起来都早晚会死。然而，多宇宙理论的确很好地解释了叠加态的谜题。还有什么是比这更好的解释吗？这引导该理论的一些支持者寻求从理论中去掉量子永生的办法。要是去掉量子永生，他们思忖：埃弗里特的理论会变得可信得多。

泰格马克曾主张，永生只能在生死存亡事件总能简化为一系列二元可能性时被保证。比如说，一辆高速驶过的汽车要么会撞上你，要么不会。这是只有两种结果的情形。而老去的过程并非二元，它包含亿万个相互累积的事件，这可能最终令概率爆表，使死亡即使在多宇宙中也无可避免。

如果泰格马克对多宇宙理论的这种解释是正确的，一些平行宇宙中的我们或许会活得很久，但他们早晚都会死，经历各种不同的死法。但如果他是错的呢？如果我们真的会永远活下去呢？

这就是多宇宙理论对永生的预测有趣的地方。你不需要开展量子自杀的实验来确定它是否正确。事实上，你什么也不用做。如果埃弗里特是对的，在适当的时候，你保准会知道。

◇第二章
不寻常的暗淡蓝点
A PALE BLUE PECULIAR DOT

现在我们正看着全宇宙的画面，想象全宇宙就在你的面前，向各个方向无限延伸。天文学家相信，从一个遥远的距离看（如果有可能从外部观察它的话），它是均匀的和看似无物的。但现在让我们把镜头拉近，随着我们逐渐靠近，巨大的结构开始浮现。我们可以看到亿万个星系暗淡的轮廓，它们并不是均匀排布的；相反，它们组成了巨大的形状，就像横跨达10亿光年远的细线和平面，如同网络一般纵横交错于太空中。就在这些结构中，有数不清的像绳结一样更小的星系群。

我们将注意力投向其中一个星系群，拉尼亚凯亚超星系团。它的直径超过五亿光年。所以说，我们仍然在以一种宽广到不可思议的尺度观察着宇宙。但是，让我们更快地拉近镜头，拉尼亚凯亚外边缘附近的一个星系是我们的目标：有旋臂的银河系。它直径仅有十万光年，但它却可能包含多达四千亿颗恒星。没人知道确切的数字，因为你绝不可能把它们都数一遍。我们只能根据银河系质量的估值做出猜测。

我们继续下降，奔向银河系一个较小、被称为"猎户臂"的旋臂，在这里，大约距星系中心三分之二的位置，我们终于抵达了此行的目的地：一颗中等大小的黄矮星，有八颗行星围绕着它运转。第三颗行星特别惊人。它如同一颗明亮的，蓝、绿、白三色相间的珠子，悬挂在真空的太空中。当然，这就是我们的家园——太阳系和地球。

这片区域是天文学家和行星科学家研究的对象，也将是我们在这一章聚焦的话题。你可能会认为，因为我们处在一个更熟悉的环境中，关于它的理论会更受限制一些。然而，正如我们即将看到的，围绕太阳系的谜题和争议不比关于宇宙本身的来得更少。

地球位于宇宙的中心？

地球位于宇宙的什么位置？如果你在五百年前问学者这个问题，他们肯定已经有现成的答案。它就在宇宙的中心。太阳、月亮、行星和恒星都围绕地球转动。自从古希腊、古埃及和古巴比伦人最初开始研究天文学以来,超过两千年里,这一直是人们接受的信念。

但是若询问今天的天文学家同样的问题,答案就不再如此简单了。他们肯定会告诉你,我们并不是宇宙的中心(他们确信这一点)。事实上,原先的这个想法已经显得太过幼稚——它是时代的产物,在那时人们对宇宙没有那么多了解,因而认为人类在宇宙中占据一个优越的位置。

如果你要求得到更具体的答案,天文学家可能会告诉你,相对于周围其他天体地球的位置。他们会说,地球是太阳系从太阳数第三颗行星,而太阳系是银河系的一部分,银河系与仙女座星系相邻。两者都是拉尼亚凯亚超星系团的一部分,而拉尼亚凯亚超星系团是约十万个星系的家园。

如果你继续追问:地球在宇宙中的绝对位置,我们是靠近它的顶部还是底部?或许靠近它南部的边缘?这时情况就变得更复杂了。天文学家会解释说事实上并没有所谓的绝对位置,因为宇宙并不具有整体形状或者结构供我们定位。在宇宙尺度上,并没有庞大的特征,诸如边界或者中心,可供我们推导出自己的位置。

但如果宇宙真的存在总体上的结构,能为我们提供某种方位呢?而且若我们相对于这种结构确定了自己的位置,发现地球恰巧在其中心呢?这就是南非宇宙学家乔治·埃利斯在一篇文章中提出的奇怪主张,文章于1978年发表在《广义相对论与引力》期刊上。

埃利斯并不是什么怪人。如果他曾有这等名声,批评家会将他的想法和那些"平坦地球"理论家的夸夸其谈,以及其他极端分子的胡说八道一起搁置不理。但正相反,当时他已通过与斯蒂芬·霍金[①]合著《时空的大尺度结构》一书,而成了世界上最著名的宇宙学家之一。这本出版于1973年的书被认为是"宇宙学最经典的文本之一"。

[①] 斯蒂芬·霍金(Stephen William Hawking,1942—2018):现代最伟大的物理学家之一,20世纪享有国际盛誉的伟人之一。1978年荣获爱因斯坦奖章。

同样，埃利斯也并非那种会宣称地球位于太阳系中心的怪咖。那么想可就太过疯狂了。相反，他关注地球在整个宇宙中的位置——我们位于全宇宙何处的全貌。这倒也并没有让他的主张更合宇宙学家的心意。

埃利斯的主张相对而言较为直接。他提出观测数据已引导天文学家得出结论，宇宙没有整体的结构也没有中心。但他主张，同样是这些数据，有可能被用来生成一个全宇宙的模型，一个有中心的宇宙，而地球就位于这个中心。所以，如果同样的数据可以生成两个但同等有效的模型，那么选择采用哪一个，应当被看作哲学偏好的问题，而非科学必然的问题。

那么，又是怎样的观测令天文学家认定宇宙没有中心呢？最重要的一个，就是爱德文·哈勃做出的"宇宙正在膨胀"的发现。20 世纪 20 年代，美国加利福尼亚州威尔逊山天文台新安装了一台强大的天文望远镜，使他得以辨识夜空中模糊的星云，这些长久以来一直令天文学家感到困惑的星云，实际上是遥远的星系，而在更仔细的观测之后，他意识到所有方向上的几乎所有这些星系，都在以极高的速度远离我们。

此观测的一种简单化的解释是：银河系位于宇宙的中心，其他的所有星系正在某种强大的力的作用下远离银河系。但是，为什么这种力作用于所有其他星系，却不影响银河系呢？这不合理。天文学家并没有这么想，而是代之以认定，星系的退却肯定意味着，宇宙万物都在膨胀并远离彼此。正是这个结论从宇宙中去掉了所谓的中心。

人们经常用橡胶气球的类比来描述这一概念。该类比要求我们想象气球上贴上了一些画有小圆点的纸片，而气球的表面在充气过程中扩张开来，使所有小圆点远离彼此。气球变得越大，圆点之间相距的空间就越大。假设你是一个显微镜才看得到的小人，站在其中一个圆点上，你向外看去，会看到所有圆点都远离你而去。这有可能使你认为你的圆点占据气球表面中心的位置，但这个解释是错误的，因为气球的表面没有中心（假设气球没有进气口），所以从任何一个圆点看去景象都是一样的。不管你站在哪个圆点，总会看到其他的点离你远去。

天文学家的解释是：膨胀的宇宙也没有中心。当我们看向宇宙时，我们会看到各个星系在各个方向上离我们远去。但是，不管我们处于宇宙哪个位置，我们都会看到同样的现象，因为万物都在膨胀并远离彼此。

气球的类比可能有误导性，因为气球有内部和外部之分，而宇宙却没有。但是，如果你能想象一个缺少这些空间特性，又在每个点上都在膨胀的气球，那么你想到的就是 20 世纪 30 年代开始，直至今日仍被科学家广泛接受的宇宙模型了。

埃利斯提出的替代充气气球宇宙的是一个鸡蛋形状的宇宙模型（虽然他并不这样称呼它），他给它命名为"静态球对称"宇宙。但从本质上说，它是一个正立的鸡蛋形宇宙。

这个鸡蛋的两个尖端各代表一个中心——或者说，是一个中心和一个反中心。在鸡蛋的顶端，有一个静冷、相对空旷的太空区域，底部有一个裸露的奇点，一个有着超致密高引力物质的区域，就像黑洞的中心那样，但这里并没有事件视界。在顶部和底部之间，飘浮着众多星系，在靠近顶端一侧分布得更稀疏一些，而越接近底部的奇点密度就越大。

这是对埃利斯的模型的一个简要概括，实际上模型在理论上要复杂得多。用更接近他本人描述的方式来说，他想象的是一个宇宙，中心的星系高度密集，而边缘附近星系分布很稀疏。位于中心的人会看到星系受到该区域高强度引力的牵拉，向内坠入，但埃利斯随后运用了爱因斯坦的相对论，想象空间以某种方式向自身弯曲，以至于在低密度边缘创造出了另一个中心（或"反中心"）。在他的示意图中，其结果就是形成了一个鸡蛋形的宇宙，而我们出于大致了解的目的，有这样的想象也就足够了。关键是，生活在鸡蛋顶端（反中心）的任何人，会看到各个方向上的星系都快速远去，向着底部的高引力中心下落。

埃利斯的鸡蛋形宇宙既没有膨胀也没有收缩。它没有时间上的起点，也不会有终点。它一向以同样的形式存在，未来也一向如此，因为底部的奇点起到一种宇宙回收中心的作用，消耗掉燃尽的星系衰老的物质，并重新将它们以高温、新生的氢的形式喷出来，这些氢最终会形成新的星系。

埃利斯将我们星系的位置定在了鸡蛋宇宙的最顶端，低密度的反中心那里。正因如此，这是宇宙中一个可辨识的独特的位置。但他强调，位于这个点不意味着我们作为一个物种有什么特别之处。相反,反中心恰巧是这个宇宙唯一一个足够的静冷、可供生命存活的地方。这是我们有可能存在的唯一地方。

埃利斯想象的这个宇宙极为古怪——他倒是承认这一点——但他想表达的是:我们实际生活的宇宙很可能就是这个样子。毕竟,从鸡蛋宇宙顶端看到的宇宙景象应该和标准宇宙学中,我们生活在充气气球宇宙的一个点上看到的完全一样。两种情况下我们都可以看到各个方向的星系远离我们而去。在充气气球宇宙中,这一效应由整个宇宙的膨胀导致,而在鸡蛋宇宙中,其成因是星系受到高引力奇点的牵拉向它移动。但是,从我们的位置却没办法区分到底是哪一种情形。两个模型会生成完全一致的观测数据。

可事实果真如此吗?我们真的生活在一个巨型的鸡蛋(宇宙)顶端?如果是这样,这会彻底颠覆现代宇宙学。毕竟,埃利斯的模型总体上摒弃了大爆炸,想象出了一个没有开端的宇宙。天体物理学家对此的反应是怀疑。物理学家保罗·戴维斯[①]在《自然》期刊中对它做出评价时开玩笑说,对埃利斯来说幸运的是,对异端邪说者施以火刑的做法已经不再流行了。

当然,鸡蛋宇宙并没有打倒现代宇宙学。在埃利斯继续打磨其模型的过程中,他认定自己在爱因斯坦的广义相对论框架下,无法让模型达到自己满意的程度,这使他抛弃了这个想法。鸡蛋宇宙的故事也就到此结束了,但这并没有改变他想要提出的更大的概念,这个概念仍然意义重大。这就是宇宙大尺度结构的问题——它有可能迷惑我们,阻挠我们理解宇宙的尝试。

根据我们现有的天文学观测,标准的充气气球宇宙模型事实上是一个合理的结论。我们观察到各个方向上星系都在远离我们,由此假设宇宙各处都在发生着同样的现象,是完全合理的。这是我们可以做出的最简单的假设。可问题在于,一个假设既简单又合理并不意味着它就一定正确。

[①] 保罗·戴维斯:曾入选澳大利亚"十位最有创造性的人物",被《华盛顿邮报》誉为"大西洋两岸最好的科学作家"。

宇宙从未承诺过它不会为难我们，而我们也永远不可能从当前位置拉远视角，看到整个宇宙的全景，来确认充气气球模型是否正确。因此，我们观察到的所有效应都由其他某种更奇怪、更复杂、构成宇宙的大尺度方式造成——这种可能性始终是存在的（你可以阅读"我们的宇宙其实是电脑虚拟世界？"这一章来了解其中一种可能性）。

抛弃了鸡蛋宇宙模型之后，埃利斯把构想这类替代性宇宙结构当成了他的某种嗜好。他有一个想法：我们或许生活在一个小宇宙中。天文学家相信宇宙是无限大的，但埃利斯暗示也许它不过横跨数亿光年而已，但它是弯曲的，若你能旅行跨越整个宇宙宽度的距离，最后你会返回到自己的起点。这意味着我们周围的星系并没有我们以为的那么多；它只不过是视错觉而已。我们看到同样一片天上的星系反复出现，就像我们盯着两块平行放置的镜子生成的一连串倒影一样，埃利斯愉快地承认，这或许并非宇宙真实的样貌，但我们是没有办法确切知晓的。

他的另一个想法是，虽然地球也许并未处于整个宇宙的中心，但它可能处在一个"宇宙空隙"的中心。20世纪90年代末，宇宙正在加速膨胀一事被发现，使他想到了这个点子。为了解释这件事，天文学家已形成理论，认为某种神秘的"暗能量"造成了加速，但埃利斯反而提出宇宙中物质的分布可能是不均匀的。他说在宇宙的大部分区域，物质的密度非常高，但是存在气泡一样的空间——"宇宙空隙"，那里密度很低。我们的星系也许正飘浮在这样一个低密度的空隙的中心，而和我们一样处于这个空隙之中的星系都在向外坠落，以越来越快的速率被周围更高引力的区域牵引而向它们运动。如果事实果然如此，宇宙在显著加速膨胀的现象，会是仅限于我们所在区域太空的局部现象。

同样，埃利斯并没有坚称这是宇宙真实的样貌。这更像是一个他想就宇宙学本质提出的哲学观点。宇宙学是一个有趣的学科，因为宇宙学家研究对象（全宇宙）的绝大部分，是永远看不到也无法与之互动的。这有点像你站在一栋大楼的一块砖上，却要想办法弄清整栋楼的全貌一样。你能做的最佳尝试，是假设整栋建筑都与那一块砖相似，然后在这个基础上继续你的猜测。但如果对整栋楼来说这块砖并不具有代表性呢？若是它只是建筑立面的一部分呢?你没办法知道到底是怎么回事。

这就是宇宙学家所面临的处境。他们假设我们能看到的这部分宇宙可以代表整个宇宙,基于这样的假设试图弄清宇宙的性质。但是你没有办法肯定什么。我们的知识有着绝对、硬性的局限,迫使我们只能长久忍受这种怀疑——宇宙可能实际上有某种大尺度结构,与我们所能想象到的任何事物都截然不同。

行星会爆炸?

如果你是那种容易忧虑的个性,自然界提供了许多让人担忧的事情:飓风、地震、海啸、超级火山、小行星撞击,以及各种能带来灭顶之灾的威胁数不胜数。但行星若是爆炸会怎样?若火星突然爆炸,向我们降下流星暴雨呢?或者,更糟的是,如果地球自身在没有预警的情况下炸裂开来,陷入炽烈燃烧的大灾难之中?这种情形有可能发生吗?你应当将这种可能性也加入你的忧虑清单吗?

简单回答:不必。地质学家相当确定,行星本身不会爆炸。然而,行星爆炸假说的支持者们却意见相左。他们主张行星确实有一种令人不安的倾向,可能会突然间灾难性地爆炸,还声称有证据表明这件事已经在我们的太阳系内发生过许多次了。

"行星爆炸假说"的出现可以追溯到18世纪中期,当时出现了一个天文学谜题——失踪行星之谜。德国数学教授约翰·提丢斯注意到我们的太阳系中,行星的位置有不同寻常之处。它们与太阳之间的距离似乎是有规律地排列的。每个行星与太阳的距离大约相当于其内侧邻居行星与太阳距离的两倍。提丢斯不了解为何行星会这样分布。他仅仅注意到了这个现象——除了一个显著的例外:在火星和木星之间,有极大的间隙,而且,根据这种分布模式,在那里本应有一颗行星存在。在一本由他翻译的德语书中(法语翻译为德语),他以脚注的方式记录下了这一发现。

这算不上是宣布新发现的一种引人注目的方式。这一脚注很可能轻易地被人们忽略,但德国天文学家约翰·波得①恰巧看到了它,并认定提丢斯可能碰巧发现了一种控制行星距离的法则。于是,波得将这个想法加进了他撰写的一本天文学教科书里。

　　故事本来到这里就结束了。提丢斯的观察、发现并没有在其他方面吸引多少人注意,直到 1781 年发生了一件事,使它成了人们严格审查的焦点。在那一年里,英国天文学家威廉·赫歇尔②发现了土星外的天王星。这还是历史上首次有新行星被发现——如果不算史前观星者发现的水、金、火、木和土星的话——而且,让所有人惊讶的是,天王星作为第七颗行星,恰好处在提丢斯的模式预测它应该在的位置。那时候的天文学家并不认为这仅仅是个巧合——他们认为提丢斯和波得肯定意识到了什么重要的东西,这种模式肯定是一种法则。它后来被以"波得定则"的名字为人所熟知,这有点不公平,因为提丢斯才是实际想出这一法则的人。波得不过是把它更好地公之于众而已。

　　提丢斯的模式作为一个成熟的法则被接受,使人们迅速把注意力投向了火星和木星之间的间隙。如果这个模式能正确地反映天王星的位置,那么火星和木星之间的那颗行星去哪儿了呢?整个欧洲的天文学家中间迅速掀起了大规模的搜寻行动,其结果是,19 世纪初,就在那个位置人们找到了什么。但它不是一颗行星,而是许许多多小行星。其实它们是人们有史以来发现的第一批小行星,而太阳系的这片区域后来就被称为"小行星带"。

　　如果你去寻找一间房子,其位置已经标在地图上,但当你到了那个位置,你找到的却不过是一堆碎石,得出房子被毁的结论可谓合情合理。同样地,如果你去寻找一颗行星,但在其位置找到的是一大堆岩石,你可能怀疑这颗行星遇上了糟糕的结局。这恰恰就是天文学家海因里希·奥

---

① 约翰·波得(Johann Elert Bode, 1747—1826):提出了提丢斯-波得定则,计算了天王星的轨道。还发现了 M81 星系,因而该星系被称为"波得星系"。
② 威廉·赫歇尔(Friedrich Wilhelm Herschel, 1738—1822):恒星天文学的创始人,被称为"恒星天文学之父"。

伯斯[①]得出的结论。1812 年，他提出火星和木星之间的小行星带肯定是此前一颗行星破碎的残骸，这颗行星要么爆炸了，要么就是在一次相撞事件中被毁了。行星可能并非像它们看起来的那样稳定，有时它们自己就会爆炸——这种令人不安的想法，就这样走进了天文学的想象之中。

奥伯斯的这种令人不安的想象被当作科学信条的时间并不长久。天文学家们很快就抛弃了它，转而支持更令人放心的理论：认为那些小行星都是微型的原行星，由于木星巨大引力的干扰，而没能结合成更大的形态。

波得定则也没能维持身为法则的地位。传统上，它仍然保留了定则这个名字，但是 1846 年发现的天王星外侧的行星海王星，位置与该法则的模式相去甚远。因此，天文学家得出结论，行星距离方面并无法则，提丢斯观测发现的模式只不过是个巧合罢了。

但灾变论者看待自然的观点再次占据上风不过是时间的问题。1972 年，英国天文学家迈克尔·奥文登在《自然》上发表了一篇文章，在文中重提了奥伯斯的担忧：火星和木星间或许曾有一颗行星发生了爆炸。此外，他还想象这颗被毁的星球曾是巨大的气态巨行星，大小是地球的 90 倍，给故事增添了更多的戏剧性色彩。他将它命名为"氪星"，取自超人的母星——那颗因爆炸而被毁灭的行星的名字。

和提丢斯一样，奥文登怀疑行星所处的位置背后一定有规律。他创造了一种理论，认为久而久之，行星总是会处在那些使它们彼此间引力作用最小的位置。他把这称为他的"行星幽闭症原则"。但使他困惑的是，为何行星并未全部都处于这样的位置。尤其是，火星相对而言更接近地球，更远离木星。而根据他的计算，它应该更接近木星才对，这导致他回到失踪的行星的想法上。

他提出，如果有一颗巨大的行星曾经存在于火星和木星之间，但它大约在一千六百万年前突然间"消散"了的话，那么目前行星的位置就说

---

① 海因里希·奥伯斯（Heinrich Olbers，1758—1840）：1826 年提出"夜空为什么是漆黑的"疑问，被称为"奥伯斯佯谬"。

得通了。在消失事件之后,火星会缓慢地接近木星,尽管在它抵达最小引力作用的位置之前,还需要经过数百万年的时间。然而,是什么让一颗行星如此快速地"消散"的呢?奥文登认为只有一种可能:它肯定爆炸了。他相信,行星的大部分肯定被木星吞噬掉了,而余下的部分则变成了小行星带。

在20世纪70年代末,一个以奥文登的假说为灵感、名为"氪星到底发生了什么"的展览在北美的天文馆巡回展出,但它并没有怎么打动天文学家。他们大多数人忽略了它,只有一个例外——一名年轻的研究者对这个想法十分着迷。他就是当时任职于美国海军天文台的汤姆·范弗兰登。在那之前,范弗兰登一直是一名声誉良好的天文学家,未曾远离过普遍观念。但行星自发爆炸的想法深深吸引着他。在奥文登假说的影响下,他突然间急转方向,奔向了非正统科学。在接下来的几十年里,他的同事困惑地发现,他转变成了某种天文学怪咖,频繁地在深夜广播节目中阐述他有违主流的理论(比如说,他声称火星上的地质特征是地外智能生命的杰作)。

在仔细思考了奥文登灾变论的想象之后,范弗兰登得出结论,除小行星带的存在之外,还有更多证据可以证明很久以前曾发生过行星爆炸。事实上,他开始相信太阳系这片地方,布满了过去发生的爆炸和燃烧留下的伤口,太阳系种种奇怪之处突然间在他眼中有了全新的意义。

例如:火星上撞击坑的奇特分布。火星南半球密布着撞击坑,而其北半球相对平坦。对这一(被称为)"火星分界"的现象,传统的解释是,在火星早期历史上,曾经有一次严重的小行星撞击事件,结果形成了一片岩浆海,重新塑造并填平了北半球的地表。相反,范弗兰登主张,火星肯定原本是奥文登提出的爆炸的行星的一颗卫星。因此,当那颗行星爆炸时,冲击波以十足的力量袭击了火星面向它的半球,给它留下了无数的撞击坑,而反面则没有受损。

接着,还有土星的卫星——土卫八不寻常的颜色差异问题。它的一半是暗色的,而另一半却是亮白色。主流理论把这一双色效应的成因归结为其地表不同的温度,是温度造成水冰升华,从而形成了这种不同寻常的样貌。冰在冷的那一面积聚，而没有出现在相对温暖的地方（虽说整颗卫星以地球的标准来说，都寒冷彻骨）。然而，范弗兰登却主张，爆炸的行星生成的冲击波造成土卫八半颗星球变黑，暗色的半球才成了如今的样子。由于土卫八自转极慢，卫星只有一面面对冲击波，他声称："这就解释了为什么土星其他卫星没有类似的颜色差异——它们都自转得足够快，能够被均匀地染黑。"

时间一年年地过去，对充满暴力的太阳系的过去，范弗兰登的想象变得更为周密复杂了。他得出结论，行星爆炸并非太阳系历史上的一次性事件，而是反复出现的特征。一开始，他将爆炸的次数增加到两颗行星，他用字母 V 和 K 来表示它们（K 来自氪星，作为对奥文登的致意）。他的理由是在小行星带有两类不同的小行星，因此肯定曾存在两颗行星。但是，到了他生命的最后，2009 年，他已经一路将爆炸的行星增加到了整整六颗：两颗位于火星和木星之间的小行星带，两颗用来解释海王星外侧为何存在彗星构成的奥尔特云，最后的两颗，仅仅是为保准确，额外添加的数字。显然，行星在我们的太阳系像焰火表演一样爆炸个没完。

当然，不论我们的太阳系有多伤痕累累、瓦砾遍地，如果行星不可能爆炸，它就不可能是造成破坏的原因。而且，说真的，它们为什么会爆炸呢？它们是巨大的岩石和气体团块。从来没有明显的理由，使它们能自发地爆炸。

范弗兰登意识到了这一点，所以他和他的追随者们着手工作，试图找出把行星转变成定时炸弹的那种隐藏的爆炸性力量。他们想出的点子包括引力异常、从星系中心射出的反物质粒子束，甚至还有跨行星战争。直到 20 世纪 90 年代，一个更有可能的猜想才进入人们的视野——说它有可能，是因为它没有包含任何不可能的物理原理，而并不是因为它从任何方面反映出了科学的正统思维。这就是"地质反应堆假说"。

其想法是，一些行星的地核或许是由高放射性的元素铀构成的巨大球体，发挥着天然的核裂变反应堆——或称地质反应堆——的作用。铀的一些同位素是可裂变的，这意味着当它们吸收一颗中子，就会分裂成两个原子，释放能量和更多自由的中子。如果你把足够多的铀汇聚在一起，一颗原子的裂变会引发周围的其他原子发生同样的裂变，而这些原子又会使它附近的原子也发生裂变，依此类推。这个过程会变得可以自持续，生成巨大的热量和能量。这就是人造核反应堆的运作原理。

因此，想象跨度在五到十英里的一堆铀，在一颗行星内部裂变。在正常情况下，铀反应堆只释放能量，并不会爆炸。必须有什么把铀压缩成一个非常紧实的球体，使原子紧挨彼此，并使它们达到超临界质量，才能引发爆炸。核弹通过使用传统的炸药来实现这一点。因此，一个行星地质反应堆只要没有受外界干扰，就会保持稳定。但是却存在可能引爆它的东西。一颗非常大的小行星撞击行星时产生的冲击波或许就能实现这一点。而且，如果类似的事确实发生了，它引发的核爆绝对有足够大的力量将一颗行星炸碎，将碎块炸出太阳系。

在行星核心可能存在天然核反应堆的想法并非范弗兰登的点子。他只是一听说这个想法，就马上意识到了这可以为行星的毁灭提供一种机制。这一假说是马尔文·赫恩登创立的，他是一位拥有核化学博士学位的采矿咨询师，他突然想到这个念头时，其实是在尝试回答一个完全不同的问题：为什么木星、土星和海王星释放出的热量，都远比它们从太阳接收到的热量大？

标准的答案是：这些行星仍然在释放它们形成时留存下来的热量，但赫恩登认为它们都应该已经冷却下来了，因为它们总体为气态，因而缺乏隔热层，无法保存它们原始的热量。20世纪90年代初的一天，他在杂货店排队购物，仔细琢磨着这个谜题时，突然间顿悟了什么。他还记得，1972年，法国科学家在加蓬发现了一处地下铀矿，经过分析他们意识到，约二十亿年前，这里曾经作为一处天然核反应堆存在，随后耗尽了能量。后来，人们又发现了类似的一些天然形成的地质反应堆。实际上它们的存在于1956年被物理学家黑田和夫预言过，但是在当时，科学界藐视了他的想法。他甚至连发表这个理论都遇上了困难——这是另一个奇怪理论成真的例子。

于是，赫恩登推论，天然核反应堆若像证据表明的那样，能在地球的地壳中形成，那么或许它也能在一颗行星的地核中形成。地球上富含铀，它是自然界最重的常见金属。在行星形成过程中，条件合适的情况下，它或许会直接沉入地核并在那里富集，引发核裂变过程。如果这发生在带外行星[①]身上，自然就可以解释这些行星释放出的额外能量了。

起初，赫恩登只是将这一推论用在木星、土星和海王星身上，但他很快就把范围扩展到了地球，在发表于《美国国家科学院院刊》的数篇文章里提出了他的想法。他指出，地球产生了足够多的能量，形成了强有力的磁场，保护我们免受太阳风最糟的影响。他提问道：所有这些能量都从哪儿来？传统的答案是：这是地球余热、放射性衰变和引力势能加在一起的结果，但赫恩登怀疑这些来源并不够。另一方面，一个地质反应堆却能轻易地为磁场提供能量。美国橡树岭国家实验室的核工程师丹尼尔·霍伦巴克运用了计算机模拟，帮助赫恩登证实了这件事大体上是可能的。

这就将行星爆炸假说搁在了我们的门口。赫恩登本人倒未曾联想到地质反应堆可能会爆炸，但其他人想到了。如果他是对的，如果确实有直径五英里、球形、高温的铀存在于地球的地核之中，那么我们的家园变成下一颗氪星不过是时间的问题。

但是，先不提地球可能会爆炸这回事——要是它已经爆炸过呢？在行星爆炸假说漫长的传奇故事中，这个想法构成了它最近、可能也是最轰动的进展。显然，爆炸不可能大到彻底毁掉地球的程度——因为我们仍在这里。但它有可能大到足以留下某种令人震撼的证据，它如今就在大多数夜晚悬挂在我们的头顶：月亮。

月球的起源对科学家来说是一个真正的谜，考虑到它是我们如此熟悉的天体，这件事或许看起来有些自相矛盾。你会认为他们到现在总该弄清月球来自何处了吧。然而，对月球是如何形成的做出解释仍然极其困难。

问题在于月球非常大——它太大了，以至于如果它碰巧飞过地球附近，地球的引力是无法捕获它的。而且月球岩石从化学上几乎与地球岩石一致。这就好像有一个巨型冰激凌挖勺从地球的地幔挖了一勺，然后把它放到了天上的运行轨道中一样。对科学家而言，挑战在于解释这个挖勺是

[①] 带外行星（the outer planets）：指位于小行星带外侧的行星。

怎样出现在那里的。

20世纪70年代中期，行星科学家威廉·哈特曼[①]和唐纳德·戴维斯提出了主流的理论。想象有一个火星大小的天体，天文学家给它起了一个绰号"提亚"，以一定角度撞击了地球，造成巨大的一块地幔飞溅到太空中，起初围绕地球形成了一个环，最终凝结成了月球。行星科学家们承认，这个理论的问题在于，提亚的一些化学成分应该保留在月球岩石中，但是月球岩石中似乎并无这类发现。这带我们直接回到了行星爆炸假说的面前。

2010年，荷兰科学家罗布·德梅耶和维姆·范维斯特雷宁提出：月球可能是从地球一侧炸下来而形成的。他们假设，在地球还很年轻的时候，靠近地核处汇聚了大量的铀。随后，一次小行星撞击可能引爆了这些铀，使地球地幔的一大块被炸到了太空中，变成了月球。这可以解释地球和月球化学上的相似性，因为它们曾经是一体的。

范弗兰登活得没那么久，未能了解到行星爆炸假说的这一新进展，但毫无疑问，他若是知道，必定会对此表示赞许的。

一个本应有行星的地方布满小行星碎岩、一个满身伤痕的太阳系、地质反应堆、头顶的月球……这些线索就像沿途撒下的面包碎屑那样，引导人们得出结论，我们的行星有可能突然间爆炸。但是，在你冲出去购买行星爆炸保险之前请放心，正统科学并不认为我们有理由担忧。就像那句流行口号说的一样——"保持冷静，继续生活"。

首先，天文学家十分确信，在太阳系未曾有过一颗行星爆炸。他们指出在火星和木星之间的小行星带那里，实际上没有多少物质存在。如果你把它们都堆在一起，其总质量也就相当于我们月球质量的百分之几，这离一颗行星留下的残骸差得太远了，就算这颗行星的大部分都已被木星吞噬，这些也太少了。

类似地，地质学家严重怀疑，行星的地核中能否形成地质反应堆。

---

① 威廉·哈特曼（William K. Hartmann）：美国行星科学家、作家。第一次提出月球形成和地球自转轴倾斜23°是因为天体撞击地球造成。

铀非常重，它也非常常见，这些都没错，但是铀往往与更轻的元素结合，尤其是氧，这应该能避免它沉入一颗行星的地核。我们大概是安全的。

然而，如果有谁习惯沉迷于妄想之中，这样的保证可能不够令人满意。毕竟，说铀应当与氧结合，与说行星地质反应堆绝无可能出现并不是一回事。物理学和地质学中没有哪一条规律明确地阻止它出现。若是一颗行星由缺乏氧的物质构成呢？那么它也许会出现吧。至少，它或许稍微进入了可能的范畴之内——同时，发生灾难性的爆炸事件也变得有可能了。

"行星爆炸假说"也使人想起地球科学内部一个年代久远的辩论，辩论的双方被称为"灾变论者"和"均变论者"。后者主张：一个好的地质学理论应该建立在识别当下持续进行的自然过程——如侵蚀和沉积——的基础之上。该理论随后会向回反推，认为这些过程长期而言，应以一种一致、持续的方式发生。另一方面，灾变论者主张，有时奇怪的事情会发生，在当下并无确切与之类同的情况存在。偶尔，灾难性事件会搅乱整个系统，尘埃落定之后，其各个组成部分会形成全新的格局。

均变论可以追溯到18世纪末苏格兰地质学家詹姆斯·赫顿[①]的工作，赫顿被认为是现代地质学的创始人。然而，灾变论的思想最初由《圣经》直译主义者持有，他们坚称诺亚遭遇的那场洪水造就了我们今天所看到的岩层。其结果是，这个思想在科学界落得名声很糟。均变论后来被看成了正统地球科学的标志。

但是，自20世纪中期以来，灾变论再度流行起来。研究者们开始意识到，诸如超级火山和大型流星撞击等罕见事件，在生命和地球的历史上有着深刻的影响。20世纪80年代，人们认识到小行星撞击是恐龙灭绝最可能的原因，这成了灾变论复苏的转折点。然而，科学家中间仍有强烈的倾向，对于引用灾难的解释持怀疑的态度。你很难不去怀疑，行星爆炸假说是不是也受到了这种旧有态度的影响。

随着我们越来越了解宇宙，了解它能施加在我们身上的诸多恐怖事

[①] 詹姆斯·赫顿（James Hutton，1726—1797）：英国地质学家，经典地质学奠基人，地质学上火成论创始人。

件——暴戾的黑洞可能会出现在太阳系中间,把我们整个吞噬,或者自遥远星系偶然向我们袭来的伽马射线暴可能突然间将我们化为灰烬——也许行星爆炸的想法会渐渐显得不那么耸人听闻了。毕竟,就算这种现象可能存在,它也不过是自然令人惊叹的毁灭性军火库中的又一件武器罢了。

怪论成真:日心说

1543 年,波兰神父尼古拉·哥白尼①出版了《天球运行论》,他在书中提出的理论,很可能是有史以来最奇怪的一个。他的主张耸人听闻,认为地球是围绕太阳运转的。这违背了几乎所有天文学家自天文学诞生以来就相信的东西——他们一直相信地球位于宇宙的中心,万物——太阳、月亮和所有行星——都围绕它运转。

时至今日,你已经很难把哥白尼的理论看作古怪的想法了。毕竟,地球的确围绕太阳运转,对此我们毫无疑问。从我们的角度来看,他的理论是智慧的象征。这也正是为什么如今他被当作破除迷信、揭示真知的伟大思想者而被广为纪念的原因。但是,考虑到 16 世纪 40 年代人们对自然界的了解,他的理论可谓奇怪至极。

让我们来考虑一下,为什么一个以地球为中心的模型对古代和中世纪人来说如此有道理。首先,这与他们亲眼所见的一切相一致。任何人都能抬头看到太阳、月亮和各个行星从天空一个角落移动到另一个角落。正在移动的显然是那些天体,而不是地球。

同时,这个模型背后也有传统和权威的支持。直到 16 世纪,除古希腊天文学家阿利斯塔克②这个仅有的例外之外,没有学者曾经认真地质疑

---

① 尼古拉·哥白尼(Nicolaus Copernicus,1473—1543):提出日心说,是欧洲文艺复兴时期的一位巨人。
② 阿利斯塔克(Aristarchus,公元前 315—公元前 230):提出了亚历山大时期的最有独创性的科学假说。

过地球位于宇宙中心这件事,而阿利斯塔克提出的也仅仅是一种猜测性的假设罢了。

地心说同时也以符合直觉的方式对引力做出了解释。自亚里士多德的时代起,学者就告诉人们,物体下落是因为它们有向宇宙的中心——也就是地球——运动的内驱力。物体会受中心的吸引,而不是受边缘某个随机的点吸引,这让人觉得在理。

而最重要的是,它确实能说得通。公元2世纪,伟大的古埃及天文学家克罗狄斯·托勒密①根据地心说构想出了一个太阳系的数学模型。他的系统相当复杂,因为他不得不引入一些创造性的几何学,来解释为何行星看起来偶尔会在天空中反向移动。如今,我们知道这一"逆行"会发生,是因为我们看到的是各个行星围绕太阳运转,同时我们自身也在围绕太阳运转的缘故,但是,为了从地心说的角度解释这一运动,托勒密总结说,各个行星在围绕地球运转的同时也在围着它们自身的公转轨迹绕小圈,这些小圈被称为"本轮"。这意味着他的系统具有各种各样围绕彼此旋转的物体,就像一台复杂的机器里,齿轮带动齿轮,再带动其他齿轮一样。但是它确实确切地预测了各个行星的运动,这似乎表示它代表了宇宙真实的样貌。

随后,几乎一千五百年后,哥白尼出现了,他提出抛弃地心宇宙,用以太阳为中心的系统取而代之。其原因并非因为他掌握了任何关于行星运动的观测证据。事实上,他并没有什么证据。他的整个主张都建立在一个他新建立的数学系统的基础上。他声称:"这个系统在预测行星运动方面,表现得和托勒密的系统一样好。"

哥白尼曾希望他的系统不需要纳入复杂的本轮,因而会更为简单,但结果并非如此,因为他犯了一个关键性的错误。他假定地球以正圆的轨道绕太阳运转,但他错了。实际上,地球的轨道是椭圆形的——更像鸡蛋的形状。这个错误导致的结果是,他还是只能纳入本轮来使他的预测与观测数据相一致。这使他的系统和托勒密的系统在数学方面一样地复杂

---

① 克罗狄斯·托勒密(Claudius Ptolemy,约90—168):地心说的集大成者。

难懂。

另外，如果拿它来和地心宇宙模型相比较，实际上它有一些严重的缺点。将地球从宇宙中心移开，使他没办法解释引力是怎么回事。事实上，如果太阳在宇宙的中心，说不清地球为何没有落进太阳里。哥白尼对这一谜题没有答案。

对同时代的人来说，更令人不安的是，日心系统使地球运动了起来。如果相信哥白尼，那就意味着我们都生活在一个旋转着的巨大岩石上，飞驰着穿行于宇宙中间。但感觉上地球不像是在运动。如果它确实在运动，他的批评者们问："为什么没有持续的顶头风从它运动的方向上吹过来呢？（在当时，没人知道太空是真空的）。""为什么其地表的一切没有被甩进太空中呢？"同样，哥白尼对这些麻烦的问题并无答案。

面对所有这些问题，当时的大多数学者自然而然地否定了他的日心宇宙模型。鉴于哥白尼提供的证据如此微弱，任何理性的人都会否定它。直到 17 世纪，其他学者才弥补了他的理论存在的缺陷。这一切开始于 1608 年，荷兰眼镜制造商汉斯·利伯希发明了第一架望远镜。这一发明即刻激发意大利学者伽利略·伽利雷[①]也制造了他自己的望远镜。伽利略用自己制造的望远镜观测到卫星绕着木星运转，从而证明了万物并非都围绕地球运转。在那之后不久，德国数学家约翰尼斯·开普勒[②]向人们说明：如果行星以椭圆形轨道而非正圆形轨道运转，可怕的本轮就可以从哥白尼的系统中去掉了。最终，在 17 世纪 80 年代，英国人艾萨克·牛顿[③]通过提出万有引力定律将一切联系到了一起。它解释了为什么苹果会落向地面，也解释了行星为什么以椭圆形轨道运转——它们持续不断地向太阳方向靠近，又擦身而过。所有这些新证据累积在一起，说服学者们相信

---

① 伽利略·伽利雷（Galileo Galilei，1564—1642）：被称为"观测天文学之父""现代物理学之父""科学方法之父""现代科学之父"。
② 约翰尼斯·开普勒（Johannes Kepler，1571—1630）：发现了行星运动的三大定律。现代实验光学的奠基人。
③ 艾萨克·牛顿（Isaac Newton，1643—1727）：英国皇家学会会长，被誉为"百科全书式的全才"。

了日心说的正确性。

但是，考虑到哥白尼提出的理论（在 16 世纪知识背景下）有多奇怪，以及他为说明它而展开的论证又是多么缺乏说服力，你不得不怀疑一开始到底是什么激发他想出这个理论来的。他到底在想什么？这一问题很久以来一直令历史学家感到困惑。

一种想法是，他可能一直试图使人们相信，天体沿正圆的轨道运转。古代和中世纪学者们都理所当然地认为天体自然而然是沿圆形轨道运动，而不是沿直线运动的，因为他们觉得圆形是完美的形状，所以对天球而言是合适的。托勒密的模型对这一原则采取了几个微小的改动，因为仅从其系统的复杂性出发，就使得以各种方式微调变得不可避免。哥白尼或许认定这使该模型错得不可救药。当然，他也在自己的系统中严格地遵循了天体沿圆形轨道运行的原则，我们已经看到，这正是他最后不得不回到本轮上的原因。

最近，美国加利福尼亚大学的历史学家罗伯特·韦斯特曼提出了一个更具争议性的想法。他指出，哥白尼是在试图维护并促进占星学的进步。这门学问研究行星如何能影响地球上人们的健康和运气。占星学的有效性同样也是古代和中世纪学者们认为理所当然的事。但是，15 世纪末，意大利哲学家乔瓦尼·皮科·德拉·米兰多拉[①]攻击这门学问为不准确的科学。他挑出了这样一个问题："在托勒密系统中，你很难知道水星和金星相对于太阳的确切位置。如果天文学家都不知道这一点，"他问道，"占星学家怎么可能做出准确的占卜呢？"

哥白尼在他的日心宇宙系统中解决了这一问题。如果万物都是围绕太阳运转的，那么各个行星的位置就不再模糊不清了。一颗行星围绕太阳运转得越快，它也就距离太阳越近。也许哥白尼曾希望，澄清了这件事能够使占星学家做出更准确的占卜。韦斯特曼指出，哥白尼在上大学时，曾与一名占星学家一同生活和学习过。

---

① 乔瓦尼·皮科·德拉·米兰多拉（Giovanni Pico della Mirandola，1463—1494）：新柏拉图主义者。熟悉古代文献和各种哲学学说，曾有"神童"之誉。

不管哥白尼提出日心说理论背后的动机是什么，很显然从我们今天的眼光来看不会是什么好理由。他的信念深深植根于中世纪对世界的理解。本质上，他出于完全不正确的理由，成功地想到了太阳系的正确模型。他运气不错。

然而，他留下了反对社会传统信念的强大遗产。他向人们展示，一个人有可能想出一个古怪理论，直接挑战关于世界最基本的假设，结果还被证明是正确的。从那以后，古怪理论家们就一直以他为榜样，试图仿效他的做法。

太阳系有两个太阳？

外太空有什么东西在杀死地球居民。每两千六百万年，它就杀死一大批生灵，已经造成许多物种彻底灭绝了。

20世纪80年代初，芝加哥大学的古生物学家约翰·塞普考斯金和戴维·劳普第一次发现了这一外星杀手的存在，他们将沉积岩中发现的海洋化石汇集成了一个巨大的数据库。这是同类数据库中最完整的一个，使他们得以查看各种大范围的演化模式，诸如某些科的海洋生物是何时灭绝的，灭绝事件发生的频率是怎样的等等。

在绘制数据时，他们发现了令人震惊的东西。大灭绝有明显的周期性。他们图表中的峰值不可能有错。在过去的两亿五千万年里，大约每两千六百万年，一整批物种就会突然间消失。他们再三检查了数据，但这种周期性看起来是真实存在的现象。

他们感到奇怪，是什么引起了这种周期性的大灭绝呢？他们想不出有任何地球上的自然现象会以两千六百万年为周期重复出现。于是，当1983年公开这一发现时，他们暗示这种大规模的死亡肯定是由某种地球以外的事物造成的——有个宇宙连环杀手正在行动。

宇宙的杀戮之谜迅速吸引了科学家的注意。随着"侦探"接过案子，他们迅速认定，如果有什么来自宇宙的东西正在周期性地杀死地球生命，那么几乎可以肯定是这两者之一：小行星或彗星。小行星本质上是巨大的岩石，而彗星是大块的冰、尘埃和岩石的混合物。若两者中的任一个足够大，撞击了地球，都能造成严重的死亡和破坏。

但这些仅仅是杀戮的武器。更令人迷惑的问题在于到底是什么力量"挥动"了这些武器。肯定有什么天文现象，周期性地将这些天体抛向我们的方向。但宇宙中到底是什么能在如此漫长的时间尺度上，显现出这样规律性重复的模式呢？

劳普和塞普考斯金提出了一种想法，认为银河系的旋臂或许是罪魁祸首。我们的太阳系每两亿三千万年围绕银河系中心公转一周，但是我们运动的速度比银河系旋臂的旋转速度要稍微快一点。其结果是，在我们运动的过程中，我们会进入和脱离旋臂。很有可能，每当我们进入一个旋臂时，那里密度略高的物质从引力上干扰了小行星和彗星的公转，造成许多这些天体落入太阳系内部，其中一些撞击了地球。

这是一个有趣的想法，但分析显示其周期完全是错的。我们仅在每一亿年才穿行进入一个旋臂。这给了旋臂一个很好的不在场证明：它们不可能是杀手。

美国国家航空航天局（NASA）的科学家迈克尔·兰皮诺和理查德·史托瑟提供了另一种想法。他们提出，罪犯可能是银河系的扁平银盘。银河系是一个物质构成的巨型扁平圆盘，围绕中心自旋。我们的太阳系随着它一起移动，但是在移动的同时，它还会上下波动，轻微浮起到银盘表面上方，随后沉降到表面以下，如此循环往复。两位研究者声称：每当我们的太阳系穿过银河系的银盘，都可能会造成引力扰动，干扰彗星的公转，将它们送上与地球相撞的轨道。

这个周期的长度大致正确。我们每三千三百万年穿过银河系的银盘一次。但是看起来还有其他问题存在。银河系银盘中的物质分散得很开。天文学家很难相信穿过它会产生多少扰动。而且，我们目前正处于银河系银盘的中间。如果兰皮诺和史托瑟的假设正确，那么我们应当正在经历一场大灭绝，但是根据劳普和塞普考斯金绘制的时间表，下一次大灭绝还得再过一千三百万年才会到来——我们很走运。因此，这两个周期不能吻合。这名"嫌犯"还是有不在场证明。

在银河系旋臂和银盘被排除之后,加利福尼亚大学的物理学家理查德·穆勒带着一个更激进的假说站了出来。他主张,我们的太阳系有两颗太阳。一颗我们已经很熟悉,我们都了解且热爱它,但还有一颗伴星,一个邪恶的孪生兄弟,周期性地将彗星抛向我们。

就连那些认为自己对天文学一无所知的人也至少确信一个基本事实:我们的太阳系只有一个太阳。抬头望向天空,它就在那里,发出耀眼的光辉。并不会像卢克·天行者①的故乡星球塔图因那样有两个太阳。因此,声称我们的太阳系实际有两个太阳可能看似有悖常理。然而,穆勒却有合理的论证来支持他的主张,而天文学家们愿意听取他的论证。

这一假说主要是穆勒的创想,但他也得到了美国劳伦斯伯克利国家实验室的马克·戴维斯和普林斯顿大学的皮耶·胡特的帮助,完善了假说的细节。1984年刊载于《自然》期刊上的一篇文章详述了该假说,三个人都作为共同作者,在文章中署了名。他们解释道:我们的太阳或许有一颗遥远的伴星,沿一条极长的椭圆形轨道绕太阳运转,完成一次公转需要花去整整两千六百万年的时间。在最远的位置,这颗伴星会距我们的太阳十四万亿英里,但是它会渐渐靠近,最近时只有三万亿英里。

到了这个距离,它会穿过奥尔特云——也就是在太阳系最边缘围绕着我们,由万亿颗彗星组成的巨大的云团。每当它穿行过这里时,都会使数十亿颗彗星脱离自身轨道,令它们落入太阳系中。这几十亿颗彗星中的一些会不可避免地最终撞上地球。在造成这种大破坏之后,这颗死亡星球会重回深远的太空,踏上其弧形的漫长旅途,在下一个两千六百万年之后再度返回。三位作者暗示,这一循环已经重复数亿年了。

作为反复发生的大灭绝事件的一种解释,这个假说确实能说得通。这回不存在给"死亡星球"开出不在场证明的周期不吻合的问题了。更值得注意的是,还能有什么其他的解释吗?天文学家已经想不出宇宙中还

---

① 卢克·天行者:系列科幻电影《星球大战》中的主要人物之一,他的故乡星球是一颗围绕着双星系统运转的行星。

有什么东西有可能每隔两千六百万年向我们抛来彗星了。

三位作者同时提出,已知恒星中的大部分——超过三分之二都被认为有伴星。因此,从统计意义上来说,我们的太阳属于一个双星系统的可能性更大。确实,太阳的伴星需要有极为异乎寻常的轨道,才能使它每两千六百万年才穿过奥尔特云一次,但这并非不可能——只是有点反常而已。

三位作者建议将太阳假设存在的伴星命名为"涅墨西斯"(取自古希腊神话中的复仇女神)。同时,他们还写道,如果这个名字不好,可以用乔治替代。这显然是在试着表现科学幽默。然而,乔治没有通过编辑审核。《自然》的编辑做出决定,选择了涅墨西斯这个名字。

这个假说只有一个问题,他们用略显轻描淡写的口吻提到了这一点:"我们的模型的主要难点在于,太阳显然缺少一颗明显的伴星。"

这确实是重要的细节。如果我们的太阳系有第二个太阳,你会认为现在或许已经有人注意到它了。但不一定,他们声称:涅墨西斯有可能是一颗红矮星。这些红矮星是银河系中最常见的一类恒星,但它们比较小而且非常暗淡,大小仅仅是我们更熟悉的太阳的一小部分罢了。这能解释为什么从来没人看到过它。它在背景中与所有其他恒星混在一起,因而你找不到它。然而,现在人们已经意识到其存在的可能性,寻找它的行动可以开始了。

对涅墨西斯的论证完全合理。如果这第二个太阳确实存在,它可以很好地解释令人困惑的周期性重复的大灭绝的谜题。因此,科学界很认真地考虑了这个假说。然而,怀疑者中间有些人对它有点不以为然。不仅是因为人们普遍对死亡星球的想法持谨慎态度,而且因为他们在此前听过类似的主张。20 世纪 80 年代,已经有了一种稳固确立但轻微边缘化的天文学传统,怀疑某种巨大的天体——经常被称为行星 X——位于太阳系边缘,尚无人发现。

寻找隐藏事物自然有一种神秘的吸引力。它激发人们的想象力。有相当一部分学科恰恰以这种搜寻为特点。生物学有一种活跃的神秘动物学家亚文化,这些研究者确信自然界充满尚未发现的生物,这些神出鬼没的生物中最著名的当属大脚野人和尼斯湖水怪。类似地，考古学的探险者长久着迷于寻找诸如黄金国等失落的城市。这些搜寻很容易就会带上狂热、痴迷的味道，而对行星 X 的寻找也不例外。

天文学家威廉·赫歇尔在 1781 年发现天王星时，种下了寻找行星 X 的种子。在那之前，还没人想到过太阳系还会有未经发现的行星。每个人都以为太阳系的名单已经完整了。在意识到事实可能恰恰相反之后，搜寻开始了。

搜寻很快就收获了丰硕的果实，法国天文学家于尔班·勒威耶[①]跟随天王星轨道不合常规的线索，于 1846 年发现了海王星。但他的发现不仅没有满足人们对失踪行星的期待，反而更是吊起了人们的胃口。行星、卫星和小行星很快都被拿来检查，其运转轨道有无反常的地方。发现了任何异常，都会被声称是又一颗行星存在的证据。

20 世纪初，富有的美国商人——天文学家帕西瓦尔·罗威尔[②]造出了行星 X 这个词。他认为在海王星之外存在一颗巨大的行星，这就是他为这颗行星取的名字。他花去了自己人生的最后十年试图找到它。虽然直到他去世也没能成功，但天文学家克莱德·汤博[③]继续了他的搜寻。1930 年，汤博发现了冥王星。然而，科学家后来意识到冥王星仅仅是一颗矮行星，甚至还没有我们的月球大，由此行星 X 的爱好者们又开始躁动起来了。这不是他们在找的木星大小的巨大行星。于是，搜寻继续了下去。

1984 年，当穆勒提出涅墨西斯假说时，脑中想到这段历史的怀疑者们不禁猜测，这是不是对行星 X 最新也是最大的一轮搜寻。除了现在，神秘的失踪天体不再仅仅是一颗行星了，它升级成了一颗太阳。

但行星 X 有一些坏名声，并不意味着它就不存在。天文学家承认这一点。这对涅墨西斯来说也是一样。它是有可能存在的。唯一确知这一点

---

① 于尔班·勒威耶（Urbain Le Verrier）：巴黎大学天文学教授。与英国亚当斯被视为"海王星的共同发现者"，曾获得英国皇家学会奖。
② 帕西瓦尔·罗威尔（Percival Lawrence Lowell，1855—1916）：曾经在美国亚利桑那州的弗拉格斯塔夫建立了罗威尔天文台，促进了冥王星的发现。
③ 克莱德·汤博（Clyde William Tombaugh，1906—1997）：美国天文学家。

的办法是寻找它。然而,事情说起来容易,做起来难。这有点像在美国一个州那么大的海里捞一根针,而且光线还极为暗淡。

最大的希望是,涅墨西斯有可能在周期性开展的一次巡天观测中被发现。在巡天观测中,天文学家用强大的天文望远镜系统性地搜寻并记录夜空中每一个可见的天体。幸运的是,在20世纪80年代中期,美国国家航空航天局启动了红外天文卫星的巡天观测,它能够探测到极为暗淡的天体,但是它没有找到涅墨西斯。于1997年到2001年开展的更为敏锐的2微米全天巡天也没有找到它。2009年,当NASA的广域红外线巡天探测卫星太空望远镜发射升空时,许多天文学家把它看成了发现涅墨西斯最后的机会。当它也没能找到涅墨西斯时,普遍的共识是,这意味着我们的太阳并没有伴星。

这成了该假说的中心问题。缺乏证据并不一定就能证明它不存在,但是随着没人发现涅墨西斯的时间越来越久,天文学家也就越来越不愿意相信它存在。而且从一开始大多数天文学家就对它持怀疑态度。

这个假说还有另一个问题。2010年,两名研究者重新检查了化石证据,确认劳普和塞普考斯金发现的周期性确实存在。他们得出了肯定的结论。事实上,运用更大的化石数据库,他们得以将周期向前延伸了超过五亿年时间,并将其稍微调整成了两千七百万年,而不是两千六百万年的间隔。这或许听起来像是确认了涅墨西斯的存在一样,但相反,他们主张,他们的发现事实上暗示了伴星不可能是大灭绝的原因。他们的推论是,像涅墨西斯这样有着非常大的运行轨道的天体,会不可避免地受经过的恒星和星系潮汐力场的影响。这会造成其公转周期变化不一,使它无法维持准确的周期性。因为这些周期变化没有在化石记录中见到,所以涅墨西斯肯定不是罪魁祸首。

尽管这些挫折已经过去了这么多年,但穆勒仍然没有放弃最终找到涅墨西斯的希望。他认为,对灭绝周期规律性的论证并不重要,因为化石记录本身就模棱两可,可以容纳涅墨西斯公转展现出来的差异。而且,反正肯定有什么原因引发了大灭绝。如果不是第二个太阳,又是什么呢?这个问题仍然没有答案。

穆勒将他的希望锁定在了大型综合巡天望远镜上,它位于智利,现在正在建设当中,应于 2022 年开始全面运行。它拥有非常宽广的视野,这使人们能观测到广阔的夜空。他说如果它什么也没有找到,那么也许他该开始质疑涅墨西斯是否存在了。或许也不必。太空足够广阔,可供一颗恒星藏匿。毕竟,不管你观察得如何仔细,它还在哪里潜伏着,未经发现,这种可能性总是存在的。

怪论成真:大陆漂移学说

如今,地质学家认为:大陆在以每年几厘米的速度围绕地球持续移动,这是一个客观事实。尽管速度缓慢,但在数百万年的时间里,这就累积成了数千英里的移动距离。但是当 1912 年,年轻的德国气象学家阿尔弗雷德·魏格纳[1]首次提出这一想法时,却遭遇了来自地质学家们坚如磐石的抗拒,他们坚信,大陆是永久性地固定在其原位的。他们不仅否定了他的观点,还轻蔑地称其为"德国式伪科学"。他们花去了半个世纪的时间才最终承认他一直是对的。

1910 年前后,在魏格纳还是马尔堡大学的一名年轻的气象学教授时,他的脑中首次形成了这个想法,认为非洲、美洲和其他主要的大陆或许在缓慢地围绕地球漂移。一次,他在欣赏一位朋友的新地图册。在快速翻阅时,他突然意识到这些大陆似乎能像拼图的拼板一样相互吻合。这一点在南美洲和非洲的大西洋沿岸尤其明显。

早在 1596 年,就有其他人注意到过这种情况,当时亚伯拉罕·奥特柳斯[2]评论说美洲大陆看起来就像从欧洲和非洲大陆上扯下来的一样。但魏格纳却是将这种观察发展为成熟的地质变化理论的第一人。他认定这种

---

[1] 阿尔弗雷德·魏格纳(Alfred Lothar Wegener,1880—1930):被誉为"大陆漂移学说之父"。
[2] 亚伯拉罕·奥特柳斯(Abraham Ortelius,1527—1598):1570 年,绘制出第一部现代地图集《世界概貌》。

像拼图一样可以吻合的情形，意味着大陆必然曾作为一块巨大的超大陆连在一起，而在数百万年时间里，大陆与大陆各自漂散开来，抵达了它们目前的位置。

魏格纳所著的出版于1915年的《海陆的起源》一书详述了这一假说。这本书出版的时间在一战之初并非巧合。作为一位德国军队中的预备军官，魏格纳曾被派往西部前线，在那里他曾两次中弹。在疗伤时，他写下了这本书。说英语的人首先了解到它是在20世纪20年代初，也就是1924年完整的译本出现的时候。

魏格纳第一个也是最主要的论据就是大陆显著地相互吻合，但他还仔细地收集了其他的证据。他指出在大西洋两侧的沿岸，发现了一样的爬行动物和蕨类植物的化石。岩层也是这样，甚至连活的物种诸如蚯蚓，在不同大陆上也显现出惊人的相似性。这只有当这些大陆曾经联结在一起时才有可能发生。

然而，他的理论面临一个严重的问题。他不知道这种大陆漂移是怎么发生的。他猜测或许是地球自转产生的离心力造成了这种移动，或者也许是太阳和月亮的潮汐力引起的。但是基本上，他不清楚是怎么回事。

地质学家在面对魏格纳的理论时，即刻就抨击了它缺乏机制的问题。大陆就像巨型远洋邮轮乘风破浪一样，冲破洋底的坚固岩石，围绕地球漂移，这种想法令他们觉得可谓自证荒谬。他们指出，就算大陆可以漂移，它们在漂移的过程中受到的压力肯定会使它们破裂，在其身后留下一串残骸。而在地表见不到这样的情况。

这是一个合理的观点。大陆漂移的想法让人难以消化。这就是令魏格纳的理论如此奇怪的地方。即使如此，人们本可以在质疑缺少机制的同时仍然承认，魏格纳已经收集的证据值得被认真对待。相反，地质学家并不只是反对大陆漂移说，甚至试图完全摧毁这种想法。

他们对魏格纳的能力表示怀疑，指责他连地质学基本知识也不了解。他们批评他的方法论，嘲笑他拣选了最有利的证据示人。他们甚至驳斥大陆拼图一样的吻合为错觉，尽管他们必须违背自己的感觉才能这么说，因为任何能看地图的人都会很清楚地看出大陆确实相互吻合得很好。

但是地质学家对魏格纳最主要的批评应该是，他的理论违背了关于地球他们所相信的一切。1928年，地质学家罗林·钱伯林提出，要是魏格纳是正确的，那么在过去一个世纪里建立起来的整个地质学知识的大厦都必须是错的。这个学科就得完全从头开始。对于他和他的大多数同事来说，这让人完全无法理解。

但是，为了维护旧有的信念，他们必须自己也引入一些奇怪的理论。尤其是，关于不同大陆上发现了证据，证明物种具有相似性一事。这意味着这些物种用什么方法跨越了广阔的海洋，但这怎么可能呢？蕨类植物和爬行动物造出船来了吗？

地质学家们想出来的答案是大陆曾经由"陆桥"连接在一起，这是一条狭窄的陆地，跨越整个海洋。他们想象在整个地球历史上，物种在适当的时间里都听话地通过了这些桥。而反过来，这些桥有着几乎魔法一般的能力，按需升起和降下，就好像它们可以拿液压千斤顶从洋底升起，然后不需要时又可以降下去一样。对这些陆桥而言，它们并不比漂移的大陆找到合适机制的机会更多。然而，传统理论需要它们存在，所以它们成了正统地质学的一部分。

并非所有地质学家都加入了反对魏格纳的阵营。有一些反抗主流的亮点出现了，包括南非科学家亚历山大·杜托伊特和受人尊敬的英国地质学家亚瑟·霍尔姆斯。但是大多数人坚决地反对大陆漂移说。到了20世纪50年代，人们普遍认为该理论不仅错了，而且它已经被彻底证明是错的了。

若任其发展，地质学家可能会永无止境地否认大陆可以移动，但其他学科的进步促使他们不得不做出改变。二战期间发展的声呐技术为洋底地形测绘带来了变革。到20世纪60年代，这一技术已经使人们得以观测水下地形。有了这些新知识，大陆漂移说的证据变得不容抗拒起来。这些海底地形图使研究者看到，如果你用各个大陆的大陆架取代会随海平面升降变化的海岸线，将大陆相连，它们之间的吻合程度还有了显著的提升。

1957年，由布鲁斯·希森和玛丽·萨普绘制的北大西洋洋底地形图带来了更强有力的证据。它揭示了在大西洋洋底中间贯穿着一条巨大的大洋中脊,就像人的脊柱一样,与两侧相对的海岸线完全平行。就在这一大洋中脊的中心有一条中央裂谷,那里熔融岩浆从地幔冒出。你几乎可以实时看到两侧的洋底扩张开来,将大陆推开。20 世纪 60 年代到 70 年代,希森和萨普将其余洋底的地形图绘制完成,展现了那里类似的大洋中脊结构。

随着地质学家逐渐了解到这些新信息,他们中的大多数没用几年就放弃了大陆固定不动的信念。研究者们随后创立了板块构造学说,这代表了对魏格纳理念的全面接纳,虽然对其做出了重要的修改。他只想到了大陆在移动,用某种方式强行穿过洋底,但板块构造学说想象整个地壳包括洋底,都被分成许多巨大的板块,大陆就处于板块的上方。这些板块持续不断地向周围推挤、向外扩张、相互交错或碰撞(在这种情况下,一个板块会缓慢地消失,或俯冲到另一个板块下方)。所有这些运动都由地幔深处的对流驱动。到 1970 年,这一学说已经牢固确立为地质学新的正统理论。陆桥和固定大陆的内容被悄悄从教科书中删除了。

不幸的是,魏格纳没有活到亲眼见到自己的理论被证实的那一天。他早在 1930 年就去世了,当时他正在领导一支探险队前往格陵兰岛做研究的路上。他的遗体至今仍然留在那里,由他的同事掩埋在冰雪之中,现在已经被数百英尺的雪所覆盖,正缓缓地与北美板块一起,向西漂移。

每年有千万颗彗星撞击地球?

每年都有许多东西落入地球。很难说到底有多少,但科学家估计有多达八万吨物质落下来。其中大部分是太空尘埃,但是也有许多豌豆大小的陨石在大气层中燃尽。然而,1986 年,美国艾奥瓦大学的物理学家路易斯·弗兰克提出,这一估值太低了,低了好几个数量级。他主张,总数里应该加上每年冲入大气层的千万颗"小型彗星"。它们每颗都含有一百吨水。所以加在一起,每年有十亿吨水从太空落入地球。

对大多数科学家而言,这是疯狂的言论。首先,他们从来没听说过有"小型彗星"这回事。对他们而言,彗星是由冰物质构成、相对较大的天体,宽度从一英里到十英里不等。如果有哪一颗即将撞击地球,我们会知道的。如果我们比较走运,它会以相当于一颗核弹的能量爆炸。如果我们不走运的话,撞击会毁灭我们整个物种。而且,就算小型彗星确实存在,每年有千万颗这种东西在撞击我们,却直到现在都没人注意到它们,也未免太不可思议了。

问题在于,弗兰克并非凭空捏造出这些小型彗星的。他有这些物体的照片——数万张卫星图片。如果这些图片记录的不是小型彗星撞进大气层,它们展现的又是什么呢?

在他职业生涯的最初阶段,直到他四十五岁左右,弗兰克一直是一位遵循传统观点、受人尊敬的科学家。他的专业领域是等离子体物理学。他的成就包括第一次测量了围绕土星的等离子体环,以及发现了"θ极光"——一种从太空看,形状非常像希腊字母表的第八个字母的极光。

即使在提出小型彗星假说之后,他仍然继续着他在等离子体物理学方面的工作。其结果是,通过这一研究了解他的同事们往往没意识到,他就是那个因为小型彗星而臭名昭著的路易斯·弗兰克。他开玩笑说就好像有两个他,就像《化身博士》①里人格分裂的杰柯尔和海德一样:"一个他如同最保守的科学家,另一个他却是坚决要摧毁科学基石的特立独行者。"

导致小型彗星假说出现的一系列事件始于1981年末。他的一名学生,约翰·西格沃斯正在分析由"动力学探索者"——NASA的一对围绕极地轨道运转的卫星——拍摄的地球大气层的紫外图像。他在试图寻找可能由引力波造成的大气涟漪的证据,但他不断地注意到图片中的暗色杂点。他手头有超过一万张图片,几乎所有图片中都至少有一个或两个这种恼人的杂点。

西格沃斯一开始的猜测是相机出现了电路故障,他担心所有的图片都被毁了。他通知了弗兰克,他们两个人一起开始试图弄清杂点的成因。

---

①《化身博士》:英国作家罗伯特·斯蒂文森所写的经典小说。其主人公杰柯尔是一名善良的医生,夜晚却会变身为邪恶的海德。后来"杰柯尔和海德"一词成了"双重人格"的代称。

首先，他们尝试系统性地排除所有可能的技术问题，诸如电脑故障、无线电传输噪点，或传感器故障等。某一刻，他们甚至怀疑过它会不会是相机上的污点。但是，一个接一个地，他们把这些都排除了。

最终，他们按时间顺序查看了连续的照片，这令他们发现可以沿图片序列追踪杂点，看到它们渐渐地变淡。而且杂点大多数在向着同一个方向移动。这暗示这些杂点是大气层中一种实际的现象，而不是设备故障，但它会是什么呢？

你会很自然地想到流星，可尽管杂点不过是小圆点，这些图像展现的是几乎达两千英里宽的很大一片大气层的景象。这意味着每一个杂点都代表了几乎三十英里宽的物质。任何这么大的流星都可能会使我们走向灭绝。

然而，他们下结论说它肯定是水蒸气。虽说要产生出他们看到的这些杂点，需要大约一百吨水蒸气，水是太阳系中，可以吸收他们所观测波长的紫外线的最常见物质。这似乎是合理的结论。

这么多水蒸气不可能来自地表，这些点位置太高了。因此，它肯定来自太空。而这就最终引出了小型彗星假说。弗兰克总结说，小型彗星，或者"太空雪球"，肯定持续不断地落入地球。他想象它们如同蓬松的雪球。当它们撞进大气层时，会蒸发和扩散开来，生成卫星所探测到的暗色的、阻挡紫外光的斑点。要想通过撞进大气层生成如此多的蒸气，每一颗这种彗星都需要有一座房子那么大。

在弗兰克看来，实在没有其他的解释了。但是他承认，问题在于这些东西的数量太多了。这些彗星的数量"多到令人惊恐"。他计算出大约每分钟有二十颗小型彗星撞进大气层，这样一来每年累计就达到千万颗了。这听起来太过惊人了，但这就是卫星数据显示的情况。就像夏洛克·福尔摩斯所说的一样："当你排除了所有的不可能，余下的不管多么不大可能，都必定为真相。"

弗兰克在《地球物理研究通讯》1986年的4月刊上发表了这些结果。虽然该期刊的编辑曾警告他，做出这样的论断很可能毁了他的职业生涯，他仍然这样做了。自然，科学界对此的反应是彻底的怀疑。

想使太空雪球如持续不断的暴雪一般降临人间,可不是一件轻而易举的事。这需要给地球环境和太空都增加最基本的新特性。怀疑不可避免,弗兰克接受这一点。

然而,他发现当人们第一次听到他的假说,有两个问题尤其令他们困惑。最常提及的问题是为什么这些彗星没有摧毁人造卫星或者航天飞机。把任何航天器发射进太空,不就像把它们送进靶场吗?排第二的普遍问题是:如果这些东西以他所宣称的数量存在,为什么以往从来没人见过它们。听起来它们似乎很难被忽略。弗兰克相信他对两个问题都有令人满意的答案。

他解释说航天飞机没有被摧毁是因为小型彗星极为脆弱,就像蓬松的雪球一样,受地球的引力和电磁场的影响,它们在地球上空数千英里处就开始瓦解了。等到它们抵达航天飞机所在的近地轨道,约二百到三百英里的高空时,它们所剩的不过是一团水雾了,比伦敦的雾还稀薄。这对航天飞机构不成任何破坏。事实上,它们几乎是无法被探测到的。弗兰克猜测航天飞机可能曾被小型彗星撞击过很多次了。

然而,他补充道,如果一颗小型彗星在更高的轨道撞击了航天器,肯定会摧毁它。但是,由于太空很广阔而彗星很小,撞击的概率极低。但仍然有航天器因为未知原因而失踪的情况。也许小型彗星就是凶手吧。

至于为什么没人见过这些彗星,最简单的答案就是它们非常小且暗淡。弗兰克相信它们被一层薄薄的黑色外壳包裹,就像一层碳聚合物涂层一样,由于受辐射而形成。这使它们在布满明亮恒星的背景下几乎无法被看到。而且,没有人在寻找它们。

然而,更有趣一些的答案是,也许它们曾经被看到过许多次,但没人意识到他们看到的是什么。弗兰克暗示它们可能是各种各样反常现象背后的原因。例如:天文学家曾偶尔宣称看到长相奇怪、模糊或"朦胧的"流星,在落入大气层时有着云雾样的流星头。也许这些都是小型彗星。

接着还有所谓的夜晚发光的"夜光云"现象。夜光云是一种可以在极地看到的云,它们在上层大气中形成,形成的位置比其他的云都要高。由于它们的高度,它们直到天空已转暗也依然在捕获日落的余晖,造成发光的现象。科学家不清楚水蒸气怎么会达到如此高度形成这些云的，但是弗兰克主张从太空降下的水蒸气可以提供答案。

还有那些从晴朗的天空中突然降下冰块的异常报告是怎么回事呢？这经常被怪罪在经过的飞机头上，但是这些报告比人造飞机发明的时间还要早。弗兰克提出，这些冰块可能是特别大的小型彗星的残骸。

最后，全球还有许多目击不明飞行物（UFO）的报告。弗兰克指出下落的水蒸气云可能形成碟子的形状，这很容易被误当成某种外星人的飞行器。他细想道，如果这是 UFO 的真相，这将很反讽地意味着，它们的确是外太空来的东西。

为了确保科学家都能意识到，这些小型彗星给普遍信念带来多少麻烦，弗兰克还道出了一些它们更深远的影响。他吹嘘道："科学一大批学科的教科书都不得不改写了。"

如果它们是真实存在的，那么很可能它们已经炮轰地球数十亿年了，也许自地球刚形成时起就开始了。在这种情况下，他主张，彗星很可能通过提供有机物质，在促成生命的诞生中起到了作用。

但这才刚刚开始。这些太空雪球可能还是海洋形成的原因。很长一段时间里，海洋的起源都是一个科学谜题，但是现在流行的信念是：岩浆向外排出气体，将蒸气送进了大气层，随后随着地球降温而转变成雨，结果形成了海洋。弗兰克坚称这不能构成充足的水源，尤其当你考虑到有多少湿气通过蒸发到太空中而丢失一事。他的小型彗星，他说，却是真实的、不竭的源头。

而这引出了一个令人惊讶的推论。弗兰克估计，小型彗星每一万年给全球增加大约一英寸水。这个过程已经进行了数十亿年了，但仍在继续。如果向未来推演，这意味着地球最终会完全被水覆盖。凯文·科斯特纳的电影《水世界》很可能展现的正是预言性质的景象。

弗兰克语带哲学意味的主张，他的假说面临如此多的抗拒，真正的原因在于：它挑战了关于地球和宇宙关系主流的理解。他说，科学家喜欢想象地球是与宇宙其他部分隔离开的，处于极佳的孤立状态。他们承认来自外太空的危险确实存在，诸如小行星撞击或者从死亡的恒星袭来的伽马射线暴，但这些都看似令人愉快的遥远。他们不认为天文学真的与我们的日常生活有什么关系。然而，他的小型彗星暗示，我们根本不是孤立于太阳系之外的。地球此时此地就在受小型彗星的影响，而不是在遥远的过去或者未来。他相信，提出这一主张，已经给他自己招来了正统科学的怒火。

当然，主流科学家并不认同所谓的"他们害怕思考宇宙与地球之间关联"的说法。他们只是认为弗兰克的假说很疯狂，而他们主要的反对意见非常简单。在他们看来，如果小型彗星以弗兰克主张的数量存在，它们的存在应当非常明显。你不会需要卫星图像才猜出它们存在。

但他们同时提供了更具体的反驳。他们指出月球没有显现出受这些彗星影响的迹象。如果它们在撞击地球，它们肯定也在撞击月球。在这种情况下，为何月球没有布满水呢？为什么阿波罗的宇航员留在月球上的地震仪从未记录到任何它们撞上月球表面的数据呢？

但卫星图像上的杂点又是怎么回事？如何解释它们呢？大多数科学家驳斥它们不过是设备故障。似乎没有其他的解释。

这触及到了科学的一个核心问题：知识和生成知识的设备之间的关系。从 17 世纪起，研究者们开始系统性地使用诸如望远镜和显微镜等设备来拓展他们的感知范围。这些设备很快变成了定义现代科学的特点之一。它们使研究者得以发现用裸眼不可能看到的物体，但是它们也提出了一个问题：你如何知道自己看到的是真实的还是设备产生的假象呢？亲眼见证一直是哲学验证真相的黄金标准，但是在引入了这些设备之后，研究者们开始宣称，那些永远不可能直接看到的物体是存在的。你必须既相信设备又相信其操作者的技术。

怀疑者迅速抓住了这一模糊性。1610 年，当伽利略运用望远镜发现了木星的卫星时，他的批评者驳斥他看到的东西不过是由望远镜的镜片所造成的视觉偏差而已。而且，随着设备越来越复杂，这一问题只会越来越重要。研究者现在经常使用诸如电子显微镜、粒子加速器和 DNA 测序机器等高科技设备做出新发现。但这些设备所揭示的并不是完全清晰的结果。区分无意义的干扰和有意义的信号可能非常困难。它需要人们加以解读，而人们有时会对什么是正确的解读相互持尖锐的反对意见。

弗兰克确信卫星图像中的杂点是有意义的信号，而且，值得赞扬的是，他勤勉地尝试收集更多的证据来支持他的思想。有一个短暂的时刻，甚至好像他被证实了一样。1997 年，他得意地展现了来自另一颗 NASA 卫星"极地"的图像，图像展现大气中存在同样的暗色杂点。他的一些坚定的批评者承认这使他们暂停了批评。这些杂点总是出现确实奇怪，也许它们并非随机的设备噪点。

然而，一位"极地"的相机操作员随后做出的分析表明，杂点随着卫星处于不同的海拔高度，大小并没有变化。这暗示它们的确是假象，操作员猜想它们可能是相机系统中的噪点。就大多数科学家而言，这结束了这场争议。

然而，弗兰克从未放弃。他继续主张存在小型彗星，直到 2014 年去世。没有了提倡者，小型彗星的假说归于无声。除非你将那些杂点当作某种安静的提倡者，因为它们还在那里，拒绝消失，等待着有人相信它们，并像把匹诺曹变成真正的小孩那样，把它们转变成真正的彗星。

地球在膨胀？

根据天文学家的说法，宇宙正在膨胀。事实上，随着一种神秘的暗能量在以日渐加快的速度使星系远离彼此，其膨胀的速率正在加快。他们还说，随着太阳燃烧氢，使其核心变得更热，使其外层膨胀，太阳也在稳步变大。在大约六十亿年之后，太阳会大到完全吞噬水星和金星的程度，而且会将地球变得不再适宜居住。

考虑到这种宇宙的膨胀趋势，地球会不会也在变大呢？乍一看，这似乎不大可能，因为地球是一颗岩石行星，而岩石一般不会改变大小。但是有一个假说在过去的一个世纪里徘徊在地质学的边缘，它主张事情就是这么回事：地球在膨胀，而且会在可预见的未来继续膨胀。

20 世纪初，人们发现大陆似乎如拼图拼板一样相互吻合，尤其是发现了南美洲的海岸线与非洲海岸线几乎完美地吻合。与此同时，出现了这一假说。

1910年前后，德国气象学家阿尔弗雷德·魏格纳对这种吻合产生了兴趣，他想出了一种解释，主张数百万年前，这些大陆肯定曾作为超级大陆聚在一起，随后漂移开来，抵达了它们如今的位置。魏格纳把这称为"大陆漂移理论"。然而，地质学家对这一理论的反应极为冷淡，部分因为它违背了所谓大陆的位置是永久固定的主流信念；另一部分是因为魏格纳无法给出有说服力的解释，说明大陆是如何能穿过洋底的致密物质而移动的。因此，他的理论被斥为"激进的地质学边缘理论①"。

但是，对大陆明显相互吻合感兴趣的并不止魏格纳一人。虽然他的理论遭到了拒绝，被一流的地质学家斥为伪科学，但有一小撮组织散漫的反传统者——包括20世纪30年代的德国地球物理学家奥特·希尔根贝格、20世纪50年代的澳大利亚地质学家沃伦·卡雷——他们相信魏格纳发现了一个重要的问题。尽管他们并不认为他的大陆漂移说是很好的答案。相反，他们给出了完全不同的解释：如果整个地球原本小得多，各个大陆就可能曾经相连在一起。于是，诞生了"膨胀地球假说"。

据希尔根贝格和卡雷想象，该假说基本的概念是，当地球刚刚形成时，它大约是其目前（直径大约七千九百英里）一半的大小。而且，随着高温的熔融态地球降温，一层完整的岩石地壳在其地表形成。通过这种方式，大陆以其原初的状态完整地将地球的地表包裹了起来。随后地球就开始膨胀了。为什么？我们会很快谈到这一点，但是现在先想象一下这一膨胀的压力将地壳撕裂成几块，形成了各个大陆。这些大陆之后又随着地球继续膨胀而分散开来。岩浆从膨胀的压力造成的裂缝中涌出来，在大陆间日渐变宽的裂缝处形成了洋底。

于是，当魏格纳让大陆如同巨大的战舰一样，在洋底致密的物质中间艰难前行，从而在地表移动的同时，地球膨胀模型没让大陆穿过任何东西移动。它们仍然在原来的位置，只是垂直向上移动了而已，而新洋底的生成增加了大陆之间的距离。这就是大陆分散开来的模型，而非漂移的

---

① 了解更多关于魏格纳理论的内容，请见第二章的"怪论成真：大陆漂移学说"。

模型。

在所有证据中,有一个令希尔根贝格和卡雷确信,膨胀地球假说比大陆漂移说更好。他们坚信大陆在一个更小的地球上相互吻合得更好。

这是一个很轻易就可以尝试的实验:在地球仪上,把大陆做成拼图拼板,随后尝试把它们拼在一起。你会发现,尽管整体的轮廓相吻合,尤其是大西洋两侧的海岸线吻合得很好,但它们并不是完美吻合的。在它们中间豁开了很大的三角形裂口。地质学家将这些裂口称为"三角地带①",也很恰当地给了它们一种糟糕的感觉。魏格纳的批评者们很乐于指出这种不够吻合的情形,以尝试驳斥他的理论。

希尔根贝格和卡雷发现,如果你将拼图的大陆拼板维持在原大小,但试着在更小的地球仪上拼合它们,就能拼合得更好了。三角地带渐渐消失了。如果你的地球仪够小,大陆几乎能无缝地包裹住整个模拟地球的地表。尤其,希尔根贝格还是一名制作不同尺寸地球仪的爱好者——他喜欢的材质是混凝纸——而制作地球仪变成了具有地球膨胀运动鲜明特色的手工艺传统。每当其爱好者在全球会议上相聚,他们都会骄傲地向彼此展示他们各种尺寸的地球仪。

膨胀地球的拥护者也曾提供支持该假说的其他理由。他们指出,与当时任何其他地质模型不同的是,他们的模型解释了为何地球上有两种截然不同的地表——陆地和洋底。同时他们指出,膨胀地球模型使大陆较均匀地分布在地球上,和魏格纳的模型不同,他们感觉,魏格纳的模型生成了极不平衡的地球,在地球一边是一块巨大的超级大陆,而另一边却什么也没有,只有空旷的海洋。但正是更小的地球上大陆吻合得更好这一点最激励他们。在他们心里,大陆的轮廓在这种情形下能吻合得这么好,根本不可能仅仅出于巧合。

但世界上到底有什么会造成地球膨胀呢?现在到了该聊这个谜题的时候了。这是一个不能避开的明显的问题。拥护者知道膨胀的机制有可

---

① 三角地带(gore):这个词的英文还有一个含义指伤口流出的血,因而后文称给了它们一种糟糕的感觉。

能成为他们假说的致命弱点，所以他们耗费了巨大的精神能量试图想出解释。

这其中，从科学上最保守的解释（也就是说，激怒科学家的程度最浅的）由匈牙利地球物理学家拉斯洛·埃杰德于20世纪50年代提出。他主张，地球地核和地幔交界处的物质可能在从高密度转变到低密度状态的过程中膨胀，这有点像水在从液态向固态冰转变的过程中体积增加一样。如果这样的情形在地核周围发生，它会向上推动地幔，造成地球以每年大约一毫米的速度发生非常缓慢的膨胀。

其他膨胀论者对这样慢的增长速度并不满意，他们找到的机制涉及更具猜测性的物理原理。卡雷暗示，地球的地核中间可能有新的物质出现，由此增加了地球的质量和体积。他从宇宙学的稳态理论中借来了这个想法，想象物质持续不断地产生是整个宇宙膨胀的原因。[①] 当时（20世纪50年代），稳态理论仍然被认为是大爆炸理论很重要的竞争对手，而且有许多著名的支持者。因此，卡雷利用它来解释膨胀地球似乎也属合理。这么做同时也暗示宇宙和地球的膨胀存在相似之处。

还有更激进的主张，指出引力或许在整个宇宙中变小。如果事实如此，它会导致地球的地幔重量持续下降，这会减少对地核的压迫力，从而造成其膨胀，就像弹簧恢复原有尺寸一样。这个观点是德国物理学家帕斯夸尔·约尔丹的创想，而他又是改动了英国物理学家保罗·狄拉克的猜想而得到的这个想法。狄拉克曾经暗示：宇宙的各个常数（所有那些经观察从未改变的数字，诸如光速、质子的质量，以及引力相对于质量和距离的大小）可能随时间而变化。由于物理学家不知道这些常数的数值为何是这样，其中一些，诸如引力，可能随着宇宙寿命增长而改变，似乎也隐约有些可能。

但是在膨胀论运动中，有一个很显著的派别。他们承认确实没有明显的膨胀机制，但他们主张这不应该被用来反驳假说。毕竟，在科学中，观察到某事正在发生往往先于了解为何它会发生。达尔文早在生物学家发

[①] 请见"宇宙大爆炸从未发生"一节。

现使演化得以实现的基因机制之前,就描述了通过自然选择演化的过程,也许在未来,物理学家会发现造成地球膨胀的机制,但是目前,意识到它在发生已经足够了——即使没有人知道它为什么会发生。

这就是 20 世纪 50 年代末的情形。大陆漂移说和膨胀地球说都提供了大陆为何相互吻合的解释,但是两者本质上似乎谁都没有比对方更可信。两者都要求人们接受极为反直觉的理念,而且就大多数地质学家而言,两者都同样荒谬,因为大陆根本没有移动。

随后,地质学的那些信念被彻底颠覆了。这一戏剧性转变的起因是对海底扩张的发现。20 世纪 50 年代到 60 年代间,渐渐地,对洋底的声呐测绘开始揭示了巨大的水下裂谷的存在,它们布满全球的大洋洋底。在这些裂谷中,洋底开裂并向两侧扩张,在岩浆从日渐变宽的裂缝中涌出的地方,形成新的大洋地壳。

这是一桩惊人的发现。裂谷是巨大而且高度活跃的地质构造。没几年,地质学家们就意识到固定大陆的传统信念已经被彻底推翻。大陆显然一定会移动。但是问题在于,哪个关于大陆移动的解释与这一新发现更匹配呢——漂移还是膨胀?

许多一流的科学家,如承担了海底测绘大部分工作的布鲁斯·希曾认为膨胀论比较匹配。毕竟,膨胀地球假说预言了新大洋地壳生成处的洋底存在张裂[①]。因此,在很短的一段历史时期,膨胀论似乎得到了实实在在的机会,能被主流科学接受。

但是这种情况没有持续多久。地质学家很快意识到,不仅有新的地壳在裂谷形成,而且还有旧地壳同时在俯冲带消亡。俯冲带是位于大陆边缘的地带,在那里洋底会俯冲到大陆的下方。到了 1970 年,这引起了板块构造学说的发展,该学说想象洋底的生成和消亡就像某种传送带一样,使大陆无休止地绕着地球移动。在这个模型中,大陆更多是飘浮在地幔对流的上方,而不是漂移。

这并不完全等同于大陆漂移说,但是它也足够接近,足以证实魏格

---

① 张裂:指张应力引起的断裂。

纳的理论了。这是他的理论的一个推论，从海底扩张的发现中产生，成了地质学新的正统理论。而另一方面，膨胀地球假说仍然没有相应的机制。它的拥护者们也无法解释俯冲的存在。因此，在它与主流信念短暂的交集之后，其科学地位像石块一样一落千丈。

这本应是膨胀地球假说故事的结局。事后看来，其拥护者正确地将大陆的吻合看作了重要的现象，他们只是选择了错误的解读而已。魏格纳赢得了辩论，他们输了。因此，这一假说自然应该很快就消散。地质学家也希望如此。

但它却没有消散。相反，膨胀地球假说进入到了一个整体而言更奇怪的新时期。它根本没有消散，反而固执地徘徊在那里，成了地质学一个叛逆的假说。其拥护者继续在会议上聚集，他们向学术期刊提交文章，而且在20世纪90年代，随着互联网的出现，他们还组织线上活动，显然面向的是数量庞大的支持者。这一切都令主流地质学家感到无穷无尽的困扰。

其支持者并非观念完全一致的一群人，因此整件事毫无价值；在他们中间有各种不同程度的信念。一头是快速膨胀论者，他们主张地球在以非常快的速度膨胀，每年膨胀超过五毫米，这种膨胀大都发生在过去的两亿年里。该观点最主要的支持者是沃伦·卡雷的一名学生——地质学家詹姆斯·马克斯洛，他预测在下一个五亿年里，地球会膨胀成一颗像木星那么大的气态巨行星。

信念的另一头是缓慢膨胀论者，他们听进去了拉斯洛·埃杰德的理论，主张地球在其历史上，一直在以几乎察觉不到的速度膨胀，每年仅仅膨胀几分之一毫米。快速膨胀论者因为他们夸张的主张而吸引了大多数公众的注意，但是，就大多数地质学家而言，他们所有人都一样疯狂，因为关于地球为什么会膨胀根本没有可信的解释。

既然如此，为什么对这一假说的支持仍然延续下去了呢？激发其拥护者热情的一个最核心的问题就是，他们一直确信在更小的地球上大陆吻合得更好。他们痴迷于回到这个主题，并且坚称这种更好的吻合不可能仅仅是巧合。

最严谨地进一步阐述这一论点的人是英国博物馆的古生物学家休·欧文。1984 年，英国剑桥大学出版社出版了他的《大陆位移地图册》。他主张在更小的地球上，大陆吻合得更好，而这本书就是由详尽追踪这种吻合情况的地图组成的。他总结说："其中最佳的吻合，是在现有大小 80% 的地球上出现的。"就连主流的书评人，如英国地质学家安东尼·哈勒姆也勉强承认："这虽说古怪，但也是非常认真的学术研究的结果。"

然而，也许这一假说始终不散的主要原因在于，所有支持或反对它的证据都不大直接。争论无休止地围绕着诸如大陆的吻合或膨胀可能的机制等问题转，却没有去设法解答地球是否真的在以可测的程度改变大小的问题。这是因为科学家们不可能用量尺绕地球一圈来弄清此事，而这制造的怀疑足以使膨胀论者继续主张他们的观点。

至少，直到 21 世纪之前，科学家还做不到这一点。21 世纪基于卫星的技术使此事成为可能。地球的膨胀可以被直接用实证检验了，而 NASA 的一个研究团队就开始着手做这件事了。

就算是用上了先进的技术，鉴于地球并非静止的实体，这仍然是具有挑战性的任务。海平面和大陆在持续的运动中，由于造山运动和其他自然过程不断升起和降落，所有这一切都必须被纳入考量。但是在 2011 年，经过十年的观测，该团队报告了他们得到的结果：没有证据表明地球在膨胀，它看起来大小是固定的。NASA 发了一篇新闻通稿来公布这一消息，他们用这篇长长的文章胜利地宣称，膨胀论这个异端理论终于可以被放下了。

你可能会认为，这应该就是结局了吧。似乎膨胀地球的故事又一次迎来了结局。但故事还没完。它的支持者实在是够执着的。

2016 年，膨胀论的拥护者马修·爱德华在经同行评审的期刊《地球和太空科学历史》上发表了一篇文章，在文中承认，卫星测量的确对快速膨胀论者来说构成问题。快速膨胀肯定应该能被探测到才对。但是他主张：由拉斯洛·埃杰德提出的那种缓慢膨胀就是另一回事了，尤其当你更仔细地审视来自 NASA 的测量结果时更是如此。

看起来，研究者并非根本没发现膨胀。他们记录下了一年 0.1 毫米的膨胀，有可能由于测量技术内在的不确定性，这个数值可以达到 0.2 毫米。

他们把这个看作"在统计学意义上与零没有差别"。但爱德华反驳称它绝对不同于零,因为即使一年只膨胀 0.1 或 0.2 毫米,经过 45 亿年,就会变得相当显著。而最近来自中国武汉大学的研究者做出的测量暗示,膨胀速率可能达到每年 0.4 毫米,这就使数字进入了缓慢膨胀论者预测的范围之内。

膨胀论者反败为胜了吗?爱德华承认需要更多的研究。一个问题在于,卫星测量所依靠的大多数地面基站都位于北半球。也许未来的研究更均匀地审视整个地球的地表之后,会确认没有膨胀发生。但即使如此,他坚称:"给膨胀地球彻底结案还为时尚早。还有各种其他的可能性需要证明。"

◇ 第三章

它是活的

IT'S ALIVE

当接近太阳系时，我们会注意到地球在外观上和它的行星邻居有着极大的差异，它悬在太空中，就像一颗明亮的蓝绿色珠子。覆盖其大部分地表的液态水是这一差异的主要原因，它给地球染上了蓝色，但是给地球增添吸引人的绿色的是生命，而生命将成为我们这一章的主题。

但"生命"到底指什么呢？科学家曾为了回答这个看似简单的问题费尽心思。他们找到了似乎为生命所独有的多种属性，如高度有序、生长、繁殖、代谢能量、对刺激做出反应以及演化。但并非我们认定的所有生命都具有全部这些属性。不育动物不能繁衍后代，但是它们同样是生命。而且，更成问题的是，我们认为无生命的东西也同样有许多这些属性。比如说，晶体和火焰也都可以生长和再生。这些模糊性带来的结果是，研究者没能对任何一个生命的定义取得一致意见。许多研究者主张，甚至就连认定生命与非生命之间存在清晰的分界也是错误的。

回到地球的视角上来，其他关于生命的谜题呈现了出来，比如：生命是如何诞生的，以及为何地球看起来是它唯一的家园。试图通过反观地球最初形成的时刻来解开这些谜题却只是引出了更多的问题。科学家认为，地球的形成时间在大约四十五亿四千万年前，而在那之后不久，大约三十七亿年前，我们就可以看到生物体出现在了原始的海洋中。这就是谜题所在。根据留下的证据，完全不清楚生命形式是如何出现在那里的。

你或许会认为思索这些关于生命本质和起源问题的，首先应该是生物学家。但是事实上，对它们的兴趣是高度跨学科的，它吸引着宇宙学家、天文学家、哲学家、物理学家、地质学家，甚至是环境卫生工程师的注意。而就答案而言，科学上的共识非常少。一些猜测被认为比其他的可能性更大些，但是还有许许多多猜想在更远处徘徊。

万物都有意识？

一堆没有生命的物质是如何转变为活的有机体的？这是生命起源向人们提出的重大议题。无生命的物质会待在原地，直到外部的力促使它移动，而活的有机体，甚至就连其中最简单的，也拥有力量。它们会做各种事，会代谢养料，对刺激做出反应，生长、繁殖并演化。生命和非生命之间的鸿沟看似无法跨越。但若是科学提出的这个谜题的中心前提不太对呢？若是物质在最基本的状态下并非完全无生命呢？若是它拥有一些通常被认为只有生命才拥有的特性呢？尤其是，若是它拥有基本的意识——某种对其自身存在的意识呢？

这就是泛心论奇怪的主张。它的支持者认为宇宙万物皆有意识。这里的宇宙万物包括了人、狗、植物、岩石、塑料袋、汽车轮胎、铁块、水洼，甚至是电子。澄清一点，该理论并未宣称万物都具有同样的意识。一颗电子体验和感受的能力显然和人类的这些能力极为不同，而且原始得多。该理论也并未主张万物都有思考的能力。它并没有想象岩石和汽车轮胎会无所事事地沉思哲学问题。然而，泛心论的确坚称所有物质，在某种层面上，有能力体验其自身的存在。

该理论的名字来源于希腊词语"泛"（pan）和"心"（psyche）。而且，虽说这个概念或许听起来就像新时代的胡言乱语一样令人怀疑，但它实际上已经在西方文化中存在了几千年，在过去的一个世纪里，还吸引了一些著名的支持者，包括物理学家亚瑟·爱丁顿[①]爵士，以及哲学家伯特兰·罗素[②]。最近，哲学家戴维·查尔莫斯和菲利普·戈夫也声援了这种理论。

当人们第一次听说或者读到关于泛心论的内容时，他们最初的反应往往是认为它荒诞不经。这是该理论一向需要跨越的障碍，因为这一点太

[①] 亚瑟·爱丁顿（Arthur Stanley Eddington，1882—1944）：1919 年写了"重力的相对理论报导"，第一次向英语世界介绍了爱因斯坦的广义相对论理论。

[②] 伯特兰·罗素（Bertrand Arthur William Russell，1872—1970）：分析哲学的主要创始人，世界和平运动的倡导者和组织者。

明显了：万物不可能都有意识。有人相信勺子和地板砖有感知能力吗？所以该理论可谓自证荒谬，可能性也几乎不值得争辩。

但是该理论的捍卫者指出，虽然看似自相矛盾，但是在历史大多数时间里，一直可以追溯到史前时期，泛心论被普遍认为是常识观点。认为非生物物质缺乏意识，实际上代表了现代看待世界的一种崭新和古怪的方式。

例如：万物有灵论是泛心论的一种形式。这种信念认为自然界的方方面面——太阳、风、水、岩石和树——都有自己的灵魂。人类学家猜想，这是狩猎采集社会奉行的最早形式的宗教中的一个普遍特点。

"万物有灵论"的观点继续出现在最早的古希腊哲学家的思想观念里，如米利都的泰勒斯和毕达哥拉斯，他们都理所当然地接受了泛心论。在公元前4世纪，这些想法被亚里士多德记录了下来，成了某种被供奉的经典，亚里士多德的工作在接下来的两千年里，发挥着西方理解自然界基础的作用。

在他的工作中，亚里士多德通过假设非生命事物展现了生物体的一些特点，而解释了非生命事物的行为。尤其是一种目的感，也就是一种原始形式的意识。据他所说，万物都有合适的位置或它奋力实现的"最终目的"。例如：他说，火和空气向上飘，是因为这些元素本就属于天空，因此它们内在的意志在推动着它们奋力抵达正确的位置。同样地，土地和水属于世界的中心，因此它们奋力向下移动。

科学史学家提出：由此，亚里士多德的宇宙根本上是生物的。他使用了生命的属性，诸如目的和意志，来解释非生命的行为。亚里士多德的宇宙中的万物，包括天文学和化学，最终都归于生物学。但是，在17世纪前后，一种新的哲学世界观出现了，它被称为"机械论"。机械论坚持认为：万物在其最基本的状态下，由完全缺乏内在目的性的惰性物质构成。按照这种思维方式，万物最终归于物理学。就连生物有机体也被重新想象为像复杂机械一样的存在。

为什么这一新世界观在特定的那个时期，那个特定地点（欧洲）出现，是人们争论的话题。有一种理论认为，这可能和重锤驱动的机械钟表的发明有点关系。到 14 世纪中期，这类钟表被安装在大多数主要城市的中央广场。从外观上看它们像是活的，但是人人都知道在其内部，它们不过是一堆无生命的金属齿轮罢了。因此，这些钟表为自然可能怎样运作提供了某种现成的比喻。它们证明了，如果以恰当的方式安排无生命的物质，就能展现那些物质看似活着的表象。到了 17 世纪，将自然比作钟表，将上帝描述为钟表匠的说法已经十分流行。

不管这种新的机械世界观出现的原因是什么——而且毫无疑问它肯定涉及钟表之外的东西——它将亚里士多德古代科学的前提整个颠倒了过来。宇宙现在被认为由"死的"粒子构成，完全缺乏任何种类活的灵魂，而且是由于机械力而动起来的（就像令钟表的齿轮转动起来的重锤一样）。正如 18 世纪的哲学家伊曼努尔·康德[①]所说的那样："无生命、惰性，构成了物质本质的特点。"这是思考方法上的巨大转变，它引领了现代科学的崛起。

在这一世界观下，生命的起源成了一个特别的问题，因为你现在必须要以非生命的方式来解释它，而不是相反。研究者们必须解释完全无生命的东西是怎样变得有生命的。

但是，尽管泛心论可能在机械论的掩盖下失去了重要性，有证据表明，它仍然在文化记忆中徘徊着。哲学家曾提出在《星战》系列电影中凸显的"原力"的概念——它被描述为一种将宇宙万物联系在一起的活的能量——本质上属于泛心论。在 2011 年英国的人口普查中，十七万六千六百三十二人声称自己是绝地教的信奉者，因此他们也是原力的信奉者。事实上，绝地教在全英国最广泛信奉的宗教中排名第七。

有人会说，这都挺好的。也许泛心论代表了一种理解自然的古老方式，但是那个时候，人们并没有更深刻的理解，而我们现在纠正了祖先幼稚的观点——我们中间的那些绝地教徒不算（反正他们的信念更多的是玩笑的成分）。如今我们的观念是正确的，所有现代科学的成就即是证

---

① 伊曼努尔·康德（Immanuel Kant，1724—1804）：德国古典哲学的创始人，启蒙运动时期最后一位主要哲学家，西方最具影响力的思想家之一。

据——我们把人送上了月球，建造了超级计算机，破解了基因密码。

泛心论的支持者承认机械世界观是西方观念中一个重要的发展，但是他们主张，现在已经轮到它变得有局限性了，因为它撞上了许多它无法解释的现象。特别是，它难于对意识做出解释。

他们说，问题在于物理学仅仅解释物体的行为。它将自然界简化成了一系列力——如电磁力和引力——作用于粒子，以多种方式改变它们的行为。这些行为都是外部属性，易于测量。而物理学不会审视，甚至不会尝试去解释粒子的内在属性，它们的本质。

拿你自己举例。如果让物理学家来描述你，他们可能会指出作用于你身体的复杂的力，以及它们会怎样促使你做出行动。引力在将你向下牵拉，沿着你的神经有电信号在传导，你的细胞内部有化学反应。但是你不仅仅是这些外部可测量的属性。同时你还拥有内在的生命或意识。你能看到色彩，感到疼痛，闻到香气。你会体验到诸如恐惧、愤怒和快乐等感受。你对真实世界有主观意识。所有这些对物理学而言都是不可见的。要是听凭物理学独自发展，它甚至连意识之类现象的存在也永远无法预测到。

所以，泛心论的观点继续道：如果物理学无法完整地描述一个人，因为它忽视了他们的内在，那么为什么我们认定物理学就能完整地描述任何其他形式的物质呢？或者换句话说，我们为什么要相信科学家所宣称的，仅通过测量物质的外部属性，就能完整地描述物质，如果我们知道这对我们自身就行不通呢？相反，认为所有物质就像我们一样，都有某种内在属性——有某种对其周围事物的意识——会更合理。在这种情况下，身为岩石或一颗电子肯定有某种感觉，即使这种感觉对我们来说是完全陌生的体验。

科学对这一主张的回应是，我们可以确信，电子、岩石和桌子并没有意识，因为它们没有展现出有意识的行为。所有证据都表明，意识是且仅是大脑的特性。

另外，他们坚称：意识有一个基于物理学极好的解释。原子形成分子，分子形成神经元，随后神经元形成大脑。当有足够多的神经元汇聚在大脑中，并开始相互作用时，意识就出现了。他们承认此过程的细节不太清楚，研究者不确定到底需要多少神经元，或者确切地来说是怎样的安排激发了意识，但是整体的画面似乎已经足够清晰了。意识是神经元交流而产生的一个属性。或者说得更直白些，它就是精巧线路的结果。

然而，泛心论者采取了另一条进攻路线。他们主张虽然这一意识的解释可能听起来大体合理，但它实际上存在逻辑矛盾，因为它暗示，无意识的粒子仅仅通过以特定方式安排自身，就能够获得意识。但是如果之前不存在意识，后来意识又是怎样出现的呢？如果这是真的，它意味着有事物能从虚无中诞生，而这是不可能的。

让我们用类比的方式来加以说明，请考虑电的情形。它在整个宇宙中表现出不同的形式。它以电流的形式流经你墙壁中的电线，以闪电的形式在天空中闪过，以静电的形式使你的头发竖立起来。这些不同的电现象随着原子以不同方式排列而出现。然而，它们并不是从虚无中诞生的。在最基本的层面上，它们是亚原子粒子，如电子，带了正电或负电的结果。

或者想想引力。它是造成许多不同现象出现的原因，如行星、恒星、星系和黑洞。但是同样地，这些现象并非出自虚无。引力是物质最小层面的粒子的属性。

但是一说到意识，和电以及引力不同，它就（根据科学）没有特定的亚原子属性的成因了。原子在大脑中排列，结果意识就突然完整地出现了。在那之前没有意识的地方，突然就有意识了。泛心论者抗议说这毫无道理，这就像声称电子就算不具有带电属性，闪电也依然能出现。或者引力就算不是物质统一的属性，行星也能形成一样。

因此，泛心论者主张亚原子粒子肯定具有某种形式的原始意识。如果情况是这样，这可以排除意识看似从无意识中出现的矛盾。我们作为人类体验到的意识，就可以被看成是所有物质内在意识的一种体现而已了，就像闪电不过是所有物质内在电磁力的一种体现一样。

这就是泛心论的基本论点，但是批评者提供了为什么没人该相信它的一系列理由。最常被重复提及的理由，聚焦于所谓的"结合问题"。"如果每一个独立的亚原子粒子都有自己的意识，"批评者问道，"那么所有这些微小的意识如何能组合而形成更大且统一的，比如大脑这样的意识呢?"因为意识似乎有相互不结合这个独有的特点。如果你把二十个人放在一个房间里,他们的大脑并不会融合到一起形成一个巨型大脑。所以,为什么电子的意识就能无缝地结合在一起呢?

但是,批评者提出的最根本的问题是,泛心论是毫无用处的。它完全无法用实验检验,这使它不具科学性,而且它不能产出任何预测。当被要求做一些有用的解释工作时,神经心理学家尼古拉斯·汉弗莱曾解释道:"从该理论'一无所获'。"毕竟,科学家可以就一颗电子的内部是什么样而争论得面红耳赤,但事实是,不管怎样,他们能知道的只是其外部属性而已。就算给它加上了意识属性,他们也什么都得不到。

泛心论者反驳说,同样的论点也可以用在批驳物质的机械观上。所谓物质是无意识无生命的说法同样无法被证明。而且,他们认为,采纳泛心论的观点其实是能有所收获的。它或许能提供一个更自然地理解意识的方式,因为它完整地将这一现象整合到了自然界中,而机械观却认定无意识的物质和有意识的头脑之间有极大的差异。

他们又切换到了一个说教的论点上,主张泛心论提供了一个精神上更丰富的宇宙视角。他们指责机械世界观通过将自然界简化成仅存机械互动的状态,使自然没有了生命。他们宣称,这助长了人们开发自然资源,造成了今天社会和环境方面的问题。正如《西方泛心论》一书的作者戴维·斯科比纳所说的那样:"滥用已死亡、无生命的物质,或者无意识的生命形式是件轻而易举的事情。"于是,泛心论就呈现出一种更有同情心、更可持续的哲学的样貌。

但说了这么多,最终泛心论者确实承认机械世界观在现代社会如此根深蒂固,大概很难说服很多人放弃它。泛心论者自己也承认有过怀疑的时刻,怀疑让同事觉得自己疯了是否值得。芬兰哲学家帕沃·皮尔卡宁甚至造出了一个医学名词来描述这种怀疑。他称之为"泛恐惧症",他把这个词定义为一个人觉得泛心论可信时感到的恐惧。如果你确实发现自己受到泛心论宇宙的吸引,或者,你也许会对成为绝地教徒的想法感到愉快。虽然很不幸,这倒也不会赐你一把光剑,或者飘浮术之类的能力。

疾病来自太空？

不管你怎么预防，当感冒开始流行时你似乎总是会生病。你可能有意识地躲开过流鼻涕的朋友，小心翼翼地不碰门把手，用抗菌洗手液洗手，甚至在搭乘公共交通工具时还戴上口罩。但是不走运，你还是得病了。

你做错了什么呢？也许在考虑感染源头时，你的网没有铺得足够大。或许你以为自己会被其他人传染上感冒，但要是病菌来自更奇异的源头呢？若它们是自外太空散落到你身上的呢？

1977年，天体物理学家弗雷德·霍伊尔爵士和钱德拉·维克拉玛辛赫恰恰提出了这样的观点。霍伊尔就是我们此前提到的稳态理论的共同作者弗雷德·霍伊尔。现在，在他职业生涯较靠后的阶段——六十岁出头，大多数人或许在等着退休的年龄段——他与曾经在剑桥的学生维克拉玛辛赫联手，主张经过的彗星正在撒下病原体。这些病原体飘下大气层，使人间暴发了疫病，而且这些病不仅仅包括常见的感冒。这两位理论提出者猜测，历史上许多大流行病，诸如公元前5世纪雅典的大瘟疫、14世纪的黑死病和1918年的大流感，可能都是由这些微小的外星入侵者引起的。

如果这是真的，这件事本身就已经对人类造成了巨大的影响，但霍伊尔和维克拉玛辛赫还想到了远远超出医学史范畴的影响。他们主张："数十亿年来，病原体一直从外太空倾泻而下，这正是生命最初出现在地球上的原因。"换句话说，他们宣称我们都是太空细菌的后代。

霍伊尔和维克拉玛辛赫提出的是一种形式的泛种论，泛种论认为生命并非起源于地球，而是从宇宙的其他地方来到这里的。

但科学家中间主流的观点是：生命就是在地球这里开始的——也许，就像1861年查尔斯·达尔文说的那样，在某种"温暖的小水塘里，那里存在各种氨和磷酸盐、光、热、电等等"的地方诞生。这看起来像是一个合理的假设，因为地球仍然是我们所知道的宇宙中唯一一个存在生命的地方。然而，泛种论的概念已经在西方文化中流传了许久。在古希腊，哲学家阿那克萨戈拉①和赫尔曼·冯·亥姆霍兹②暗示：生命最初从天空中落到了地球上。19世纪，如开尔文勋爵③等杰出的科学家，曾公开支持不同版本的这一观点。开尔文将它比作风吹来的种子扎根于喷发的火山周围烧焦的土地上。1906年，瑞典化学家、诺贝尔奖获得者斯凡特·阿伦尼斯④给这个观点取了个名字，从拉丁短语"panspermia rerum"修改而来，意思是"物质遍布全宇宙的种子"。

泛种论者想象生命以多种方式抵达地球。阿伦尼斯猜测微小的细菌孢子或许可以飘浮到行星的上层大气，从那里再飘进太空中，太空中恒星辐射的力量会推动它们穿过星系，直到其中的一些抵达地球。其他人相信来自其他行星的微生物可能自岩石流星的内部抵达地球。1960年，物理学家托马斯·戈尔德⑤甚至暗示在地球早期的历史中，外星人可能乘太空船降临过地球，随后意外地留下了被微生物污染的垃圾，所有地球生命由此演化而来。

然而，泛种论的理念却难以被主流接受，因为其批评者抱怨说："它并没有解决生命是如何出现的问题，只是把问题一脚踢开，从地球踢到了别的地方。"许多科学家同时相信即使并非不可能，有机体也非常难于在太空的真空旅行时生存多久。

霍伊尔和维克拉玛辛赫同时答复了这两种想法。他们主张生命不仅可以在深远的太空中生存，而且它就是在那里诞生的——不是在一颗行星的地表，而是在恒星之间广阔的尘埃云中诞生的。

维克拉玛辛赫一直在研究星际尘埃，试图弄清这种物质到底是什么，

---

① 阿那克萨戈拉（Anaxagoras，公元前500—公元前428）：原子唯物论的思想先驱。
② 赫尔曼·冯·亥姆霍兹（Hermann von Helmholtz，1821—1894）：阐明了能量守恒的原理，研究预测了麦克斯韦方程组中的电磁辐射。
③ 开尔文勋爵：威廉·汤姆森（William Thomson，1824—1907），第一代开尔文男爵。热力学温标的发明人，被称为"热力学之父"。
④ 斯凡特·阿伦尼斯（Svante Arrhenius，1859—1927）：物理化学科学的奠基人之一，1903年获得诺贝尔化学奖。
⑤ 是的，他正是与霍伊尔一起提出稳态理论的托马斯·戈尔德。请见第一章"若宇宙大爆炸从未发生？"一节，我们还会很快在另一章再次遇见他！

正是从这项研究中,演化出太空细菌理论。20世纪60年代,当维克拉玛辛赫开始其研究时,主流的假设是尘埃主要由脏冰(与一些金属混在一起的结冰的水)构成,但是经过分析尘埃吸收的辐射的波长,维克拉玛辛赫得出结论,这是错误的。相反,令人惊讶的是,其吸收光谱似乎与一系列包括植物纤维素在内的有机化合物相匹配。

有机化合物被宽泛地定义为含碳的分子。它们是组成生物体的材料。在试图发现生命起源的科学尝试中,人们给一件事赋予了重要的意义,即理解无机物是如何形成有机化合物的,因为人们认为:一旦你有了有机化合物,你就有了构成生命的基本材料,剩下的只不过是弄清这些基本材料如何以合适的方式排列这件事了。

1953年,化学家哈罗德·尤里[①]和他的研究生斯坦利·米勒登上了报纸头条,他们设计了一个简单的实验,展现地球早期的大气条件可能使有机化合物很轻易地自无机材料如甲烷、氢气和氨气中形成。这一研究的推论是早期地球的环境肯定孕育了生命。这被作为理解生命起源的第一次真正的科学突破而得到了广泛的称赞。

然而,维克拉玛辛赫的研究表明,有机化合物在深远的太空中大量存在。他与霍伊尔分享了这些结果,令霍伊尔意识到,尤里和米勒提出的所谓构成生命的基本材料最初形成于地球的假设是错误的。

霍伊尔提出,如果有机化合物在星际尘埃中存在,那么这里——而不是地球——才应该是生命最初形成的合理地点。这是太空细菌理论欢呼发现的一刻,这一观测也令两位研究者迷上了这一想法。但是他们承认,有一个明显的问题:星际尘埃非常寒冷,尘埃云中的温度几乎接近于绝对零度。人们想象,这并不是会产生与生命相关的复杂的化学相互作用的那种环境。

两位研究者总结说:"因此,生命肯定并不是直接从尘埃本身中诞生的,而是从彗星中诞生的,彗星在一片尘埃云坍缩而形成我们的太阳系的

[①] 哈罗德·尤里(Harold Clayton Urey,1893—1981):1932年,发现了重水及重氢同位素。

同时产生。在这些彗星的内部,"他们指出,"会有生命所需的所有原料:有机化合物、水、使生命不受紫外线辐射的保护,甚至还可能有放射性元素衰变而产生的热。另外,这样的彗星有数十亿颗,在这巨大的'化学实验室'里,大自然可以一直不断地尝试,直到它找到构成生命的配方。"

一旦生命在一颗彗星中形成,他们主张,这颗彗星就开始在绕太阳运转的过程中散播细胞,将有机物散播到其他彗星上。随后,它们会将有机物散播得更广。通过这种方式,生命的形式最终会飘落在太阳系新形成的行星上,在可能的地方生根,这些生命形式会在年轻的地球上找到特别宜人的家园。

两位研究者变得痴迷于太空细菌理论。在接下来的几十年里,他们炮制了一系列关于此主题的书籍和文章,希望累积证据来说服怀疑者,然而科学界大多数人都在怀疑者之列。

他们的一个论点聚焦于生命在地球上出现的速度上。据科学家所知,物理环境允许单细胞微生物出现的时刻刚一到来,也就是地球地表刚冷却到允许它们出现的水平时,它们就出现了。考虑到生命的化学机制何等复杂,这一点非常惊人。成千上万的分子必须以正确的方式排列,才能令最简单的细胞正常运作。如此惊人的复杂性怎么会这么快就出现呢?霍伊尔和维克拉玛辛赫反驳说:"如果你把生命的诞生地从地球转移到太空中,这就给整个发生的过程争取了更多的时间。所以生命的诞生有可能用了数十亿年的时间,而不仅仅是几百万年。"

此外,他们还指出,细菌的适应力非常强。研究显示,许多细菌可以在强烈的辐射下生存。但是,两位作者问道,若是细菌在地球上从未暴露在如此高的辐射之中,它们是如何进化出这一能力的?这也是生命诞生于地球的理论需要解释的问题。然而,如果细菌最初是在外太空高辐射的环境中演化出来的,这样的抵抗能力就完全说得通了。

从主流科学的标准来看,这些都是完全合理的观点,但是,在霍伊尔和维克拉玛辛赫梳理彗星孕育生命的推论时,他们还提出了更有争议的其他论点。他们想到:从彗星降下的有机物"雨"在四十亿年前不可能停下。它会继续下,而且有可能在地球上有仍在持续的影响。比如说,它可能干扰了地球上演化的路径。他们提到化石记录中存在的断层——在那里，演化仿佛突然向前跳跃了似的。也许这些断层显示了从太空降下的基因物质，造成了物种突然变化的时期。这个暗示激怒了生物学家，因为它从本质上对达尔文提出的通过自然选择进行演化的理论提出了质疑。

随后，霍伊尔和维克拉玛辛赫将他们的论述范围推到了当下。毕竟，没有明显的理由否认彗星有机物雨可以一直下到今天。这令他们猜测传染病的暴发可能是由彗星降落到地球上的外星细菌引起的，也使人回想起古人的恐惧，认为这些天上来的东西都是灭亡的征兆。

他们为支持这一主张提出了一个有些异想天开的证据——涉及鼻子的特点。他们猜测，或许鼻孔演化为朝下开口，是为了避免太空细菌掉进鼻子里。

他们以一种更为严肃的语气指出，传染病有一个不寻常的地方——有时候，确定疫情到底是从哪里开始暴发的极为困难，因为它们经常看似同时开始于多个不同地点。例如：1918 年的大流感，疫情最早的病例同时在印度和美国马萨诸塞州出现。如果病菌通过人际传播，这就奇怪了。你会认为，感染的模式应该从单一的点呈现稳定向外辐射的样子。霍伊尔和维克拉玛辛赫主张："如果反过来，病原体是从外太空飘下来的，这些不同的源头也就完全称不上神秘了。"

为了给这个疾病传播模型提供支持，霍伊尔和维克拉玛辛赫还客串了一回业余流行病学家，并且开展了一项针对 1978 年在英国威尔士寄宿学校中暴发的流感的研究。根据分析，他们得出结论：疾病在各个学校中的扩散，不能用人际传播充分地解释，因为宿舍中患者的分布似乎完全是随机的。他们主张，垂直传播（细菌从太空中落下）更好地解释了疾病暴发的模式。

他们甚至暗示，有可能将疾病的暴发与特定彗星的轨道相联系。在此，他们特别把注意力投向了全球百日咳暴发的大致周期，它似乎平均每三年半发生一次。这与每 3.3 年就会规律地返回天空的恩克彗星有着惊人的相关性。

到了 20 世纪 70 年代末，因为主张稳态理论以及坚称大爆炸从未发生过，霍伊尔已经得到科学捣乱者的名声。但是，当他宣称地球持续地受到外星病原体的攻击时，许多人都怀疑他是不是神志完全失常了。要不是因为他是如此声名显赫的天体物理学家，科学界可能会无视他和维克拉玛辛赫。

批评者们几乎对太空细菌理论的所有细节都进行了抨击。天文学家指出：彗星的环境极为恶劣，因此想象生命在其中诞生有违人们的信念。生物学家相信，有一个东西对生命来说绝对必要，那就是液态水。地球上所有的生命都依赖液态水生存，但水能否以液态存在于彗星内部十分可疑，它应该只是固态冰的形式。而且，就算你假设来自放射性元素的热，可以在彗星内部维持一个液态的彗核，辐射本身也会将任何有机物杀死。但不管怎样，生命都无法存活。

然而，来自天文学的评论文章相比那些生物学家对该理论的轻蔑和抨击，就温和得多了。1960年，诺贝尔生理学或医学奖的获得者彼得·梅达瓦爵士①抨击它为"至今置于公众面前的最蠢和最没有说服力的准科学猜测"。

该理论特别激怒生物学家的一个方面是，它没有区分细菌感染和病毒感染。细菌在彗星内部形成的想法看起来很牵强，但它至少还勉强处于可能的范畴之内。但是，"彗星中有病毒"这个理念听起来完全荒谬，因为病毒需要宿主来复制，而宿主不可能存在于彗星上。病毒在这种环境中演化出来是永远不可能的事。

事实上，在病毒与宿主之间有着极不寻常的专属性。每种病毒都高度演化为只能攻击特定物种的特定细胞种类。在距离地球上的潜在宿主细胞数百万英里远、穿行于太空的彗星内部，怎么可能获得这样的专属性呢？

同时，专家们还将霍伊尔和维克拉玛辛赫在流行病学方面的努力斥为可笑，批评他们没有将诸如事先存在的不同程度的免疫力，或者由个体

---

① 彼得·梅达瓦爵士（Peter Brian Medawar，1915—1987）：1960年，因为对免疫学做出的杰出贡献而获得了诺贝尔生理学或医学奖。

散布的病原体量上的差异等因素纳入考量，这些因素可以从很大程度上解释疾病传播模式的不可预测性。

接下来，霍伊尔和维克拉玛辛赫又开始给自己帮倒忙——为理论添加越来越奇特的元素。他们猜测：不仅星际尘埃是由有机化合物构成的，而且它或许是由冰冻干燥细菌的巨大云团构成的。他们暗示生命如此地难以出现，它的演化肯定是由一种宇宙智慧所指挥的，这个宇宙智慧一直在协调，该给地球降下哪种基因材料。"而且有可能，"他们沉思道，"从彗星降下的不仅是细菌和病毒。"在1981年，他们出版的《来自太空的演化》一书中，他们主张，彗星可能还在将昆虫幼虫丢进我们的大气中。

到了这个点上，科学界就不再认真对待他们了。

这可能让太空细菌理论听起来就像在科学上站不住脚一样。照它的名声来看，这恐怕是真的。要是谁对科学家提起这个理论，他们典型的反应会是翻白眼。但是，对该理论所有单个组成元素来说，倒并不能这么说，因为其中一部分已在科学上被较为有力地证实。

例如：维克拉玛辛赫关于星际尘埃含有大量有机化合物的观测已经被证实，而他得到了做出这一发现第一人的名誉。在霍伊尔和维克拉玛辛赫写这本书时，已有超过一百四十种有机化合物被确认。大多数天文学家并不同意这些化合物一定是纤维素，他们也绝对否认了所谓太空尘埃由冰冻干燥细菌构成的说法。然而，太空中肯定存在有机化合物，而且除了霍伊尔和维克拉玛辛赫之外的科学家已经得出结论，这可能与生命是如何诞生的紧密相关。

现在，许多生命起源的研究者相信，这些化合物可能由彗星带到了年轻地球的地表，从而开启了生命的演化。这种可能被描述为"轻泛种论"，因为它虽然不涉及生命本身来自太空的说法，但是它确实想象了构成生命的基本材料来自太空，而不是像尤里和米勒所相信的那样，在地球上形成。

就连生命可能最初形成于彗星内部的想法也得到一些实验的支持。20世纪90年代末，天体化学家路易斯·阿拉曼多拉在NASA艾姆斯研究中心的一个特殊的房间里，模拟了太空尘埃的超冷环境。通过这个实验，他展现了当紫外线辐射攻击尘埃表面的分子时，辐射会促使它们形成复杂的有机化合物。更吸引人的是，阿拉曼多拉报告出现了类似细胞膜的小泡的构造。这可谓是意义重大，因为虽然有机化合物对生命来说必不可少，使这些分子与外界环境分隔开来的某种膜也是必需的，而且两者很有可能都生成于太空尘埃之中。

这使阿拉曼多拉猜测：数十亿年前，这些像细胞一样的小泡和有机化合物可能嵌入了彗星的冰中。在这些彗星围绕太阳运转时，它们有可能被加热和推挤，程度刚好使一些化合物进入到了小泡里，由此生成了第一代活的细胞。

阿拉曼多拉承认，这有可能是一个"疯狂的想法"。他脑中也许还留有太空细菌理论的回忆。但不管怎么说，他的实验数据显示：生命来源于彗星的想法存在说得通的理由仍然是有可能的。这一想法还没有被完全排除在讨论之外。而且，如果生命确实诞生于一颗彗星，并通过彗星来到地球，那么生命形式会不会偶尔从彗星再次来到地球呢？这种想法并非不可能。也许真的有彗星生物存在于生命之树中吧。

怪论成可能：热液喷口假说

1977 年 2 月，俄勒冈州立大学的海洋地质学家杰克·科利斯和两名船员在加拉帕戈斯群岛附近海面以下 1.5 英里处巡游。他们乘坐阿尔文号深海潜艇——一种特别为适应深海条件设计的潜艇——寻找着在前一年被遥感探测出来的热液喷口，他们希望能近距离地观察热液喷口。这些喷口是海洋底的巨大裂口，是喷出滚烫热水的海底间歇泉；这些水因与地下岩浆接触而被加热，从泉口喷出，与海洋冰冷的海水混合在一起。

很快，地质学家以及船员们就发现了这些喷口，与此同时，他们还发现了更奇怪的东西，在它们的周围聚集了一整套繁盛的生态系统，其中包括巨大的蛤蜊、巨型管虫，甚至还有白化的螃蟹，这些生物都生活在彻底的黑暗中。这些生命的发现是他们意料之外的，因为他们此时处于海面以下八千英尺的位置,而海面以下二千五百英尺处的压力就足以压垮一条核潜艇了。生物学家曾以为在这样深的洋底应该没有生命。事实上,当时的普遍观念认为:生命只能在相对较窄的温度区间和压力范围内存活,而热液喷口系统远远超出了这些范围。

科利斯对喷口生态系统的这一发现,被看作"生命起源研究"的一大重要时刻。因为这使很多人怀疑:热液喷口会不会是生命诞生的地方。当科利斯回国以后,首次提出这一想法时,却被认为太过可疑,因而被大多数期刊拒绝发表。十多年之后,它才得到了人们的接受。

科利斯并不是独自一人提出这个想法的。他与俄勒冈州立大学的几位同事(约翰·巴罗斯和研究生萨拉·霍夫曼)讨论之后才想到了它。引导他们得到这个想法的是:除了能量丰富,热液喷口还具有许多对生命来说可能有益的特点。例如:在滚烫的喷口和周围寒冷的海水之间的温度差,可能有利于特定的化学反应发生,这种化学反应可能催生生命诞生过程中所需要的复杂的化学物质。另外,这样的系统包含了高浓度的甲烷、氨和氢。有机生命前体分子——也就是"构成生命的基本材料"——可能就形成了。

1979 年,三位研究者合著了一篇文章,细述了这一热液喷口假说。他们认为这是对生命起源讨论的一个重要的贡献,但是他们很快发现,他们的科学同行似乎并不同意这一点。一流的科学期刊《自然》和《科学》都很快地拒绝了热液喷口假说,其他编辑也同样认为该假说太过离谱,不值得认真考虑。

这一理论被否决的原因在于,热液喷口假说明显违背了当时主流的"原始汤"模型。该模型为生命想象了一个"温和"得多的起源。在这一理论中,有机分子最初形成于早期地球富氢的大气中,随后撒落进海洋里,在温暖的海水中混合在一起。这一过程就像配料被放进小火慢炖的汤里一样,最终结合在一起形成活的细胞。

20 世纪 20 年代,俄罗斯的生物化学家亚历山大·奥帕林和生物学家

J.B.S. 霍尔丹[①],就这一理论分别提出了不同的版本。但是该理论地位的真正稳固,是在20世纪50年代初,诺贝尔奖获得者化学家哈罗德·尤里和他的研究生斯坦利·米勒开展了一项实验。实验中,他们将自己所认为的,构成了地球早期大气主要成分的甲烷、氢气和氨气混合,并向混合气体中放出了一道火花(以模拟闪电)。他们发现:里面果然很快形成了诸如氨基酸等有机分子。

米勒—尤里实验的结果似乎极大地确认了原始汤模型,而且,基于实验的成功,米勒不容争辩地成了接下来几十年里生命起源研究的领军人物。他教过的学生后来都携着该模型的"圣经",来到一流的大学工作,继续扩展米勒的影响力。

因此,当各个期刊将热液喷口假说的文章寄给同行评议时,它仿佛一头撞在了这一原始汤信徒们构成的学术墙上。对这些信徒来说,所谓生命有可能出现在像海底热泉这样剧烈和动荡的环境中的想法显然很荒谬。米勒和他的徒弟们对这篇文章发起了猛攻,他们主张热液喷口极高的温度会造成有机分子迅速分解。他们还指出,今天的热液喷口系统依赖于氧气,而氧气在生命最初形成时还不存在,因为氧气只在后来才由地表进行光合作用的有机体制造出来的。另外,米勒极为维护他作为生命起源研究领军人的地位的这件事众人皆知——这对该文章也没起到什么好作用。

1981年,科利斯的这篇文章,最终还是发表到了一个寂寂无闻的期刊《海洋学报》中。本来它可能就永远停滞在这一步了,但是出人意料的是,它吸引了一些研究者的注意,并且开始流传,获得了一些支持者——这还是网络时代之前的事——因此,正如地质学家罗伯特·黑曾事后讲述的那样,虽然米勒和他的徒弟们试图抵制它,但文章的复印件仍然在研究者之间传递开来。

更多人对该文章感兴趣的原因在于:一些地质学家开始对原始汤模型产生了疑问。他们的研究表明,地球原始大气并非由甲烷、氢气和氨气

---

① J.B.S. 霍尔丹(J.B.S.Haldane,1892—1964):出生于英国牛津,印度生理学家、生物化学家、群体遗传学家。

构成。相反，它主要由火山喷出的气体：氮气、二氧化碳和水蒸气构成。有机分子不会在这一条件下轻易地形成，这显著地弱化了原始汤模型的说服力。对地质学家而言，热液喷口假说似乎像一个可能的替代理论。

当米勒和他的徒弟们意识到热液喷口假说在吸引人们的注意时，他们发起了激烈的反攻，嘲笑它为一时的流行风潮，并且继续强调喷口太热了，生命没法在那里诞生。米勒甚至对《发现》杂志的一位记者说："热液喷口假说是个真正失败的理论。我不明白我们为什么还要讨论它。"

然而，米勒这群人依旧没法阻止，米勒这群人没法阻止证明科利斯假说正确性的发现不断涌现。如海洋地质学家意识到杰克·科利斯发现的热液喷口不是唯一的一个。类似的热液喷口系统分布在整个大西洋和太平洋海底的洋脊沿线，它们代表一个广袤、此前未知的环境，有可能在早期的地球上已经存在。

热液喷口假说的支持者同时指出："喷口极深的位置其实可能对早期生命来说是一个优点，而不是缺点，因为任何最初的生命形式都会在此免受地表的危害，如小行星撞击和紫外线辐射。"

但是，局势向他们这边扭转过来的关键一步，发生在这之后。受到热液喷口生态系统启发的生物学家们，开始去其他地方寻找"极端微生物"，或称在极端环境中繁盛的有机物。他们最终在各种地方都找到了它们，它们就存在于人们能想象到的最看似不可能的环境中：南极洲结冻的冰层，南美洲极度干燥的阿塔卡玛沙漠，甚至在地下深达7公里的岩石中。

在最惊人的极端微生物中，有一种叫水熊虫的生物。从深海到山巅，这些显微镜下有八条腿的小生命，几乎生活在地球上所有的环境中。有研究显示，它们可以在几乎完全脱水的情况下，或在高达150℃（300℉）的温度下，甚至在太空的真空中生存。它们可以轻易地从一场能把全人类毁灭的核灾难中幸存下来。

这些生命力极强有机体的发现，颠覆了原始汤模型认为理所当然的旧有假设：生命是脆弱的。事实上，生命并不脆弱。它能够找到办法在很大范围的温度和压力条件下繁荣发展，这暗示它或许起源于一个我们认为致命的环境中。到20世纪90年代，越来越多的人意识到了这一点，这使热液喷口假说被当作生命诞生一种可能的情形被广泛接受。同时，这一现状令米勒这群人十分错愕。

当然，一种可能被接受的答案，与被当作生命起源谜题的答案并不是一回事。两者相差甚远。说起来，这一问题的答案似乎比任何时候都离我们更遥远。自20世纪80年代以来，研究者乐于考虑的可能的地点范围，正在稳步地扩大。荒芜的沙漠有可能诞生生命吗？或者，充满海水的冰冻的极地裂缝以及高温的火山间歇泉，有可能诞生生命吗？再或者，第一个细胞是否有可能在数英里深的地下岩石的气孔中形成呢？如今，所有的这些猜测都有支持者，不少人甚至支持外星起源说。要知道，此前人们长久以来一直认为生命肯定诞生于某个温和的环境。正是受生活在1.5英里深洋底的巨型管虫和白化螃蟹的启发，才得到的热液喷口假说首先挑战了这种固有的观念。

地球拥有不竭的石油和天然气储量？

石油和天然气扮演着为世界产业经济赋能的关键角色，但是这些惊人的物质都是从哪儿来的呢？当然，人们都知道这是从地下来的。但是，你有没有想过，它们是怎么进入地下的呢？

主流的观念是：它们源自生物。是数百万年前由诸如浮游生物和藻类等生物困在地下，通过沉积或者板块漂移而形成的。其上方的岩石造成了压力，加热并压缩了这些生物，将它们转化成了燃料。这正是它们被称为化石燃料的原因。人们相信，它们是此前曾生活在世界上的生命形式的残骸，变成化石之后衍生出来的。由此，其储量被认为是有限的，因为在地球历史上只产生了有限的生物量。如果我们不断消耗石油和天然气，最终我们会用尽这些能源。

然而，20世纪70年代，康奈尔大学的天体物理学家托马斯·戈尔德站了出来，提出了一个替代理论。他主张，这些化石燃料并非来自生物，而是"非生物成因"。他认为天然气（甲烷）是形成地球的原始物质的一部分，这种物质有个巨大的储备库，在地球形成之后被封存在了地壳深处和地幔中，从那以后，它一直在缓慢但持续地渗向上方的地表。他说："在渗透的过程中，热和压力的地质作用力将大部分转化成了石油。"

这一理论导致戈尔德提出非同寻常的主张，即不存在耗尽这些燃料的危险。我们离耗尽远得很。他坚称储量是行星级别的，因此对于任何实用目的而言，都是无穷无尽的。石油和天然气的储量如此丰富，甚至可以把它们当成太阳能之类的可再生能源。我们可以继续以现在的速度消耗它们数百万年，而不必担忧储量枯竭的风险。

之后，戈尔德还给这个理论添加了更耸人听闻的一点：这一储量丰富且不断上涌的甲烷不仅存在，而且还是生命诞生的原因。

你或许会回想起我们此前遇到过戈尔德①。20世纪40年代，他与同行共同创立了稳态理论。该理论称：新物质持续地在整个宇宙中产生，但这只是他许多激进观点中的一个罢了。在他的整个职业生涯中，他经常提出各种各样的古怪理论。如果他所有的理论都停留在边缘化和不被接受的程度，科学界也就不会看重他这个人了。但正相反的是，他那些看似古怪的概念中，有相当多的一部分最终被证实了。这给他赢得了"你最好别太轻易忽视他的观点"的名声。最著名的是，在20世纪60年代末，当天文学家首次探测到来自深远太空的神秘而快速重复的无线电脉冲时，戈尔德提出这些脉冲有可能是完全由中子构成的快速自旋的恒星发出的。大多数科学家一开始认为这个想法有点牵强，但是一年之内它就被广泛接受了，直到今天依然如此。这些恒星如今被称为"脉冲星"。

认为石油和天然气的来源并非生物的想法，并不是戈尔德首创的。这个概念已经被人们讨论了一段时间了。早在19世纪70年代就由俄国的化学家、元素周期表的编制者德米特里·门捷列夫②提了出来。在20世纪大多数时间里，它一直在苏联科学家之间流行，但是在欧洲和美国

---

① 请见"若宇宙大爆炸从未发生？"和"疾病来自太空？"两节。

② 德米特里·门捷列夫（Dmitry Mendeleyev，1834—1907）：依照原子量，制作出世界上第一张元素周期表。

它从来没流行起来过。到了 20 世纪 40 年代，大多数西方地质学家坚信，化石燃料来源于生物。多条化学线索都引导他们得出这一结论，如石油中存在诸如脂类（有机脂肪酸）等生物分子，和在细菌细胞膜中发现的类似。而且，他们首先发现石油是在沉积岩中，生物有可能就沉积在那里。综合考虑，这些证据使这些燃料来源于生物这件事看起来不言自明。

20 世纪 70 年代发生了石油危机，全球的主要经济体面临突然的石油短缺和价格快速上涨。这引发了人们对石油储量或许正在枯竭的担忧（尽管事后来看，危机主要源于中东的紧张局势），使戈尔德对这些问题产生了兴趣：化石燃料到底是从哪儿来，以及它们储量到底有多丰富（还是不丰富）。但是，由于他是从天文学的背景出发面对这些问题的，所以很快便得到了与地质学家迥异的结论。事实上，戈尔德一向主张，地质学家无法接受自己的理论是由于他们身上存在的某种学科盲区。他们太过注意地球地质学的小范围情况，完全忽略了由天文学提供的宏观图景。

这一宏观图景是指氢和碳属于宇宙中最丰富的元素。氢是最常见的元素，而碳是第四常见的元素。仅根据这一点，就可以预期：作为氢和碳的分子化合物——碳氢化合物，应当相对而言大量地存在，而对太阳系的研究已经证实了这一预期。在木星、土星、天王星和海王星的大气中，探测到了巨量的甲烷。土星的卫星，土卫六的地表上还覆盖着广阔的甲烷湖泊。想必太阳系里的这些碳氢化合物都并非来自生物。鉴于此，戈尔德想不通地球上的碳氢化合物为什么必须来自生物。为什么碳氢化合物在我们的星球上以一种方式形成，却在太阳系所有其他地方以不同的方式形成呢？

这使他得出结论，认为从地下喷出的石油和天然气并非来源于生物的基本原因就是这样。按照他的说法，地质学家都无可救药地不了解宇宙富含碳氢化合物的天文学数据。他讲过一个地质学家的故事，这名地质学家在他的一次演讲后提问挑战他："戈尔德博士，还有多少天文学家相信你所谓的'甲烷存在于宇宙其他地方'的理论？"戈尔德说："我不得不告诉他所有天文学家都相信这一点。"

戈尔德用来自地球地质学的证据给他的天文学论点做了补充。他指出在石油和天然气中发现大量的氦气是很常见的现象,然而正在腐败的生物物质不应当生成这一元素。所以,它是从哪里来的呢?他相信,唯一可能的解释在于,随着甲烷从地球深处向上移动,它在从周围的岩石中带走氦气。

他还说:石油和天然气田往往与容易发生地震的地区相关,如伊朗。对他来说,这暗示着地下深处的断层线肯定使碳氢化合物能在这些区域升起到地表。他甚至猜测碳氢化合物穿过地幔向上冲的力,或许正是发生地震背后的原因之一。

接着,还有油井自然回灌的奇特现象。钻井工人有时会认为他们已经抽尽了一口井,却发现石油又缓缓地冒出来了。传统的地质学理论非常难于解释这件事发生的原因,但事实上戈尔德的理论预测到了它的发生。

戈尔德将这些论点放在一起,称之为"地下深层可燃气学说"。他在一系列文章中清晰地论述了这些观点。系列文章始于 1977 年,一篇刊发于《华尔街日报》(就发表科学理论而言一本不同寻常的刊物)上的专栏文章,在 1987 年出版图书《来自地球的力量》时达到了高潮。

然而,在他的理论中有个很大的漏洞。他对为何碳氢化合物可能大量存在于地下深处做出了解释,但他没有解释为何石油在分子层面有如此多的生物特点。毕竟这是化石燃料来源于生物理论的主要论点之一。瑞典的一个钻井项目为他提供了可能的答案。

瑞典国家能源公司,大瀑布电力公司一直迫切想要为瑞典找到新的来源。因此,当戈尔德开始用他的地下深层可燃气学说占据报刊头条,承诺石油和天然气或许能在传统理论预测不到的更多地方被发现时,该公司的工程师下了决心,哪怕只有很小的概率证明他是对的,也值得赌一把。

20 世纪 80 年代中期,该公司拿出了数千万美元资助一项探索性钻探项目,地点在锡利扬环形带。这是位于瑞典中部的一个巨大的花岗岩矿床,在大约三亿七千六百万亿年前曾经有一颗巨大的陨石撞击了这里。根据传统理论,这应该是世界上最不该进行油井钻探的地方,因为没有一个称职的地质学家会认为能在非沉积岩,诸如花岗岩中找到气体燃料。但是,据戈尔德称,这恰恰是正确的位置,因为陨石的撞击会使地球的地壳在此裂开，从而使碳氢化合物能够上移。

钻探开始于1987年，一直持续了五年，抵达超过两万两千英尺的深度，这比大多数油井要深多了。戈尔德的理论建议开展深层地下钻探，其逻辑是如果甲烷从地幔升起，那么燃料最丰富的地方可能在地下非常深的地方。

对投资者来说，不幸的是，这场行动被证明并无经济价值。最终，有大约八十桶石油被开采，这个结果很有意思，因为主流理论说那里实在一点石油也不该有，但是它不够用来赚什么钱的。然而，在石油之外，钻探作业还出人意料地弄上来了其他的东西——生活在将近七公里深的地下，挤在岩石的隙孔中的微生物的证据。这是非同寻常的发现，因为生物学家长久以来一直以为，由于地下深处的热度和压力，微生物最深也就能在地表以下几百米的地方生存。

戈尔德意识到，这些地下深处存在的微生物，可以为他的理论填补缺口，解释为何化石燃料具有如此多的生物特点。他推论道，如果在整个地壳深处都有微生物生活着，它们或许会以涌出地幔的碳氢化合物为食。在进食过程中，它们会污染燃料，同时也会帮助燃料转化为石油，由此将研究者观察到的生物特征赋予了这些燃料。按照戈尔德的话来说，并非地质在转化生命来生成石油，而是生命在转化地质来生成石油。

做事从来不会半途而废的戈尔德，将他的猜测又向前推进了一步。鉴于地球的地壳如此范围广大，他得出结论：地壳——而非地表——才是地球生命最初的家园。他想象一个广大的"深层、高温的生物圈"，从我们脚下向深处延伸数英里，充满以碳氢化合物为食的微生物。

随后戈尔德进一步深入，将他的地下深层可燃气学说和生命的起源联系到了一起：生命需要能量。在20世纪的大多数时间里，理论提出者们一直认为：孕育了生命之火的能量源头，肯定来自太阳。毕竟，它一直高悬在天空中，持续不断地温暖着我们的星球。所以这是明显的源头。但戈尔德认为，如果甲烷自地球形成起就持续地从地下向上涌出，那么它可能作为燃料的来源，滋养着最早的原始生物体。从化学上来说，从甲烷中提取能量比从阳光中提取其实容易得多。因此，甲烷会是早期生命一种合理的能量来源。这样一来，生命就有可能在地下深处诞生而不是在地表诞生。化石燃料也许不是变成化石的生命转变而来的，也许实际情况正好相反，这些燃料或许孕育了生命。

戈尔德还提出了很有意思的观点，声称如果地球上的生命是从地下深处开始的，那么生命在其他行星上存在的可能性也就由此增加了。正如他在美国科学促进会 1997 年的一次会议上提出的那样："在地下，地球没有比哪一颗行星有任何特别的优势。我们的太阳系，"他暗示道，"可能充满了地下生命，正等待我们去发现。"

戈尔德在 1998 年出版的《地下深层高温生物圈》一书中详述了这些论点。整体而言，这些论点讲述了他对地球历史宏大的再想象。在这一版本的阐释中，碳氢化合物是领衔主演。首先，在地球形成过程中，大量的碳氢化合物困在地下，随后它们使生命得以诞生，而现在，它们正在为我们的文明提供可能不竭的能量来源。

戈尔德的理论攻击了传统地质学的核心。如果他是对的，那么地质学家在他们学科最基本的一个事实上——石油的起源方面——就彻底错了。而且他们不仅没帮忙找到为全球经济赋能的化石燃料，反而一直在妨碍搜寻，使人们没能在更多地点找到它们。自然，地质学家们并不乐于接受这样的暗示。

然而，他们并未彻底反对戈尔德的观点。他们其实完全接受石油和天然气可能有非生物的成因。毕竟，化学家能够借助已知的程序——如德国在二战期间使用的费托合成——生产非生物性的石油。地质学家甚至承认地球上的一部分石油和天然气有可能是非生物成因的。他们认为明显荒谬的，是所谓在地球内部以这种方式形成的燃料量达到了商业规模的想法。

对戈尔德论点的批评从地球的形成开始。地质学家同意碳氢化合物在整个太阳系中大量存在。他们指出，是的，他们很清楚这一点。但他们认为，地球原始甲烷中的大部分会从年轻且炽热的地球散失到太空。尤其是在那一次被认为形成了月球的撞击事件中，一颗火星大小的天体撞上了年轻的地球且熔化了它，大多数甲烷肯定在那时已经被燃尽了。

但是，就算在地幔和地壳深处仍存在大型甲烷储气库，地质学家主张，它也不会像戈尔德宣称的那样，穿过岩石向上移动，因为在那种深度的岩石没有足够的孔隙，不足以使这种移动发生。甲烷也不会轻易地转变成如石油等更复杂的碳氢化合物。将甲烷转变成石油实在没那么容易。地质学家杰弗里·格拉斯比坚持认为单从后面这个事实出发，就已经可以证明戈尔德的理论是错误的。

尽管有来自地质学家的坚决反对，但人们对戈尔德的地下深层可燃气体学说的兴趣却延续了下去。戈尔德于2004年去世，直到生命的最后也是该理论坚定的信奉者。他的去世令它失去了最有力的支持者，但有一小群信徒继续着大卫对阵歌利亚①式的战斗，对抗着正统地质学的信念。

这件事的部分原因在于戈尔德本人。你很难把他当成一个怪人而置之不理，因为正如我们之前提到的，他过往的成就令人印象深刻。他古怪的念头常常会被证实。而且，事实上，他用自己对地下深层存在高温生物圈这一猜想，成功地再现了他的这一绝技。

在他宣布发现了生活在地下七公里深处的微生物时，微生物学家最初的反应是极度怀疑，因为任何微生物能在这样深的地方生存似乎实在不可能。专家们猜测他的样本被地表的细菌污染了。但是，几年过后，其他研究者证实了他的话，他们发现了不容置辩的证据，证明其他地方也存在地下深层微生物，如从南非一座金矿的底部，以及哥伦比亚河流域一次深钻项目中也发现了微生物。

这些发现与20世纪80到90年代期间横扫生物学的一场更广泛意义的变革联系在了一起。那段时间，研究者们发现了"极端微生物"，生活在各种古怪、看似恶劣的环境中：深海的火山口、南极冰层，以及酸性硫磺泉中。科学家开始意识到：生命的适应力惊人地强悍，能在一度被人们认为致命的条件下繁盛。事实上，生命占据了地表的每一个角落，而且明显也将其领土范围扩张到了地下深处。

---

① 大卫对阵歌利亚：《圣经》中讲述的大卫年轻时对战巨人歌利亚的故事，尤指以弱制强的战斗。

这一深地下的发现使戈尔德提出的生命或许起源自地下的假说的可信度得到提升。关于生命是从哪里开始的，人们并无共识，但许多科学家认为生命起源自地下深处是有道理的，甚至可能性更大。

这一发现还给他的地下深层可燃气学说增添了一些支持，因为它提出了地下微生物是如何生存的这一问题。在下面他们以什么为食？戈尔德的论点是它们或许受到了从地幔升起的甲烷的滋养，考虑到这些极深地下微生物竟然存在已经是多么疯狂的一件事，所以这听起来倒也不算是彻底疯狂的想法了。微生物学家提出了这些微生物其他可能的进食方式，诸如通过从岩石中吸取氢气，甚至是将辐射当成一种能量来源。但是，对研究者来说，确切地知道地下深处到底发生了什么十分困难。所以，戈尔德的理论也就不能被完全否定了。

但人们继续支持他的理论还有一个更基本的理由。这是因为尽管曾经一再有预测认为，到今天，石油和天然气应该被耗尽了，但似乎我们并没有用光它们。这些令人沮丧的预测中，最著名的预测来自20世纪50年代，由地球物理学家马里昂·金·哈伯特提出。他宣称美国的石油产量会在1970年达到峰值，而且到了20世纪末，全球的储量也将开始逐渐但不可避免地减少。

20世纪70年代的石油危机令许多人相信哈伯特是对的，但是现在我们早已进入了21世纪，可石油和天然气的产量依然在增长。对稀缺即将来临的预测似乎错了。这很难证明我们就会像戈尔德想象的那样，拥有一百万年的储量，但他的支持者的确主张，持续的丰富产量证明，对得出如此低估值的传统地质学产生的怀疑是合理的。

对化石燃料即将变得稀缺的恐惧实际上已经平息，取而代之的是一种新的担忧：真正的问题不是石油的稀缺，而是其储量的丰富。这是因为，有强有力的证据显示，使用化石燃料会造成环境破坏，而这暗示了一种略有些残酷的讽刺。也许还有许多石油和天然气，但我们不能就这样一直燃烧它们。事实上，想象一下戈尔德是对的，地球上真的有取之不尽、用之不竭的石油和天然气,我们所处的情况就会和柯勒律治①《古舟子咏》中的古代水手很像:"水,到处是水,但没有一滴可以喝。"而成我们的境遇则成了:"石油,到处是石油,却没有一滴可以燃。"

另类生命存在于地球上?

你与黏菌非常相似,与蛞蝓、蚯蚓、肠道寄生虫和水塘藻类有许多共同的特点。但是这些都不是针对你说的,它们与你的外表无关,只和你的细胞的生物化学特性有关,在这个方面,你与地球上所有已知的生命都共享着同样的特点。

演化令生命形式呈现出令人目眩的多样性,范围从传染性细菌一直到橡树和大象,但是从某种程度来说,这些形式属于表面现象。深入到细胞层面,相较彼此间的差异而言,所有物种更多的是相似。所有生命的细胞都"说着"同样的语言,也就是藏在 DNA 中的基因编码,都以同样的方式储存能量:使用 ATP② 分子。这种统一性暗示了地球上所有的生命肯定来自同样的源头物质——生命肯定仅诞生过一次——而现在充斥着全球的多样的物种都可以回溯到那唯一一次起源事件。

这是现代科学的共识,但是在 21 世纪初,由物理学家保罗·戴维斯和哲学家、天体生物学家卡罗尔·克莱兰领导的一小群科学家挑战了这一正统观念。他们并没有对所有已知的生物体都属于同一棵生命之树提出异议,但是他们提出也许有未知的生物体潜伏在周围,它们属于其他的生命之树。换句话说,生命有可能在地球上诞生过不止一回,而那些其他起源事件的后代可能仍然在我们周围。

"生物圈"表示的是全球所有生物构成的生态系统。用克莱兰的话来说,那些其他生命之树的成员可能构成了一个"影子生物圈",共享我们

---

① 柯勒律治(Samuel Taylor Coleridge,1772—1834):英国诗人、评论家。
② ATP:腺嘌呤核苷三磷酸,简称"三磷酸腺苷"。

的地球。这一假说的支持者经常把这些生物进一步称为"影子生命",尽管有时他们会用其他的词,诸如"新奇""非标准""奇怪",或者"异域生命"(用异域是因为,虽然这些另类的生命形式生活在地球上,但从我们的眼光来看,它们是极为奇异陌生的)。

这些名字可能会使影子生物圈听起来有些超自然——一个在我们自己的真实世界之外的幻影领域,但这并不是他们的初衷。如果影子生命真的存在,会是完全真实、有实体的。它们只是拥有从根本上与我们不同的生物化学特性而已。然而,它们究竟长什么样人们并不清楚。即使其内部的运作方式完全是奇怪的,但外观上看,它们可能和标准的、已知的生命形式长得差不多。或者也可能它们长得完全不像生物学家见过的任何东西。我们甚至有可能连认出它们是活的也要费一番工夫。

大多数科学家原则上并不反对地球生命有可能诞生过不止一次的主张。毕竟,如果生命是借助某种自然过程诞生的——人们也确实这么认为——那么这一过程当然可能会发生许多次,也许是在不同的地理位置。这是一个合理的假设。

可是,尽管大多数科学家乐于尝试接纳多起源的大致理念,但他们并不曾接受影子生物圈假说,原因很简单:从来没有人见过其他的生命形式。生物学家在过去的二百年里可并没有一直无所事事地枯坐着。他们一直在活跃地搜寻着自然界的每一个角落。如果有另一棵生命之树存在,到现在应该有人已经遇见过了。

这有点像科学对大脚野人的反对。相信这种多毛的大型生物存在的人们坚持认为:可能有一种巨大的灵长类动物从远古存活到了现在,生活在美国西北太平洋沿岸的森林里。动物学家承认:"理论上来说,这倒不是不可能。"但是,他们指出,从未找到过这种生物的任何生物标本(没有毛发、骨头或身体标本)。因此,几十年过去了,一直没有大脚野人的任何迹象,证据的持续缺席最终引出了大脚野人并不存在的结论。影子生物圈的情况也是如此。相信它存在也不错,但是简单的事实是,从未有人拿出过确凿的证据,证明类似它的生物存在于世。

然而,影子生命的拥护者反驳说这一类比是有缺陷的。为什么?因为如果另类的生命形式存在，它们或许是微生物大小——地球上的绝大部分物种都是微生物大小——这样的话，它们会有整个广大的微生物疆域可以躲藏。根据目前的估算，存在于地球上的微生物物种数量可能多达一万亿。当然，其中被科学家研究过的只有约 0.001% 而已。因此，想象数以亿计未经发现的微生物物种中，可能有奇异的影子生命，也就根本不算什么难事了。相比而言，在森林里追踪大脚野人算得上是轻而易举了。

如果从外观上看，这些影子生物和已知的微生物长得很像的话，那么找到它们就格外困难了。用双眼查看的方式，我们可能永远意识不到它们有多古怪。情况很可能就是这样，因为微小的生物体经常有比较类似的形状。例如：古细菌和细菌，是单细胞微生物里两个独特的类别，分属于生命之树上完全不同的区域。它们与彼此（以它们自己的方式）相异的程度，比你和蘑菇之间的差别更甚。但是，透过显微镜来看，它们长得一个样。科学家必须从基因层面上检查它们，才能把它们区分开来。

这就引出了这样一个问题，微生物学家能够运用的工具不够精细，给找到任何种类的影子生命增加了难度。如上所述，显微镜可能对找寻没什么帮助。研究者还可以尝试在实验室中培养微生物来更近距离地研究它们，但这是一个精微、棘手的过程。据估计，已知微生物里成功被培养出来的不到 1%。影子微生物大概属于那 99% 从未被成功培养的部分。还有多种工具可以分析微生物的遗传物质，但是这些工具被设计用来分析常规的 DNA。对寻找缺少常规 DNA 的生物体来说，它们都毫无用处。

鉴于这些工具的局限性，影子生物圈的拥护者主张，你可以很容易想象，如果存在一种不寻常的微生物形式，飘浮在我们周围，看起来和已知的微生物有点像，但是没法被培养出来，而且没有标准的 DNA（倘若它还有 DNA 的话），那么我们会根本注意不到它。

如果追问的话，生物学家或许会承认，情况确实可能如此。但是他们还有一个理由怀疑影子生物圈的存在。考虑到标准生命形式是怎样有侵略性地占据地球上每个角落的，任何竞争性的生命形式都会被消灭似乎也很有可能。换句话说，生命其实有可能在地球上诞生了不止一次，但是由于为资源而展开的激烈竞争，有可能只有其中一种类别存活了下来。

但是，影子生物圈的支持者再次提出了反驳的论点。他们指出，另类生命形式是有办法存活到今天的。它们有可能找到了一种躲开其他生命的角落，在那里它们不需要直接与标准生命相竞争，也许那是一种极端的环境，如高温的火山口内部深处，或者高辐射地区的地下，或者它们学会了以某种标准生命无法下咽的化学物质为食。如果是这样，这些古怪的生命形式会被放过，而且得以建立独立的生态系统，与我们并肩存在。无论答案是什么，你有可能想象得到影子生命存活下来的方式。它们有可能存在于世。

说实话，大多数科学家对这些支持影子生物圈的论点持很开放的态度——只要它们作为纯粹猜测性质的想法而提出。然而，一些支持者还将辩论推进了一步，闯入了主流科学认为不可容忍的领域，这时该假说就真的引发了一场论战，而且遇到了更强烈的抵制。这些支持者不仅提出另类生命可能存在，他们还说自己可能找到了一些例子。这些支持者编制了一个古怪事物的清单，认为这些可能就是地球上的另类生命形式。这就像经猜测而得到的非标准生物体的古怪集子。哪怕其中有一个真的是非标准生命，这也将会是现代科学最重大的发现之一。

那么，清单里都有什么呢？其中一项如果你曾经徒步或者驾车穿过荒漠的话，有可能亲眼见过。它是一种暗色、闪光的物质，在干燥地区的岩石上形成，被称为"荒漠漆皮"。数百年前，美洲土著部落曾习惯于在上面刻画图案，创作岩画。当查尔斯·达尔文乘小猎犬号环游世界，中途在南美洲停留时，他注意到了这种在岩石上闪闪发光的东西，还认真地思索过它是怎么回事。

荒漠漆皮不可能由它所在的岩石生成，因为它含有诸如锰和铁等元素，这些岩石中并没有。它由许多非常薄的薄层组成，这使地质学家想到它是微生物留下的。问题在于，至今为止，尽管开展了许多的调查研究，但是没人能找到留下这些漆皮的微生物。也没人想得出来有什么非生物的形成原因。因此，它仍然是个谜。克莱兰主张它有可能是影子生命就存在于野外，摆在我们眼前的例子。

纳米细菌是清单中更不容易被看到的一项。你需要电子显微镜才能观察到这些东西。它们是微小的球形粒子,看起来有点像细菌,并因此得名,但是它们小得多——几乎比典型的细菌要袖珍十倍。人们在各种地方发现过它们,包括岩石、石油钻井和人类的身体组织里(这有点令人不安)。

没人否认这些纳米细菌的存在。人们争论的是它们是不是活的。据传统生物学称,它们太小了,不可能是活的,因为细胞一切必要的构件(遗传物质,以及生产蛋白质和储存能量的部分)装不进它们内部。虽然如此,一些研究者仍然宣称见过它们繁殖,还发现了它们内部的 DNA。1998 年,芬兰生物化学家奥拉维·卡扬德激起了轩然大波,他暗示这些纳米细菌不光是活的,还可能是造成各种疾病的原因,如肾结石、动脉硬化、关节炎、阿尔茨海默病和癌症。对影子生物圈的支持者来说,纳米细菌这种处于生物和非生物之间的模糊状况,使它们成了非标准生命的一个最佳的备选。

影子生物圈"动物园"的第三件展品是含砷生物。据说,这些奇怪的生物是部分由毒性极强的元素砷构成的微生物。

所有已知生命的生物化学过程都严重依赖磷。它是 DNA 和 ATP 分子必不可少的组成成分。但是,磷的原子结构和砷非常相似,这也是后者如此致命的原因。对我们的身体来说,区分两者非常困难,而且,当砷在细胞中取代了磷时,我们就会死亡。正因为两种元素如此相似,所以研究者费丽萨·沃尔夫-西蒙想到,也许存在这样的有机体,它的生物化学过程围绕着的是砷而不是磷。

她开始寻找它们。随后在 2010 年,她声称找到了这种生物,它们生活在美国加利福尼亚州富砷的莫诺湖里。当她的发现发表在网上的《科学》期刊中时,这像一股冲击波一样震撼了整个科学界,因为这些生物体,如果是真的话,会与被认为是生命基本法则的信念,也就是 DNA 由磷构成的信念相矛盾。它们的存在还有可能证明影子生物圈的假说是对的。

然而,目前的共识是:荒漠漆皮、纳米细菌或者含砷微生物都不是影子生命有效的例子。研究者们希望他们会为荒漠漆皮找到一种非生物性的解释;纳米细菌被猜测是某种细胞的碎片;而同时人们尝试复现沃尔夫-

西蒙在莫诺湖的发现，却归于失败，这引出了结论，她的发现肯定是实验无意间遭到了砷污染而造成的。因此，正统的立场仍然是：地球上只有一棵生命之树。我们并没有与影子生物圈共处在一个地球上。

然而，影子生命的支持者并没有放弃搜寻。他们解释说他们的部分动力来源于他们渴望回答一个更大的问题：外星生命是否存在？

弄清答案更有乐趣的办法是去探索其他星球，就像《星际迷航》那样。遗憾的是，这超出了我们目前的能力范围。被动地监听来自外星智能生命的信号也没有得到任何证据，而且这样会将搜寻限制在技术上先进的外星文明的范围内。因此，这些影子生命的支持者主张：在我们自己的星球上寻找线索是有道理的。我们应当试图更好地理解生命是怎么在这里诞生的。它诞生了许多次吗？如果是这样，就暗示生命是多产的——这是地球化学过程不可避免的副产品，一旦给予机会，就会轻易形成。如果确认了这一点，那么就意味着生命可能在其他地方也存在。

但是，如果生命只在地球上诞生过一次——而且只要我们没找到任何其他生命之树，我们就应该做此假设——那么就会有一些令人沮丧的推论了。这意味着我们不能排除这样的可能性，即生命的诞生是一个极不寻常的事件。它或许是宏大的一次性事件。辉煌的宇宙级别的侥幸。因此，当我们夜晚抬头仰望夜空时，也许并没有什么生命在回望着我们。我们也许在整个宇宙都是彻底孤独的。

怪论（部分）成真：盖亚假说

当你在炎热的日子里进行户外锻炼时，会流汗；当你在寒冷的日子里站在户外时，会发抖。这些反应是你的身体维持一个稳定的内部温度的方式。不管户外是什么样的条件，你的身体都力图维持37℃的稳定体温。身体演化出了复杂的生物机制来帮助你实现这一点。

盖亚假说由詹姆斯·洛夫洛克于1972年提出，它指出：在过去的37亿年里，生命以类似的方式积极地调节地球的环境，使用多种全球性质的反馈机制，来维持对自身有利的条件。换句话说，这一假说想象生命并非这个星球上被动的乘客，反而为了自身的利益持续地塑造和改变着地球。

形容该假说为颇具争议的还属于轻描淡写。人们不是热爱它就是厌恨它。很长一段时间里，科学界中它的反对者占据了上风，但是，自20世纪80年代中期以来，该假说的一些内容再度流行起来，现在已经被广泛接受了。但是，其支持者获取这种认可的方式很有意思，他们从商业界借来了一个策略：如果你的公司名字备受争议，很简单，换一个名字。类似地，盖亚假说普遍认可的并不是它的这个名字。而是"地球系统科学"这个名字。

在想出盖亚假说之前，洛夫洛克已经作为一名杰出的化学装置发明家而名声在外。他最著名的发明当数电子捕获检测器，可以从气体中发现微量的化学物质。正是这个装置，揭示了破坏臭氧层的氯氟烃正在大气中快速地积聚，引发全球颁布使用禁令。

洛夫洛克有一个性格特点很出名——独立。发明的成功给了他足够多的财产，使他能够尽享这种独立。他可以抛弃产业界和学术界，为自己工作。他的工作地点，不是实验室，而是英国威尔特郡他的一间花园棚屋里。他很喜欢说如今大多数科学家都不过是他们雇主的奴隶罢了。

20世纪60年代，盖亚假说开始在他的脑中成形了，当时NASA就如何弄清火星上是否存在生命征求了他的建议。NASA基于他发明家的声誉，认为他会设计一个探测生命的装置，让他们可以发射到火星上去，但是相反，他却认为NASA不需要发射任何东西到火星。他们可以简单地通过在地球上分析火星的大气，确定火星是否有生命，因为——这是他很棒的观点——通过改变大气的化学构成，使大气保持在一种不稳定的状态下，生命会不可避免地暴露其自身的存在。

他认为，这一状态正是令地球大气与太阳系所有其他行星如此显著不同的原因。大致来说我们的大气是20％氧气和80％氮气的混合气体。然而，氧是具有高挥发性的元素。若是不去管它，它很快就会和其他化学物质反应并消失。但是相反，其水平在地球上一直保持稳定，因为活的生物体，诸如植物，在持续不断地呼出氧气。相比较而言，火星的大气主要由二氧化碳构成，它在化学上是不反应的。它会在亿万年里一直保持原样，保持一种平稳的状态。这暗示了那里是没有生命的（尽管2003年科学家偶尔探测到些许甲烷存在于火星大气中，作为一种高度挥发性的气体，这确实暗示着那里有可能存在生命）。

NASA并不怎么感谢洛夫洛克的观点，因为它对发射航天器到火星的整个理论依据构成了威胁。然而，这倒令他开始了对生命和环境之间关系的思索，而且他很快就把自己的理解推进了一步。他得出结论，生命并非随机地改变着环境。它似乎是在以特定的方式做这件事，来维持有利于自身的环境。他指出："在过去的四十亿年里，随着太阳内部氦的总量增加，太阳已经显著变热。"这是恒星演化这一自然过程的一部分（坏消息是它仍在继续变热，再过几十亿年就会令地球变得不再宜居）。这本应造成地球的地表温度相应地升高。但是温度并没有升高。相反，地球的温度一直维持在相对稳定的水平——至少，足够稳定以维持生命的存在——并未像我们的邻居金星一样变成炽烈的熔炉。这究竟是什么原因？

洛夫洛克主张，这是因为地球上的生命运用多种生物反馈机制，积极地在调节温度。举一个这样的例子，随着温度的升高，海洋表面出现海藻大范围激增的情况。它们减少了空气中的温室气体二氧化碳，由此降低了全球的温度。其他生物体采取类似的方法将一系列环境要素，如海水的碱度和pH值，保持在了对生命而言最优的范围内。

洛夫洛克并不是完全靠自己想出所有这些观点的。微生物学家林恩·马古利斯与他合作完善了论点的生物学细节，同时他的邻居，作家威廉·戈尔丁，给它们取了"盖亚"这个名字，指古希腊神话中的大地女神。

盖亚假说的概念令普罗大众十分着迷。毕竟，想到有一种力量在全球范围内运行，守护着生命的利益，是令人惊叹的事。想象自然界的中心存在一种和谐的原则，地球上所有的生命（也许除了人类）都一同为了普遍的利益而运作，也令人欣慰。

然而，生物学家对它并不是那么感兴趣。他们同意这是个很不错的童话故事，但是作为科学而言，他们坚称该假说根本说不通。没有相应的机制来实现它说的情况。它要求生物体做各种事时不为了它们直接的利益，而是为了全球生态系统的利益——而这，他们主张，与演化彻底背道而驰了，而演化在他们看来，是生命的组织原则。

理查德·道金斯①和斯蒂芬·杰·古尔德②是盖亚假说最严厉的批评者。他们一再强调，演化靠自然选择的方式运作，它完全是在自私的个体层面进行的，而且完全不存在同情的因素。哪种特性最有助于一个有机体将它的基因传递下去，那种特性就会被选择。这个过程无情地发生着，不管给任何其他事物造成何种代价。

他们承认，生物体个体往往在为了群体的好处牺牲自身利益时，会有将自身基因传递下去的最佳机会，这是事实。但是，整个地球的利益太过遥远，不可能对一个生物体施加任何类型的选择压力③。其结果是，通过自然选择的方式，盖亚假说提出的现象是不可能出现的。而且，就生物学家而言，这就意味着盖亚假说提出的现象不可能出现。

他们同时主张，宣称盖亚（现象）维持着一个有利于生命的环境毫无意义，因为并没有所谓最佳的整体环境。生命会试图调整自身适应它所处的任何环境。一些生物体生活在北极的冰层中，其他一些生活在热泉中。这些环境对它们各自来说都是最佳的。

但是真正令生物学家怒火中烧的是，盖亚假说提出的，所谓地球本身就是个活的生物体的想法。洛夫洛克频繁地讲到地球，仿佛它是活的，因为他说，将生物体调节其内部环境的方式，与更大尺度上、地球这个整体身上可以找到的类似的自我调节方式相互比拟，是很有用的。每当这一点被人质疑，他总是坚称自己用了比喻的手法。但是他的许多读者可是按字面意思理解的，而这令生物学家极度反感。把地球塑造成一个生物体在他们看来是新时代的异端——是地球崇拜，不是科学。演化生物学家约

---

① 理查德·道金斯（Richard Dawkins）：当今仍在世的最著名、最直言不讳的无神论者和进化论拥护者之一，有"达尔文的罗威纳犬"的称号。
② 斯蒂芬·杰·古尔德（Stephen Jay Gould, 1941—2002）：世界著名的进化论科学家、古生物学家、科学史学家、科学散文作家。
③ 选择压力（selective pressure）：使一个有特定生物特征的生物体拥有生存优势或劣势的原因，是演化和自然选择的驱动力，如某地强烈的阳光是有利于深色肤色者，而不利于浅色肤色者的选择压力。

翰·梅纳德·史密斯①斥责盖亚假说为"一个邪恶的宗教",同时微生物学家约翰·波斯特盖特警告人们"好斗的盖亚激进分子群体会将一些伪科学的愚蠢行为强加于社会"。

就这样,生物学家竭尽全力压制盖亚支持者的异端邪说,而他们取得了很好的效果。洛夫洛克抱怨说,在科学期刊上几乎没法发表任何关于该假说的文章了。

所有这些批评仍然有效,盖亚仍是生物学圈子里某种讨人嫌的字眼。那么怎么可能说该假说现在被认为部分正确呢?这是因为,虽然生物学家只能在其中看出伪科学的影子,地球物理学家却有截然不同的反应。他们认为这一想法非常有启发性。他们倒不是那么担心盖亚理论能否与演化理论协调一致。相反,他们关注的焦点在于地球是如何运作的这一全球视角的整体图景,而且,在这一尺度上,盖亚假说提供了激动人心的新视角。

20世纪70年代,关于地球环境如何运作,占主导地位的范式是,它由两种力联合支配:地质(如板块运动和火山)以及天文(太阳和小行星撞击)。其假设是这两种力太过强大,生命除了被动适应它们,没多少别的办法。但是,盖亚假说使人们注意到,生命实际上在塑造地球环境中扮演了多么强有力的角色。一旦向他们指出这一点,地球物理学家就意识到这显然是正确的,尽管此前他们并没有发现。得益于这一新的视角,他们开始寻找生命急剧地改变地球的各种方式:不仅仅是海洋和大气,还有岩石和矿物质,甚至可能还包括地壳。

地质学家现在发现,地球上大多数种类的矿物质若不是因为生命,甚至不可能存在。这是因为它们需要氧气才能形成,正是生命给大气提供了充足的氧气,使它们得以形成。事实上,地球比太阳系中所有其他行星拥有的矿物质种类都要多。矿物质多样性看起来是生命的一大特征。

生命同时通过使岩石受侵蚀得更快,而急剧地加速了黏土的生成,而这一点随后通过困住和掩埋巨量的碳生物量,在地球物理过程中扮演了许多角色。黏土还发挥润滑剂的作用,软化地球地壳,并使地壳吸收更多

---

① 约翰·梅纳德·史密斯(John Maynard Smith, 1920—2004):被誉为"演化博弈论之父"。

水分，这有助于板块的运动。一些地质学家猜测，没有了生命，板块运动的过程（以及由此而来的大陆的移动）可能很久以前就停下了。

因此，地球物理学家意识到，生命并不仅仅是适应了地质情况；在被改变的同时，它也改变了地质情况，程度不比它被改变的程度低——两者是共同演化的。到了20世纪80年代中期，这项受到盖亚假说启发、关于岩石圈和生物圈两者一系列紧密关系的研究，已经发展成地球物理学的一个名为地球系统科学的分支。

诚然，地球系统科学是盖亚理论不那么强势的一个版本。它并没有宣称生命刻意地维持着有利于自身的环境。坚持细节的人可能会声称，出于这个原因，它其实并不是盖亚理论。但是洛夫洛克无疑认为两者是一回事，而且许多地球系统科学的专业人士也很乐于承认且维护盖亚理论对他们工作的影响。

因此，这就是妥协的结果。就生物学家而言，盖亚假说已死，而他们正是处决盖亚假说的人。但如果你和地球物理学家交流，盖亚假说仍然是强有力的理论。事实上，盖亚假说成了他们学科最基础的一个范式。他们就称它为"地球系统科学"，而不是盖亚假说。

我们已经找到了地外生命？

生命存在于宇宙的其他地方吗，还是说地球才是它唯一的家园？这是一个人们思索了数个世纪的宏大问题。若是能与一个地外文明取得联系，那这一谜题也就有了最令人满意的答案，但是人们没能做到这一点。许多科学家，在另一颗行星上找到些普通的微生物也就知足了，如果有了这样的发现，那么它就可以回答关于生命在宇宙中的位置这一基本问题。例如：生命的出现是否是一个概率为万亿分之一的事件，还是它会在任何有可能的地方出现？它还能给我们提供一些可以拿来与地球生命做比照的对象，从而极大程度地推动生物学进步。出于这些原因，寻找地外生命一直是像NASA这样的宇航局关注的一个焦点。

但是，根据一种理论，生命是否存在于其他地方的问题已经被回答过了，答案是肯定的。这个理论和乘飞碟四处转悠、绑架人类，偶尔还制造麦田圈的绿色小人并不相关。相反，它关注的焦点是两架美国的维京号探测器，1976年，它们成了成功着陆火星的第一批航天器。它们携带着设计用来在火星土壤中测试是否存在微生物的装置。据NASA的官方声明，以及大多数科学家的共识称，这两架探测器没有找到这种生命存在的决定性证据。

然而，吉尔伯特·莱文博士提出了强烈反对。几十年来，他一直在开展一项宣传活动，试图说服科学界。实际上，两架探测器确实决定性地探测到了生命，但是出于种种原因，NASA不愿意承认这一点。莱文是探测器携带的生命探测装置的设计者之一，因此他确实有这个资格作为权威人士谈论这一问题。

最初莱文是一名环卫工程师，以及污水处理专家。可能这听起来与NASA的工作相差甚远，事实也的确如此，但这意味着他花去了很多时间思考微生物的事，因为他最主要的一项工作职责就是测试诸如游泳池等场所，有没有受到细菌污染。在20世纪50年代初，做这件事的方式相当地耗费时间，需要花上好几天才能完成。因为效率迟缓而懊丧的莱文发明了一种更高效的做法。他把它称为他的格列佛测试，因为这就像乔纳森·斯威夫特[①]的《格列佛游记》中的主人公一样，它能够找到微小的生物。

莱文的发明利用了所有微生物都需要进食和排泄这个事实，微生物们摄入养料，加工养料，并将它们作为废气排出体外。莱文意识到，通过测试液体养料是否被转化为气体，就有可能探测出微生物的存在了。具体的做法是：他在养料汤中稍微加入一些放射性同位素，随后把养料汤喷洒在需要被测试的样本上或其中。如果样本中有微生物存在，那这些微生物们就会进食养料，并把它们转化为气体排出，而且因为养料已经被用放射性同位素标记，用盖革计数器就可以测出样本上方的空气在变得更具有放

---

① 乔纳森·斯威夫特（Jonathan Swift, 1667—1745）：讽刺文学大师，被高尔基称为"世界文学创造者之一"，著有《格列佛游记》《一只桶的故事》等作品。

射性——这明确显示了代谢活动存在的迹象，因此也就证明了微生物的存在。

莱文的格列佛测试就像有魔法一样，只需要几分钟或者几小时，而不是几天，就能鉴别出细菌污染。这一测试还极为精微敏锐，能够探测出程度最轻微的污染。

1954 年，莱文听说 NASA 正在寻找能够在火星上探测到生命的装置，于是，他提交了他的发明。令他高兴的是，虽然竞争相当激烈，但最终他的发明被选中了。使该装置重量够轻并且体积够小，能够适合航天器携带又花去了许多年的时间。NASA 还给它重新取了名字——标记释放试验[①]，因为这听起来更有科学味。虽然经历了这些周折，但是，1976 年，当两架维京号探测器成功降落到火星地表时，莱文的测试是它们携带的生物学实验组件之一，被设计用来寻找外星生命。

在任务起飞之前，NASA 的科学家就什么可以算是成功探测到了生命，确立了严格的标准。他们决定，如果一个生物学实验产生了阳性结果，它随后会需要被另一个对照实验所证实，在对照实验中，需要将火星土壤加热到 160℃，并维持三小时来杀菌，在杀菌后的土壤上再次开展同样的测试，如果杀菌后的样本没有反应，这就会被解读为令人信服的证据，证明首次实验中是生物造成的阳性结果，也就是说确实探测到了生命。

在着陆的几天之后，第一架维京号探测器铲了一堆土壤样本，放进了测试箱中。莱文的自动装置随后将放射性标记过的养料汤喷洒在土壤上，NASA 的每个人都屏住呼吸等着看会发生什么。很快，盖革计数器记录了测试箱中辐射水平的迅速上升。这是一个明确的阳性反应。但是，接下来，必须开展对照实验。在另一个测试室，火星土壤被杀菌，随后进行了测试。这一回，盖革计数器没有探测到空气中辐射水平的变化。结论似乎很清晰：任务前制订的标准被满足了，火星上探测到了生命。

第二架维京号探测器携带了同样的装置，它降落在四千英里之外的火星地表。当它随后开展了同样的连续实验之后，得到了同样的数据。手

---

① 标记释放试验：LR test，全称为 "Labeled Release Test"。

握这些结果的莱文和其他 NASA 的科学家们开始开香槟酒庆祝了。这似乎是科学历史上重大的时刻,地球不再是宇宙中唯一已知的生命家园。

但是欢庆胜利的时间很短暂。几天之后,NASA 的科学家就改变了主意,并断定他们终究还是没有探测到生命。问题在于探测器携带的其他实验装置产生的结果比莱文的标记释放测试要模糊得多。

维京号探测器还携带了另外两个生命探测实验装置。气体交换实验通过测量火星土壤湿润后是否会生成氧气来寻找可能的代谢活动。测试显示确实生成了氧气,但是速度太快了,以至于反应看起来更多的是化学上而不是生物上的。而且,当杀菌之后,火星土壤仍然生成氧气。这暗示没有生命存在。

接着还有高温分解释放测试。它测量火星土壤中有没有任何东西会对人造阳光做出反应,吸收空气中放射性标记过的碳。如果有,这表示由微生物进行的合成有机化合物的过程可能存在。该设备测量到了很小的阳性反应,这很有趣,但测试的设计者,诺曼·霍罗威茨最终断定反应不足以表明生命的存在。也许是土壤的一种特性引发了这样的结果。

然而,真正决定性的结果来自第四个实验,被称为"气象色谱质谱联用仪"(GCMS),它被设计用来测试有机化合物的存在,而不是直接探测生命。有机化合物是碳基生命的基本组成材料,所有已知的生物体都由它们构成。其返回的结果完全是阴性的,这令所有人都惊讶了。人们以为土壤中至少会有几种有机化合物。但是 GCMS 表明那里根本什么都没有。

人们也需要考虑更大的背景。火星并不像可以支持生命存在的那种地方。那里的气温远在冰点以下,大气对紫外线辐射不起保护作用,而且那里的环境干燥得厉害。

最终,人们因此对莱文的标记释放测试的阳性结果提出了质疑。是的,火星土壤中肯定有什么引起了液体的汤转变成气体,但是许多 NASA 研究者都觉得反应发生得太快了,不可能是生物性的。他们假设,如果火星土壤含有一种如过氧化氢之类的化学物质,可能就会造成观察到的反应。

鉴于所有这些事实,结论看起来令人失望,但无可避免。火星上没有生命。维京号首席科学家杰拉尔德·索芬在1976年11月的一次新闻发布会上向公众发表了这一结果,从那以后,这也一直是NASA官方的观点。

一开始,莱文小心翼翼地遵从NASA的决定。他安静地坐在NASA的新闻发布会中。就连维京太空飞行任务的负责人吉姆·马丁用手肘顶了顶他的胸口,并且在他耳边低语"该死,吉尔,站起来说你探测到了生命"时也什么都没说。

但是,随着时间一年年过去,他的不满日渐增长。他相信他的实验明确地表示火星并非一个无生命的星球,然而公众却被告知了相反的结论,他认为这是不对的。他还感到没有生命的断言导致了公众对火星丧失了兴趣。1997年,他终于将自己的异议公之于众了,彻底地宣称"维京号上的标记释放试验在火星土壤中探测到了活的微生物"。自那以后,他一直是令NASA苦恼不已的人物。

莱文提出了一系列技术问题来对无生命理论提出质疑。首先,他坚持认为化学物质不可能产生他的标记释放测试得出的结果。毕竟,将土壤加热到160℃令反应停下来了。这暗示高温杀灭了生成气体的有机物。而另一方面,大多数化学物质,不会受到那种温度的影响。NASA官方解释将阳性结果归结为由过氧化氢造成,而过氧化氢当然不会受到高温的影响。这是给土壤加热的全部意义——区分起因是生物性的还是化学性的。

2008年,凤凰号火星探测器确实在火星土壤中发现了高氯酸盐。与过氧化氢类似,它是一种强有力的氧化剂,有可能会生成阳性的结果。但是,莱文提出高氯酸盐在160℃下不会分解。因此,它的存在也并不能排除微生物存在的可能性。

莱文还提出正是因为GCMS没能找到有机化合物,才使天平倾向于无生命的结论这一方的,但后来地球上的实验显示,GCMS有严重的缺陷。尽管智利的阿塔卡玛沙漠以及南极洲的土壤中显然存在有机化合物,但它没能找到它们。而且,2012年NASA的好奇号火星车确实在火星土壤中探测到了有机化合物,进一步质疑了GCMS的结果。

莱文甚至曾暗示火星上可能有可见的证据证明生命存在。早在1978

年,他就指出:由维京号探测器拍回的一些照片似乎展现了火星岩石上的"绿色斑块"。他宣称:"这些斑块中的一部分,在整个火星年中移动了位置。"怀疑者认为这不过是"光照效果"而已。但是他却认为火星岩石上可能生长着一些肉眼可见的细菌。

莱文还提供了一个更为宽泛的论点,聚焦于生命的顽强。科学家曾经认为生命是脆弱的,只能在有限的环境条件范围内生存。鉴于这样的信念,NASA 的科学家在 20 世纪 70 年代得出结论,火星上不存在生命——至少,不存在于维京号探测器寻找它们的地方——也并不令人吃惊。但是,自 70 年代起,科学上对生命坚韧性的理解已经急剧地改变了。研究者们现在意识到生命几乎存在于地球每一个角落。他们在南极洲最冷的地方,在高空的平流层中,在海洋最深处,甚至地下许多公里深处,都发现了微生物。我们现在知道,生命具有惊人的能力,能够在最极端的环境下繁荣生长。

研究者还在地球上发现了来自火星的陨石,意味着地球和火星并非彼此隔绝。它们相互交换地质物质已数十亿年——物质的交换大概是双向的——这源于小行星撞击事件,它们的冲撞令岩石飞进宇宙,从一颗行星飘至另一颗行星。而且,由于微生物可以在岩石内部存活下来,我们不得不认为,地球上的微生物肯定很早以前就一路抵达过火星。

鉴于此,莱文主张,生命不存在于火星上才是非同寻常的事。事实上,火星上全无生命会与我们在过去几十年里了解到的关于生命顽强性的一切情况彻底相矛盾。

莱文吸引了一小群科学家加入他的阵营。2015 年,他发表了一篇文章,列出了十四名科学家的名字,他们都愿意公开表示:他们相信莱文的标记释放试验找到了火星生命。他还列出了另外十五名科学家,他们认为他的测试有可能探测到了生命。在后面这一列中,有数名杰出的科学家,包括物理学家保罗·戴维斯及地质学家罗伯特·黑曾。

莱文最热情的支持者中有一位阿根廷的神经生物学家马里奥·克罗科,他在 2007 年提出,通过维京号标记释放试验(可能)发现的生命形式应当被命名为 Gillevinia straata[①]，以纪念莱文。

然而，科学界大多数人仍然持怀疑态度，而 NASA 的很多莱文的前同事只希望他能把嘴闭上。2000 年，维京号高温分解释放测试的设计者诺曼·霍罗威茨对一位《华盛顿邮报》的记者直言道："每次莱文开口谈论关于火星的事，他都会丢自己的人。"

这倒并不是说大多数科学家认为火星没有生命。远非如此。有一种流行的理论称：也许会在火星上一些与外界隔绝的"绿洲"，或者一些液态水构成的地下湖中发现生命。但人们普遍的感受是，维京号的结果太过模糊，无法提供任何确凿的证据，证明火星上存在生命。

当然，如果能够专门为搜寻生命设计并执行更多火星任务，所有这些争论是可以得到明确的答案的，莱文一直期盼着这件事发生。他提倡在一架探测器上安置一台可录像的显微镜，这样研究者就可以从视觉上查看火星土壤中有没有微小的有机物在蠕动了。

另一方面，NASA 似乎并不急于解决争议。NASA 在科学家充分理解火星的环境之前就把各项实验发射到了火星上，导致科学家无法很好地解读实验结果，这令 NASA 备受批评。因此，他们现在的策略是缓慢而稳定地前进。例如：自 2012 年起，就一直在火星上的好奇号探测器，仍未开展任何直接寻找生命的工作。它仅仅是在寻找令生命有可能存在的东西，诸如水的存在。莱文曾抱怨说："虽然它名为好奇号，但这架探测器显然缺乏好奇心。"

NASA 承诺，未来的一次火星任务会收集火星土壤样本，只为了在那之后把样本带回地球，使研究者可以从容地检查它，没人知道所谓那之后是多久以后。也可能在几十年之后的未来。在那之前，争议仍将继续。

[①] Gillevinia straata：Gillevinia 来自莱文的英文名 Gilbert Levin，straata 来自标记释放试验的另一位研究人员 Patricia Ann Straat 的名字。

◇ 第四章

迷幻猿的崛起

THE RISE OF THE PSYCHEDELIC APE

我们已经提到，在至少三十七亿年之前，生命就在地球上诞生了。关于最早的生命形式，有明确的证据，大致来说，它们由深海热液喷口附近岩石表面覆盖的薄薄几层单细胞生物体构成。但是生命最重要的特点之一是：随着时间流逝，它会演化。因此，让我们以快进的方式来看看这些最初的原始细胞的祖先是怎么转变形态的。

几十亿年里，地球完全是单细胞微生物的天下。它们充满海洋，起初以自由飘浮的有机化合物为食，随后学会了如何从阳光中获取能量。最终，它们找到了结合在一起形成多细胞生物的办法。但是直到五亿五千万年前，才突然间爆发式地出现多样到令人目眩的动物形态。它们仍然处在海洋之中，但是渐渐地，又过了一亿年时间，它们爬上了陆地——首先作为植物，随后作为两栖动物，最终作为爬行动物，漫游到了遥远广阔的地域。这些爬行动物长成了恐龙，统治地球长达一亿五千万年，直到它们中的大多数在六千五百万年前遭遇了一场灾难性的灭亡。

与此同时，与恐龙一起出现的还有许多地位略低的动物：小型哺乳动物。而且，随着恐龙退出世界舞台，这些哺乳动物取代了它们的位置。它们中有一种相当奇特，这是一种像松鼠一样生活在树上的小型生物。

再快进四千万年，这些像松鼠一样的生物的后代仍然生活在树上，但是它们现在长得更大了，而且可以被看作灵长类动物；又过了一千五百万年，其中的一些动物开始了地面生活；接着，大约八百万年前，一件不同寻常的事发生了。它们中的一些开始双脚站立，直立行走。

这些生物就是我们的直系祖先——最早的原始人类。这些生物到底长什么样，它们是如何转变成我们现在的样子的，这些谜题将是接下来我们将要讨论的话题。

古人类学是人类学的一个分支，专门研究这些问题。古人类学的研究者们会挖掘早期人类的化石，并试图从中梳理关于我们演化的线索。然而，这些科学家必须持续不断地击退圈外人的进犯，因为关于人类物种是如何出现的这个话题，很多人都固执己见。正是这些圈外人——其中一些是业余研究者,另一些来自诸如海洋生物学或者遗传学等学科——往往就我们的起源问题提出最为奇怪的理论。

恐龙灭绝于一场核战争?

对我们来说幸运的是,六千五百万年前恐龙灭亡了——无论是什么原因。如果这些强大的掠食爬行动物还统治着地球,那么生活在它们身边的小型哺乳动物就永远没有机会得到充分的发展——它们的时间都用来避免成为别的动物的盘中餐了。而且,如果哺乳动物一直是地球上的"二等公民",那么我们可能永远也不会出现。那么,恐龙身上到底发生了什么?是什么毁灭了它们?

1980年,主流的理论由路易斯和沃尔特·阿尔瓦雷斯父子团队提出,讲的是一颗巨大的小行星撞击灭绝了恐龙。但是多年来,人们还提出了许多其他的可能性,其中最不同寻常的一个,就是认为恐龙可能在一场核战争中毁灭了它们自己……

信不信由你,几乎在同一时间,有两个人同时想到了这个理论,认为恐龙可能自己制造了核灭绝事件。这两个人,一个是作家、艺术家以及拥有数部受欢迎的演化生物学作品的作者约翰·迈克劳林,另一个是英国约克郡退休的化学家迈克·马吉。迈克劳林在1984年《动物王国》杂志的一篇文章中首先提出的这个想法。而马吉则于近十年后,在一本自费出版的书《谁仍在睡梦中:恐龙的遗产和人类的灭绝》中提出自己的版本。

尽管迈克劳林首先想出了这个概念,但并没有证据表明马吉知道此事。看起来两个人确实是各自独立地想到了同样的东西,而他们提出的主张也非常相似。相似到为了讲述的需要,我们可以把二者作为一个想法放在一起。由于他们两人都没有给它取名字,我们就将这个想法称为"原子弹恐龙假说"。

这种两个人几乎同时有了同样想法的现象被称为"多次独立发现"。它在科学史上有一个著名的例子,即微积分概念几乎同时却各自独立地分别由艾萨克·牛顿和戈特弗里德·威廉·莱布尼茨在 17 世纪末发现。通常,这样的情形是一种迹象,表明文化中存在的某种东西已经使一个想法成熟到能够被人们想到的程度了,显然恐龙核战争的想法所处的也是这种情况。

1983 年,包括卡尔·萨根①和保罗·埃尔利希②在内的一群研究者在《科学》期刊中发表了一篇文章,详细描述了一场核战争会怎样将巨量的尘埃抛撒进大气中,遮挡阳光,由此引发一场"核冬天",令整个地球的地表陷入严寒,使它许多年都不适宜居住。20 世纪 80 年代之前,主流的观念还曾认为这样的一场战争会杀死许多人,但会有相当多的人能够活下来。《科学》上的这篇文章几乎引起了大规模恐慌,它使越来越多的人意识到,冷战的两个超级大国之间一场全面的核冲突有可能给我们整个物种带来灭绝。

这种对核战争的恐慌情绪,显然引发了迈克劳林和马吉的思考,并且带领他们两个人联想到了同样的事:如果一场核战争可能会造成全球性的灭绝,那么它会不会是杀死恐龙的罪魁祸首呢?

两位作者都完全清楚这样的观点听起来多么离谱。例如:迈克劳林强调这倒不是他真心相信的想法,他把它描述为深夜里偶然在脑中冒出的点子和他没法摆脱的想法。他把它怪罪在听巴托克③,那个"疯狂的匈牙利人"的音乐身上。马吉对这个想法的投入更全心全意,但他也给自己留了退路,把他致力于发展这一概念怪罪于当地的苹果酒没能平息他热烈的想象。虽然有这样的免责声明,但两个人仍继续将他们的主张发表了出来。

若要使恐龙灭绝于一场核战争,那么其中的一些恐龙必须足够聪明,可以制造核弹。所以,这必定得有一个恐龙物种演化出了高级、可以制造工具的智力。这是原子弹恐龙假说首要也是中心的支柱,它们断言没有明

---

① 卡尔·萨根(Carl Edward Sagan, 1934—1996):成立了行星学会,天文学、天体物理学等自然科学的科普作家。
② 保罗·埃尔利希(Paul Ehrlich, 1854—1915):1908 年获得诺贝尔生理学或医学奖,预测了自体免疫的存在。
③ 巴托克(Bartók):20 世纪匈牙利著名作曲家、钢琴家、民间音乐家。

确的理由可以否认这种可能。

或许这听起来很疯狂，但让我们来考虑一下，为了使这种智力演化出来，到底需要什么？回答这一问题时，我们只能参考一个例子：我们自己的物种。通过研究我们的祖先，人类学家已确定一些因素，他们认为这些因素在使早期人类发展出较大的大脑（以及最终发展出复杂的技术）中扮演了重要的角色。

清单的最前面，是一系列解剖学特征，包括对生拇指①、直立行走以及双目视觉（两只眼视野有重叠，使人能够感知到深度）。所有的这些结合在一起，使我们的祖先得以运用它们的双手操纵工具，并提升了智力。

生活在社会群体里也给大脑的发展施加了巨大的选择压力，因为对大脑来说，应付这些关系是要求非常高的任务。最后，或许也是最难预料到的，是我们的食谱。我们的祖先吃肉。看起来一个物种可以拥有之前所有的特征，但如果它缺少像肉类这种最易于提供丰富能量的食谱，那它是很难发展出较大的大脑的，因为大脑需要的能量相当可观。

因此，早期人类是群居性、肉食性的两足动物，有对生拇指和双目视觉。人类学家相信，这些正是使它们易于变得聪明的特点。有哪种恐龙也具有这些特点吗？是的，迈克劳林提供了恐爪龙这个例子——电影《侏罗纪公园》呈现过的双足、食肉的掠食动物，在电影中它们被称为"迅猛龙"（电影制作者知道他们用错了名字，但是后来提出迅猛龙只是比恐爪龙听起来更好听而已）。这些生物本身并没有对生拇指，但是它们有强有力的爪子，这也是它们名字的由来。恐爪龙这个名字英文的意思是"可怕的爪子"。显然，它们具有其他所有的特点。

事实上，有相当多的恐龙物种都有类似的特点，如伤齿龙。所以，根据这一特征的清单，预测至少有一种恐龙物种应该演化出了更高级的智力也就很合理了。

然而，据古生物学家所知，这件事并没有发生。恐龙似乎处在即将

---

① 对生拇指（opposable thumb）：指可以与同一只手上其他手指合扣在一起的拇指。对生拇指使手指得以抓握物体，是灵长类动物具有的特点。

发展出较大的大脑的边缘,但是它们并没有迈出命运的下一步。会有别的什么阻挡了它们演化的进展吗?某种大规模的环境条件?

一种可能性是白垩纪期间的大气氧含量略低,可能抑制了大脑的成长,因为大脑是耗氧量极高的器官。或者也许恐龙的世界危险的掠食者太多了。大个的恐龙大脑需要更多的训练。这意味着幼龙需要依赖其父母更久的时间——就像人类的儿童,得耗费十多年才能成熟。在恐龙的野蛮世界里,无助的时期如此漫长有可能是致命的。或者,一个更简单的解释是,或许恐龙只不过是时间不够了。有数名古生物学家曾经猜测,如果再给恐龙几百年的时间,有智能的恐龙有可能就演化出来了。然而情况是,这些障碍似乎都不是不可跨越的。尤其是时间不够这一点值得怀疑。恐龙有一亿五千万年的时间用来进化。它们还能再需要多久时间呢?

原子弹恐龙假说提出,我们不要试图解释为何必要的前提条件看似具备,恐龙却没能演化出智力,而应该考虑一个物种实际上拥有智力,而我们只是还不知道的可能性。

这引出了原子弹恐龙假说的第二个支柱——它主张化石记录不够完整,不足以让我们完全肯定地说:聪明的恐龙及随之而来的恐龙文明,从未存在过。提出说得通的怀疑观点的空间还是很大的。

古生物学家自己当然会承认化石记录是不够完善的。并非一切都被保存了下来。使用化石记录来重塑过去,有点像试图从一些静帧图像拼凑出一部电影的剧情一样。你永远也不确定自己到底错过了多少东西——角色和整个情节主线都可能被遗漏了。

考虑这种情况——记录黑猩猩在过去六百万年演化史的全部化石记录由 2005 年发现的三颗牙齿组成。如果出于某种原因,黑猩猩在一千年前灭绝了,我们可能甚至不会知道这样的一个物种曾经存在过。这种化石记录极为缺乏的原因在于特定的环境,如丛林。丛林并不能很好地保存骨骼。什么能够以化石的形式被保留下来完全依赖于一只动物碰巧死亡的环境。

另外,你回溯得越远,化石记录的情况就越糟。如果曾经有一个恐龙物种在白垩纪末期的最后几百万年里,经历过快速的大脑发育,但它那时候大部分时间都生活在丛林中，我们很有可能完全不知道它们的存在。

但是整个文明难道不会留下其存在过的证据吗？也许会。也许不会。如果我们蠢到把自己的物种毁灭了，或者很不幸被一种环境灾难给毁灭了，那么我们自己的文明在六千五百万年之后又能留下什么呢？

这给抹去证据留下了漫长的时间：地震、洪水、龙卷风和飓风会将我们的城市摧毁；阳光、风和雨会侵蚀断壁残垣；上升的海平面会将它们淹没；冰川会从两极下行，将沿途的一切都碾碎成细尘。在如此漫长的时间跨度中，整个大陆都会移动，新的山脉会升起。尽管承认这一点或许有伤我们的虚荣心，但我们留在地球上的印记可能不会像我们所想的那样持久，地球有可能最终将我们遗忘。

还有一种更令人不安的可能性，构成了原子弹恐龙假说最后的一个支柱。有可能这种以往的恐龙文明的证据留存了下来，但是我们却没能认出它来。证据就在眼前，我们却视而不见。

研究者认为小行星杀死了恐龙，让我们来看看那些让他们得出如此结论的地质证据。——小行星杀死了恐龙的地质证据。他们发现了一个沉积层，富含稀有元素和重金属，同时还发现白垩纪末期有发生过大火和酸雨的化学迹象。这些都暗示那时发生了某种大灾难，这当然有可能是由一场小行星撞击引起的。但是，若说这些是工业污染和核战争的迹象，不也是有可能的吗？若发生核武器爆炸，以及随之而来的核冬天，可能会造成与小行星撞击非常相似的影响。

还有其他的线索。看起来恐龙并非突然之间全部灭绝的。化石记录显示，从恐龙灭绝的一百万年前开始，它们的数量在缓缓地下降。在它们彻底消失前，有什么东西在杀死它们，而灭绝并非某一时刻发生的一次性事件。

有趣的是，在我们自己的时代过去的十万年里，也有一个类似的现象在发生。随着我们的祖先开始向全球扩张，已经拥有与现代人类相当脑力的它们，在系统性地将它们遇到的几乎每一种大型生物物种推向灭亡，这一点已经越来越明显。在北美洲，它们杀光了猛犸象和剑齿虎；在澳大利亚，是巨型袋鼠；在欧洲，它们最势均力敌的对手是尼安德特人①。学者们把这些大型杀戮称为"人类世灭绝事件"。

重点是，一场缓慢发生的大灭绝，就像我们在白垩纪末看到的，有可能是一种具有智能的超级掠食者崛起的证据——一个恐龙物种远胜过它周围其他物种的证据。

在这个谜题中还有一个线索，因为近白垩纪末期，并非所有物种都走上了灭绝的道路。有一些恐龙直到最后也仍然有相当数量存活了下来。它们就是角龙类恐龙——一个包括三角龙在内的大型食草、有角恐龙的类群。所以，如果所有其他恐龙都在死亡，又是什么令它们活了下来？

同样，我们人类自己的历史或许能提供一种可能的解释，因为人类世大灭绝事件并未均等地影响到所有的物种。相反，一些物种因为我们的存在而受益匪浅，尤其是许多大型食草动物，如牛和羊，繁荣发展出惊人的数量，即使大多数其他物种的数量都直线下降。

若是白垩纪末期发生了什么类似的情况呢？若是有如此大量的角龙存活下来，是因为一种聪明的物种在为了食用而饲养它们呢？若是聪明的恐龙喜欢吃三角龙汉堡呢？

聪明、能制造核武器的恐龙？三角龙汉堡？必须承认，所有这些都不太好接受。显然，没有古生物学家认真地看待其中任何一个观点。

是的，从六千五百万年前来看，一场小行星撞击的影响与核战争的影响可能略有些相似。但是自然，如果恐龙科技曾经存在，那么它应该会有一部分被保留了下来——一杆恐龙枪、恐龙引擎或者一颗恐龙核弹，但是我们什么也没发现。

还有位于中美洲海岸边的希克苏鲁伯撞击坑，你很难对它做出解释。20世纪90年代初，这里被确定为导致恐龙灭绝的小行星可能的撞击地点。换句话说，科学家很确定有什么巨大的东西撞击了地球，而如果这是事实，那么为了解释恐龙的灭绝，去额外想出一场核战争来，也就没有必

---

① 尼安德特人：简称"尼人"，是现代欧洲人祖先的近亲。在十二万年前，尼人们统治着整个欧洲、亚洲西部以及非洲北部，在二万四千年前消失。

要了。

然而，原子弹恐龙假说确实触及了一个更大的问题，这或许是人们并没有认为它彻底无价值的原因。这个问题指的就是，为什么我们是演化出能运用工具的高级智力的唯一物种？你会想这是如此有用的能力，因而持续不断地寻找着竞争优势的演化应该达成这种能力不止一次才对。其他复杂的特点，诸如飞行和眼睛的晶状体，都多次独立地演化了出来。然而，我们显然是有史以来大脑发展出思考能力的唯一物种——不光是在地球的历史上。而且，据我们目前所知，是在整个宇宙中，仰望群星，我们未曾找到过那里有其他文明存在的证据。为什么会是这样？

广泛认定的答案是，演化出我们这样的智能肯定非常难以实现。它肯定要求如此众多的条件都必须满足才能发生，因而除了我们这个最大的例外，它几乎从未发生过。这令我们相当不同寻常。

原子弹恐龙假说还提供了一种更黑暗的可能性。它暗示我们的智能实际上没有那么独特，像我们这样聪明的物种可能事实上曾经演化出来过，不仅在我们的星球上，在别的地方也可能有过。然而，问题在于，高科技文明一经出现，它们天生就有不稳定的特点。它们往往会迅速地把自己毁灭，而没有留下多少它们存在过的证据。这就是为什么群星都沉默的原因，因为那里所有像我们这样的人都把自己毁灭掉了。

这样的想法可能会让我们感到心里不好过。相信我们是独一无二的显然更轻松一些，但是原子弹恐龙假说悄悄地道出了一个相反的警告：我们的高科技并没有使我们像我们想的那样特别。事实上，如果我们不够小心的话，它有可能会使我们走上和恐龙一样的道路。

我们的祖先是水猿？

想象一下一千万年前我们的祖先。它们可能看起来有一点像长臂猿——身上覆盖着毛发，用手臂将身体挂在树枝上，四脚着地在树木间跑来跑去。这些原始的动物以某种方式进化成了现代人类。虽然我们其中的一些人仍然毛发很重，但是在其他方面，我们都与这些早期的灵长类动物截然不同。那么，这种转变是怎么发生的呢？

据人类学家称，这种改变发生在我们的祖先在非洲大陆游荡的数百万年间，它们在林地和尘土飞扬的非洲大草原上迁徙，经过了许多代之后，它们的体格终于变得像我们的一样。但是在半个世纪里，水猿假说就我们的历史提出了一种迥异且奇怪得多的版本。它声称我们的祖先并不是始终都在陆地生活，而是进入水里生活了超过一百万年，就像海豚一样在海浪间游弋，最终回到了陆地上。该理论称，正是这段海洋的插曲，使它们从像猿猴一样的动物进化成了我们现在的形态。

水猿假说的提出者，是英国海洋生物学家阿利斯特·哈代[①]。1929年，当他在书房读书时，产生了这个想法。当时他在读一本由博物学家弗里德里克·伍德·琼斯写的书——《人在哺乳动物中的地位》。当他读到的其中一段——讨论为什么人类在皮肤以下有这么厚一层脂肪的谜题时，哈代想到在最近的一次南极洲旅途中，他观察过的许多海洋生物，大部分都有一层厚厚的脂肪，而这与人类体脂的相似性令他大感兴趣。就在那时，他脑中突然闪现出一个灵感。一种我们的祖先作为水猿——或者，更确切地说，是半水猿——生活的景象涌入他的脑海中。他想象它们生活在非洲沿海，紧随着鱼类，像企鹅或者海豹一样潜入水中，海水在它们薄薄的一层毛发上汩汩流过。

在长达三十年里，哈代对自己的猜测绝口不提，生怕自己的同事会将它看作荒谬的想法。直到1960年，他才在英国潜水协会的一次会议上将自己的猜测公之于众。结果证明他是对的，他的同事确实认为这是个荒谬的理论。面对这样的反对，哈代接着转向了另一个项目——为心灵感应寻找生物学基础。看起来他热衷于反主流的想法。

水猿的事件本可能在几乎没有给学术界激起任何涟漪之下就结束的，但是，在十年之后，它突然间获得了一名令人意外的支持者——五十二岁的英国威尔士编剧伊莲·摩根。摩根从未接受过任何科学训练，但她喜

[①] 阿利斯特·哈代（Alister Hardy，1896—1985）：1960年提出了"水猿假说"。

欢阅读关于科学的文章，尤其是关于人类演化的内容。当她读到一段提及哈代理论的内容时，她说："这就好像整个演化全景都因一阵令人目眩的闪光而转变了一样。"

此后，摩根太受打动，迅速成了一名铁杆信徒。以至于虽然她缺乏科学背景，她仍下定决心仅凭一己之力开展宣传活动，推广"水猿假说"。关于这个主题，她的第一本书《女人的起源》成了一本国际畅销书，最终被翻译成了二十五种语言。

由此，摩根成了水猿之母，该理论在文化上取得的盛名的确应该归功于她，因为她从未放弃为这一理论摇旗呐喊。她几乎一手将这一理论从寂寂无闻托起，为它吸引了大量的追随者。几乎比任何现代科学的非正统理论拥有的支持者人数还要多。

水猿假说的核心问题如下所述：为什么我们作为一个物种，在身体外观方面如此独特？稍微思考一下这个问题。我们确实看起来有点古怪。就算是放在我们的灵长类近亲，如大猩猩和黑猩猩之中，我们也格外惹眼。

就拿我们直立行走、双脚着地来说吧。仅仅这一点就已经让我们显得奇怪了。还有多少生物靠双足行走？也许袋鼠也算，可它们并非行走而是跳跃前行。还有鸟类——但它们大部分依靠飞翔移动，而非行走。那么，为什么几乎所有陆地物种都演化出了四足着地的特点，而我们却没有呢？

接着，是我们缺少毛发的问题。身上覆盖的毛发显然十分实用。毛发可以在白天保护你免受阳光的伤害，在夜晚保持体温。那么为什么绝大多数其他陆地哺乳动物毛发很厚，早期人类的毛发却退化了呢？

在20世纪的大部分时间里——20年代到90年代——关于人类的外表这一谜题，人类学给出的标准答案是：其原因在于远古人类生活在开阔的非洲稀树草原上。大概是这样的，在我们的祖先离开丛林之后，它们迁往开阔的非洲平原，在那里他们开始直立行走，因为这使它们得以越过高草看到掠食者。直立还使它们可以手握并投掷武器。它们的毛发退化是为了在炎热的阳光下奔跑时保持身体凉爽。

20世纪90年代，这一解释必须要修改了。研究者可以运用花粉化石重塑非洲地貌是如何随时间变化的。他们发现，从过去一直到两百万年以前，稀树草原在非洲并不是十分常见，而两百万年前，我们的祖先已经褪去毛发且直立行走了。原始人类，其实应该居住在散布着林地和湖泊的地形之中，为什么在这样的环境中演化出了双足行走的特点，也就不是那么明显了。研究者曾猜测，站立起来或许使我们的祖先得以从头顶的树枝上抓取食物。也许它开始时是像红毛猩猩一样，作为沿树枝行走的一种方式而存在的。身体毛发的丧失看起来仍然是一种调节体内温度的方式，也许它还使早期人类不太受虱子和其他皮肤寄生虫的骚扰了。

尽管有这些解释上的修改，但更大且为人接受的人类学观点仍然维持了原样，即非洲的地形将我们的身体塑造成了如今的形态。

水猿的支持者则驳斥这些解释为荒谬的想法。这就是他们和主流科学争论的关键。他们不认为这些答案对我们的独特性给予了充分的说明。他们提问道：毕竟，不管我们的祖先生活在大草原还是林地，如果直立有这么大的意义，为什么其他生物中没有一种做出同样的演化选择呢？在同样的地形中，还生活着相当多的其他动物，包括其他灵长类动物。为什么只有我们的祖先发现了双腿行走的好处呢？而且，如果毛发退化给温度调节，或者控制寄生虫提供了如此大的帮助，为什么绝大多数其他陆地动物仍然保有它们的毛发呢？

水猿假说得出结论：正相反，我们独特的外形只有在一种情况下才解释得通，那就是我们的祖先并未与所有其他非洲陆地动物生活在同样的地形中。它们肯定绕了条演化的小道，经历了截然不同的环境——水生环境。随后，这不仅造成了我们毛发的退化、双足行走，而且还有许多其他古怪的解剖学属性。

该理论主张，大约在五百万到七百万年前，一群猿离开了它们的家园——非洲丛林，去往海岸边，并步入了海洋中。这些猿成了人类血统的开创者。

为什么它们会选择去适应水下的生活方式，并不是完全清楚。也许是因为水保护它们免受如大型猫科动物等掠食者的伤害，又或许它们并非自愿选择这种改变。气候变化和洪水有可能将一些猿困在了一座大岛上，逼迫它们以寻求水下资源为生。不管理由是什么，该理论想象这些猿在海岸边生存了一百万到两百万年的时间，并花了很多时间在浅水域觅食小虾和螃蟹，潜入深水域捕鱼，夜晚在陆地上睡觉。它们以这种方式缓缓地适应了水生环境，而在那之后，它们最终完全返回了陆地。就像对它们起初进入水中的原因不甚清楚一样，对它们返回大陆的原因也不完全明确。在受困岛屿的情形中，气候变化有可能重新将它们的栖息地与大陆连接在一起，促使它们沿海岸线迁徙，进入到非洲的内陆。

据该理论称：这段水下生活的日子在很多方面永久性地改变了原始人类的身体。在列表的最上方，正如我们已经提到的，是我们直立的姿态。陆地上并没有什么环境会迫使我们的祖先主要以双足站立。其他灵长类动物物种，如黑猩猩和狒狒，虽然在树枝上行走，从头顶抓取果实，但他们仍主要以四脚着地的方式行走。然而，如果一群猿曾经进入水下，它们会本能地站直以保持它们的胸膛和头部干燥。现今的黑猩猩和大猩猩在过河时的姿态正是如此。随着进入海洋的猿向海洋更远处前进，海水的浮力会使它们自然而然地将双脚踏在海底，而头部则露在海面以上。

接着，是我们的身体缺少毛发的问题。在水里，这能在我们游动的过程中帮助减少阻力。没有毛发这种适应性特点在许多海洋哺乳动物身上，如海豚和海豹。但在我们头顶保留一些毛发会比较合理，这样可以保护我们的头皮不会被晒伤，因为头顶需要露在水面以上。

然而，双足行走和没有毛发只是冰山一角。水猿假说的支持者有一份长长的清单，上面列着水生环境还从哪些别的方面改变了我们的解剖学特点。

例如：在我们没有毛发的皮肤下，有一层相对较厚的皮下脂肪——比大多数其他哺乳动物要多得多。这正是一开始让哈代想象出水猿假说的特点。在陆地上，它似乎没有任何明显的存在目的，但是在水中，它有可能曾使我们保持体温和浮力，很像你会在鲸鱼、海豹和企鹅身上发现的脂肪的作用。

我们的鼻子突出的形状，迥异于其他灵长类动物。在我们潜入水下时，突出的鼻子可以引导水流远离我们的鼻孔。不过，也许因为在游泳时没必要使用嗅觉，所以比起其他陆地物种，我们的嗅觉没有那么灵敏。

此外，我们还能自发地控制呼吸。也就是说，我们可以有意识地调节吸入的空气量，以及在肺部憋气多久，这正是我们可以较长时间潜水的原因。而其他陆地哺乳动物没法做到像我们一样好。正是这种控制呼吸的能力，使我们可以说话。我们的身体甚至拥有本能的潜水反应。当我们跳入冷水中时，我们的心率和其他代谢过程会自动放缓，减少我们身体的耗氧量。这对陆地哺乳动物来说是一种奇怪的能力，但对于会进入海洋生活的生物来说，就完全说得通了。

清单长之又长，但是整体的论点应该很清楚了。我们的祖先如果从未离开过陆地，那么他们做出的演化选择就会显得十分奇怪，因为它们改变的方式往往与他们周围的其他物种截然不同。水猿假说的粉丝坚称，这肯定意味着我们的祖先在相当长的时间里在水中生活过。

在很长一段时间里，人类学家一直试图无视"水猿假说"或"浸水猿理论"——他们有时喜欢这样称呼它——对他们来说，其主张看起来如此自证荒谬，甚至不需要对其加以反驳。他们认定公众会看出所有这些论点的愚蠢之处。然而，随着时间一年年地过去，公众并没有做出这样的判断。事实上，许多人似乎还认为该理论相当合理。浸水猿理论屹立不倒，人类学家也越来越受困扰，他们渐渐地切换到了站出来推翻它的模式。

现如今，如果你竟敢向人类学家提出这一话题，你就等着听他们长时间的斥责吧，其中肯定点缀着诸如"伪科学""哗众取宠""一文不值"等词语。要是你继续追问，肯定也会得到长长的理由清单，细数他们为何认为该理论是错的。

这一清单的头一条是：他们坚信，该理论给人类演化的故事笨拙地插入了一个不必要的额外步骤，我们知道现今的人类是陆地动物，我们的丛林祖先也是。因此，认定我们的物种一直生活在陆地上是最简单的方式，这样我们只需要对每种特点的演化过程做一次说明就够了。如果我们猜测我们的祖先在它们成为人类的过程中经历了一段水生的时期，我们必须解释这些特点最初是怎么在海洋栖息地中演化出来的，随后解释为什么它们在祖先返回陆地之后被保留了下来。在科学的术语中，这一额外的解释步骤是非简约的。

他们还强烈地反对所谓我们的任何特点似乎正是为水中生活而设计的观点，坚称所有这些明显的"海洋适应性"在更仔细的审视之下都会化为乌有。拿没有毛发来说，没有了毛发在游泳方面并不能给我们任何显著的优势。据我所知，有很多半水生哺乳动物是多毛的，比如海獭。

而且，如果我们的祖先确实曾生活在海洋栖息地中，那么我们的物种就应该演化出某些适应性特点，但事实上我们并没有。随便举一个很生动的例子——体内睾丸。所有水生哺乳动物的睾丸都在体内，因为让睾丸在寒冷的水中晃荡可不益于繁殖。最好把它保护在体内，因为那里比较暖和。所以，我们物种的体外睾丸强烈地暗示我们一直是陆生动物。

人类学家还抱怨说，许多为该理论提出的证据，都聚焦于身体软组织的演化，如皮肤、毛发和脂肪。问题在于这些软组织不会被保存在化石记录中，这使人类历史上到底何时演化出的这些特点，以及在何种条件下演化出来的——了解这些事变得十分困难。由于这种模糊性，就这些特点的起源编造"就是如此"的故事是件轻而易举的事，这也是为什么人类学家更倾向于关注化石的"硬"证据，这些化石证据从未有任何迹象表明，在我们的演化史上存在一段水生的时期。

也许人类学家期望的是，一旦他们解释了为何水猿假说是错误的，每个人了解了之后都会对它失去兴趣。但这件事并未发生。如今，它还是一样地流行。一些杰出的知识分子甚至曾经表达过对该理论的支持，包括哲学家丹尼尔·丹尼特[①]、动物学家莱尔·沃森，以及主持过英国广播公司（BBC）数个推广水猿假说的纪录片的博物学家大卫·艾登堡爵士[②]。

到底发生了什么？为什么该理论一直流行？人类学家经常把它怪罪在伊莲·摩根的头上，经常指责她就像伪科学异教团体充满魅力的领袖一样。如果这种说法没错，那么 2013 年摩根的去世应该意味着，对这个理论的支持现在该渐渐减弱下去了。只有时间能告诉我们答案。

[①] 丹尼尔·丹尼特（Daniel Dennett）：2016 年被美国教育网站选为"全球五十位最具影响力的健在哲学家"。

[②] 大卫·艾登堡爵士（Sir David Attenborough）：有史以来旅行路程最长的人，被世人誉为"世界自然纪录片之父"。

尽管人类学家并不喜欢承认这一点，但是 20 世纪 90 年代，人类演化的非洲大草原理论的衰落，的确给水猿模型鼓起了一阵助力的"风"。它导致数名广受尊敬的理论家，包括演化生物学家卡斯滕·尼米茨和人类学家菲利普·托拜厄斯提出，在我们演化的陆地和水生两种理论之间，找一种中间立场或许是值得考虑的事。他们很乐意放弃绝大部分的水猿模型，但他们力劝自己的同事们再次考虑涉水作为双足行走成因的可能性，主张它和其他任何一种解释我们为何直立行走的说法一样地有可能。他们并不认为我们的祖先处于有水的环境这件事就一定发生在海岸边。早期人类有可能生活在河岸边、湖边，或者存在季节性洪水的林地。但是不管地点在哪里，涉水有可能赋予了它们一种适应性优势。

然而，对该理论最强有力的支持，仍然来自人类独特性的问题。它触及人们内心深藏的直觉，即我们与其他动物不同，特别是与其他灵长类动物不同。我们一定有什么古怪之处，许多人感觉，这种古怪肯定是我们的演化过程中发生了某种非同寻常事件的结果。

人类学家提醒人们，这种认为我们是独一无二的信念是错的，我们并没有像自己想的那样特别，使自己相信自己的独特之处的不过是我们的虚荣心罢了。也许是这样，但有时你很难不受这个想法的吸引。如果你曾经在海岸边消磨过时光，在那里目睹过我们的物种身穿泳装冲浪的样子，你可能尤其会有此感受。面对这样的景象，我们或许真的是一群水猿后代的想法，似乎也不是完全不可能的吧。

怪论成真：走出非洲理论

人类生活的地点遍布全球——非洲、亚洲、北极、南美洲的丛林，甚至太平洋偏远的岛屿。我们可以适应几乎所有地球环境的生存能力，实际上是我们这个物种的一个最典型的特点。但是我们的发源地究竟在哪里呢？

基于大量的化石证据，人类学家接受的观点是：我们的诞生地在非洲。这些化石证据中首先被发现的是一块被称为"汤恩幼儿的头骨"，1924年由雷蒙德·达特于南非发现。它被认为是20世纪最重要的化石发现之一，但一开始情况并非如此。当达特最初将它展现在科学界面前时，人们的反应完全是不屑一顾的。一流的英国人类学家否定了达特提出的人类起源自非洲的论点，认为它并不重要而将其搁置一旁。经过了二十多年的时间，科学家们才终于改变了看法。

实际上，达特并不想去南非。他恰巧去了那里，自己又受过充分的解剖学训练，能够在注意到头骨时看出它的重要性，完全是命运的巧合。他出生于澳大利亚，在英国牛津大学学习了解剖学。当听说南非约翰内斯堡新成立的金山大学需要一位解剖学教授时，他并无兴趣，担心去那里会像学术上被放逐一样。后来，在他的指导教授的强行要求之下，他才申请并接受了这个职位。

尽管如此，结果证明这是一个非常棒的职业选择，因为这将他直接送上了做出世纪化石发现的道路，这件事仅仅发生在他抵达南非两年以后。就人类学发现而言，这大概是有史以来最不费力的发现了，因为这没花费他任何搜寻或者挖掘的工夫。他甚至从未离开过办公室。这块头骨是附近一个称为"巴克斯顿石灰石采石场"的矿区采集到的一批化石中的一块，直接被送到了他的手里。在这之前达特曾经和采石场约定，如果他们在采矿过程中发现任何有趣的东西，就寄给自己。当收到采石场寄来的盒子时，达特打开了它，里面就装着这块头骨，就躺在所有化石的最上面。

达特即刻就意识到了它的重要性。接下来故事是这样的，当盒子被送到时，他正在为参加朋友的婚礼而穿衣打扮，后来他的妻子几乎是强迫性地拖着他离开盒子，才没有迟到。

这块头骨很小，属于一名生活在几十万年以前的幼儿，但其解剖学特征有趣地结合了猿和人的特点。它的大脑非常小，就像一只猿的大脑，牙齿却与人类牙齿相似。达特还可以看出它的大脑有人类的特点，他能够确定它肯定已经是直立行走的了，因为有依稀可辨的痕迹显示它的头骨置于脊椎正上方，而不是像猿一样向前突出。

他认为，这个生物活着时，看起来更像猿而不是人，所以他将它称为"南方古猿"。他知道，它出现在非洲是极为重要的，因为此前这里还从未发现过猿和人之间的这类过渡性化石。

达特迅速将他的报告寄给了《自然》期刊，该期刊于1925年发表了这份报告。但是，令他沮丧的是，它非但没有被人们誉为伟大发现，反而遭遇了严厉的批评。德高望重的英国人类学家亚瑟·基思，带领人们对它发起了批评。他否认该头骨能代表猿和人之间一个过渡的形式，称其为"荒诞不经"——这是科学界里，讨论一名同事的工作时人们轻易不会用的一个词。他宣称该头骨是一只幼年大猩猩的可能性最大。

该批评有部分的合理性。幼年灵长类动物的头骨看起来会有些相似。只有随着年岁增长，物种之间的差异才显现出来。因此，该头骨属于一名幼儿的事实，使人们很难确切地分辨它到底是什么。而且确定头骨的地质年代也是一个挑战。由于它是被放在盒子里送过来的，其发现的确切地点未知，因此达特必须通过解剖学线索来确定它的年代。而达特本人因为三十二岁的年纪，仍被看作年轻且缺乏经验的。

该批评的一个不那么合理的理由是：人类学家并不认为人类源自非洲。19世纪70年代，就连查尔斯·达尔文这样的权威人物也曾提出过我们起源自非洲的观点，指出人类起源于其他大型类人猿生活的地点是说得通的。但是到了20世纪20年代，这已不再是流行的观念了。部分缘于当时正流行将亚洲看作我们起源的可能地点，因为那段时间，人们刚在亚洲发现了早期人类化石。然而最主要的是老一套的种族歧视。欧洲精英学者们并不乐意承认非洲是他们祖先的家园。

随后，作为对汤恩幼儿的最后一击，出现了皮尔丹人。这是1912年发现于英国皮尔丹的早期人类化石，由一大块头骨构成，看起来就像现代人类一样，但是与之配对的是一块像猿一样的下颌骨。这一配对的意义在于，它确认了许多人类学家长久以来怀疑的一点，即在我们演化的历史上，祖先身上发展出来的第一个人类独有的特点应该是较大的大脑。这让他们感到合理，因为他们推断智力是我们最独特的特点，所以大脑发育肯定应该早于其他所有解剖学上的改变。

然而，汤恩幼儿，公然地违背了这一推断。它将较小的大脑和双足行走的迹象结合在一起，暗示我们的祖先在它们获得较大的大脑之前就开始直立行走了。换句话说，这两块化石讲述的是关于我们过去的两个不同的故事。那么，到底该相信哪一个呢？

一个来自英国，大脑较大的"缺失的一环"；另一个来自非洲，大脑较小的化石。面对这两个选项，英国学者坚决地站在了"最早的英国人"这一边。基思正是极力支持皮尔丹人重要性的人之一，这也是他如此迅速地得出结论，说汤恩幼儿是一只大猩猩，而不是早期人类的原因。

达特由于这些否定其发现的声音而变得沮丧，婚姻也破裂了。有一段时间，他还放弃了做进一步的人类学研究。然而，随着支持他对汤恩头骨解读的新的化石证据稳步积累，他很幸运地活着见证了自己的发现被证实。这些化石包括由达特的同事罗伯特·布鲁姆在非洲发现的其他的南方古猿头骨。

20世纪40年代末，思想潮流已经决定性地倒向了达特的一边。所有发现的化石都讲述着同样的故事：双足行走在先，大脑发育在其很久之后，而最早的原始人类化石持续地在非洲被发现。就连达特的主要劲敌基思也公开承认错误时，达特肯定体验到了巨大的满足感，基思在一篇1947年写给《自然》的信中说："我现在确信……达特教授是对的，我是错的。"

20世纪50年代，人们惊讶地发现皮尔丹人是拙劣的赝品，由此最后的反对声音也消散了。大英博物馆的一队研究者，因为奇怪它怎么会与所有其他化石证据如此不同，决定更仔细地检查它。他们发现其表面被人为地上过色——这是做过手脚的明确迹象。仍然有大量争论探讨谁会是伪造者。被怀疑者中排在最前面的是发现这块化石的律师、业余化石搜寻者查尔斯·道森。

事后看来，这块化石实属伪造这件事本应该很明显才对。早在1915年，美国学者格里特·S.米勒就指出："咀嚼的机制使这块下颌骨和头骨没法配对在一起。"英国人类学家无视了他的警告。皮尔丹化石讲述了他们想要相信的东西，所以他们无视了反面的证据。而它作为赝品被发现一事，为汤恩头骨及作为其推论的人类起源自非洲的理论被全面接受铺平了道路。

我们的祖先是猪和黑猩猩混血？

1859 年，查尔斯·达尔文出版了《物种起源》一书。在书中挑战了所谓物种从不曾改变的旧有信念，主张它们实际上随着时间的推移，通过一种自然选择的过程而不断演化。达尔文意识到这一想法会使人们震惊，可能尤其会触动宗教人士的敏感神经，因此他小心地避免深入讨论他的理论在人类起源方面的推论。相反，他将关注的焦点放在诸如狗以及雀等物种上，而把关于人类演化的讨论保留到了十二年后，他的另一本书《人类的由来》之中。

然而，维多利亚时代的读者们并没有被愚弄。他们马上根据事实推断出，正如达尔文的批评者所说，达尔文是在宣称人类肯定自猿演化而来。这自然激起了宗教人士的对立：这怎么可能？时至今日，人类起源自猿仍然是一个敏感问题，一些人仍然拒绝相信这一点。

由此，你可以想象，遗传学家尤金·麦卡锡的假说若有一日能获得主流科学的接受，大众的反应会是什么样的了。他显著放大了有可能激怒人们的因素，主张人类可能不仅起源自猿，还可能起源自猪。更具体地说，他猜测大约六百万年前，在一只雌性黑猩猩和雄性猪之间（或者不如说，在当今这两个物种的祖先之间）可能发生了交配事件，而生下来的后代就是人类血统的祖先。

2003 年，麦卡锡从佐治亚大学获得了演化遗传学博士学位。三年后，牛津大学出版社出版了他的《世界杂交鸟类手册》，这是一份百科全书式的清单，列明了数千种野外及圈养环境下的杂交鸟类。这本书从评阅者那里得到很高的评价，也暗示等待麦卡锡的将是前景光明的职业生涯。

也就是说，麦卡锡一开始似乎是在循着一条传统的路径发展。而且，如果继续向着这个方向前进，或许他现在会舒适地作为某大学的教授安顿下来，经常性地炮制学术文章，享受来自同辈的尊敬。但是，麦卡锡急转直下地离开了这一路径。他开始主张奇怪和激进的想法——这些猜测最终使他成了学术界的弃儿。

在麦卡锡决定以杂交为专业选题时，或许这其中已经显现出了一丝反叛的端倪。杂交这一术语描述了两个不同的物种交配并生下后代的现象。最著名的例子是骡子，它是雄性驴和雌性马杂交的产物。

对于想要培育出具有潜在有利属性的新品种的水果和蔬菜的植物育种者来说，杂交有巨大的吸引力。你可能偶尔在超市的农产品区遇见过这类研究的结果，也许见过球花甘蓝（西蓝花和花椰菜的杂交种）或者李杏（李子和杏）。

但是，杂交植物是一回事，使动物物种杂交，尤其是那些比驴和马分隔得更远的物种，完全是另一回事。动物物种杂交使文化亮起各种各样的红灯。想象一下狗和牛的杂交种，或者山羊和马的杂交种，或者人类和任何其他物种的杂交种。这样的混合会使人们既着迷又恐惧，杂交种存在的可能性似乎既像怪物又不自然，与我们持有的所谓事物间应存适当秩序的信念相冲突。

神话传说中满是这些令人不安的混血儿的例子。据说克里特的国王米诺斯在他城堡下面的一座迷宫里养了一只米诺陶诺斯（半牛半人的动物）。一个中世纪的传说讲述了鞑靼植物羊（一种果实会结出绵羊的植物）的存在。也许最著名的混血儿来自基督教传统，其恶魔经常被描绘为半山羊半人类的样子。

麦卡锡开始思索的正是这些奇怪种类的杂交生物。他想知道杂交现象到底能走多远。物种之间到底能相隔多远而仍然能繁衍出可生育的后代？

这令他开始思考杂交在演化中可能扮演的角色。标准的模型是，演化通过基因变异的稳定积累而发生。环境中的选择压力随后决定哪些变异会被保留下来，哪些不会。当一个物种的两个种群从地理上与彼此隔绝，这一自然过程造成它们逐渐向着不同的路径演化，直到最后它们不再能够与彼此交配繁衍后代。于是，它们变成了截然不同的物种。查尔斯·达尔文在加拉帕戈斯群岛上观察到的雀就是这一现象的著名例子。它们被与大陆隔绝开来,因而独自经历了物种形成过程。

麦卡锡怀疑物种间,即使是那些相距甚远的物种之间存在的生殖屏障,也没有像几乎所有科学家认定的那样严格。如果情况如此,那么杂交或许偶尔会启动演化。一场杂交交配可能会突然间引入一套全新的基因进入一个种群,造成其发展走上截然不同的新路径。

如果麦卡锡将这些演化的猜想限制在鸟类或者植物物种范围内,它们仍会引起争议,但仅仅是在学者之间。但相反,他瞄准了最具煽动性的问题:杂交会不会在人类的演化中扮演了什么角色?

麦卡锡并未想象所有物种都是杂交的结果。然而,他确实认为,杂交扮演的角色比大多数生物学家认定的要重要得多,而且他怀疑,人类尤其可能是这种过程的一个产物。引导他得出这个结论的,是我们与其他哺乳动物相比较低的生育率。他指出,生物学研究发现,一名典型的人类男性身上,高达18.4%的精子可能形状异常,存在功能障碍,而黑猩猩的这一比例仅为0.2%。有缺陷的精子比例如此之高,传统上会将其归因于着装影响了阴囊的温度,但麦卡锡指出,这也是杂交的一个常见特点。

如果人类是一种杂交动物,那么接下来的问题就是哪两个物种是我们的亲本。麦卡锡解释说,当生物学家怀疑一种生物是杂交动物时,他们用一种测试来确定其亲本。首先,他们确定该生物最像的物种是哪个,然后他们假设那就是其中一个亲本。随后,他们列了一个清单,将被怀疑为杂交动物的生物与其已知亲本不同的特点列出来。在手上有了这份清单之后,他们会试图将这些特点与另一个物种相比对。如果他们找到了很匹配的物种,就会认为自己可能找到了另一个亲本。

麦卡锡接着将这一测试用在了人类身上。我们显然很像黑猩猩,所以他假设这一物种(其中新世末期的祖先)就是我们的一个亲本。随后,他梳理了科学文献,建立了一份人类与黑猩猩不同之处的完整清单。

列表中包括了诸如我们裸露的皮肤、多汗、皮下脂肪很厚、有突出的鼻子、略微带有颜色的双眼等项目。表面以下的解剖学区别包括我们的声带和肾脏,后者有形状独特的内腔——被描述为"多锥体式的"——因为它有许多从内向外放射状的肾锥体。清单上还有许多行为差异:人类喜欢游泳、相互依偎以及饮酒。而黑猩猩并不会特别介意这些活动。

在列出这份清单之后，麦卡锡自问哪种动物表现出所有这些特点。他只找到了一个备选，那就是普通的猪。事实上，匹配情况也惊人的好……

一头猪！麦卡锡坦言，他本人一开始也不愿认真对待这一想法。可当他发现人类和猪的声带实际上看起来很相似时，他才开始确信他脑中形成的疯狂想法或许有什么重要的意义。这个想法在他脑中一经形成，就开始不断看出人类和猪之间越来越多的相似之处。

但是从生物学上来说，猪与黑猩猩杂交不是不可能的吗？细胞层面上不会有机制避免这样相距遥远的两个物种间繁殖出可生育后代吗？亲本不同的染色体数量不会阻止杂交的发生吗？而且就算形成了后代，杂交后代不是通常都无法生育吗？

提到这些反对意见时，麦卡锡称它们是对杂交常见的误解。他承认在相距甚远的两个物种间发生杂交的可能性不大，但是他坚称并非完全不可能。自然或许找到了一种方法使之发生，而人们假想的生殖屏障，如不同的染色体数，很难阻止其发生。有许多物种染色体数差异极大，仍然成功地杂交产下了后代。斑马有四十四条染色体，而驴有六十二条染色体，两者仍然一同生下了"斑驴"。另外，杂交后代通常是能生育的。在麦卡锡对鸟类杂交后代的研究中，他发现可生育后代的数量是不育后代的八倍。生育率降低的确很常见，但是这正是使他一开始怀疑人类可能是杂交物种的原因。

但一头猪和一只黑猩猩不大可能相互交配的这件事又该如何解释呢？同样，麦卡锡不认为这是个问题。解剖学上，只有猪是父本，黑猩猩是母本这种配对方式才能奏效。行为上也是如此，因为一头雄性猪不会介意与它交配的到底是什么。动物学家指出，许多动物尝试与——婉转地被称为——"生物学上不适合的物体"交配是很常见的现象。麦卡锡猜测，雌性的黑猩猩可能顺从地蜷缩着，因为它感觉受到了威胁。这就是麦卡锡想象出的人类物种起源的浪漫情节。

麦卡锡想象猪-黑猩猩幼崽出生以后，被黑猩猩养大。当它成年以后，就与其他黑猩猩交配，它的后代也是如此。随着一代代过去，这种杂交造成这一支混血血脉越来越像黑猩猩，麦卡锡说，这就解释了为什么如今的人类更像灵长类动物，而不是猪。大多数猪的特点已经在繁殖过程中从我们身体里消除了。他主张可能正是这个过程，隐藏了我们的祖先是猪的大部分遗传学证据，使发现此事成了极具挑战性的一项任务。

2013年，麦卡锡自行在网上发表了他的"猪-黑猩猩假说"。事实上，这是麦卡锡能把它公之于众的唯一途径。没有学术期刊打算触及此事。几周之内，《每日邮报》听到了风声，并写了一篇文章，标题是《一只雌性黑猩猩和一头猪交配后演化出了人类》。这使麦卡锡迅速获得了全球的受众和远扬的恶名。

主流科学家也因此被激怒了。数名科学家气愤地提出：如果麦卡锡认真地相信猪和灵长类动物能繁衍后代，那么他应该试试让一头猪怀孕，最好用上他自己的精子，然后再报告他的结果。麦卡锡拒绝了。

麦卡锡的贬低者有许多更具体的批评。其中许多聚焦于他那份人类与黑猩猩不同之处的清单，攻击它为经过精心拣选的专门支持他古怪论点的列表。他们指出，清单略去了两个最明显的区别，即我们靠双腿行走，而且有较大的大脑，这两个特点都不像猪。他们解释说，虽然这么多的相似性很有意思，但却是趋同演化的结果——由于面临相似的选择压力，不相关的物种演化出了相似特点的现象。

批评者同时还坚持认为：不论麦卡锡是怎样宣称的，细胞层面肯定有生殖屏障，会阻止猪-黑猩猩发生杂交。猪和灵长类动物的支系在八千万年前就分开了，在那时候积累了太多的差异，以至于不可能再把它们归在一类。甚至就连一个猪的精子能否识别出黑猩猩的卵子以成功使之受精，也是值得怀疑的。在动物生物学中，显然并没有跨越了如此巨大的分类学差异还发生杂交的已知例子。

接着，还有缺乏遗传学证据的问题。就算事实如同麦卡锡提出的那样，假设的猪-黑猩猩杂交的后代曾经与黑猩猩混血了许多代，也应该有继承自猪的线索留在我们的DNA中。到了2013年，猪和人类的基因组都已经完成了完整的测序工作，但是对两者的分析未能揭示任何明显的相似性。猪的基因序列如果在我们的 DNA 中存在，研究者应该会注意到才对。就麦卡锡的批评者而言，这是猪-黑猩猩杂交假说"棺材"上最后也是决定性的一根钉子。

然而，这段故事还没彻底结束。2015 年，研究者们发现猪和人类的遗传因子中，所谓的短散在重复序列（SINEs）之间，有出人意料的相似之处，其粉丝中间（是的，该假说有一群粉丝）刮起了一阵激动的旋风。这是否意味着"猪-黑猩猩假说"终于有了基因方面的支持？麦卡锡的说法是不是即将被证实了？

不太对。麦卡锡自己也告诫说，该发现很难证明他的假说，将其描述为"一场九局的比赛中才得了一分而已"。没有更实质性的证据，他的理论注定还得待在学术边缘最偏僻的角落。但即使该理论正如大多数科学家认定的那样，错得离谱，它仍然提出了颇具争议性的问题：杂交的边界在哪里？两个物种在分隔多远的情况下仍然能产下后代？

想要从生物学文献中找到确切的答案将是徒劳的。普遍的共识是八千万年的分类学距离（就像猪和人类之间的那样）已经太远而无法跨越了，但是确切的分隔点在哪里？四千万年，四百万年还是两百万年？这似乎得看你试图配对的动物是什么。

狮子和老虎的支系是在大约四百万年以前分开的，它们能够产下后代。然而，大多数生物学家不认为六百万年以前分开的人类和黑猩猩可以杂交。虽然人们的确没有为测试这一假设付出多少努力。但是 2012 年，大约在五十万年前与我们分开的尼安德特人与我们的祖先的确曾混血的一事得到了确认，这使我们中的许多人成为尼安德特-人类混血。

这些数据暗示了，只有相对较晚分隔开的物种可以杂交，但是也有特例令情况变得更复杂，比如珠鸡和鸡可以产生能生育的后代几内亚鸡，尽管它们的支系在五千四百万年前就分开了。如果你观察植物之间的杂交，一切都不好说。

而且，现在有了基因工程，几乎一切皆有可能。科学家正在杂交那些在自然界永远不会相遇的物种。看起来研究者尤其感兴趣的一个物种是猪。正如麦卡锡指出的那样，许多猪的器官确实与人类的器官很相似。

这引发了人们对移植猪的器官给人的可能性产生了极大的兴趣。如果能做到这件事，它会解决器官短缺的危机。

在实现的路上，有许多严重的问题横亘在人们面前，尤其是如何阻止人类免疫系统对猪器官发生的排异反应。而已经得到数十亿美元投入的一种可能的解决办法是，培育从细胞层面更像人类的猪。美国索尔克研究所和加利福尼亚大学的研究者正在积极工作来实现这一点，而且他们已经成功地造出了人类-猪嵌合体的样本。

这也就是说，就算六百万年前猪-黑猩猩的杂交动物没有出生，人与猪混合而生出来的不寻常的生物如今也确实存在于实验室里了。不过，它们只是恰巧属于科学的产物，而非自然。

迷幻药使我们演化成人类？

有一种名叫古巴裸盖菇的蘑菇，一经摄入，大约二十分钟后，就会产生可以察觉到的作用。这些作用因人而异，且差别可能很大，但身体作用中常见的包括散瞳，心率加快。精神作用可能包括眩晕、意识模糊、幻视、时间和空间扭曲感以及一种天人合一的巨大感受。

但这些作用仅仅是暂时的。对大多数人来说，它们会在四到六小时之后消散，但是可能会给人留下深刻而持久的印象。作家兼民族植物学家特伦斯·麦肯纳尤其受这种体验打动。而且程度之深让他开始怀疑，或许在我们物种的历史上，古巴裸盖菇扮演了比任何人以往的猜测影响更深远的角色。他在想，这种蘑菇会是人类产生智力的原因吗？

1992年，麦肯纳在他的书《众神的食物》中详述了这一猜测。他想象我们遥远的祖先大口咀嚼着能改变意识的蘑菇，随之而来的迷幻体验，使它们的大脑经过一代又一代而增大了。他把这称为人类演化的"迷幻猿理论"。

迷幻猿理论触及的中心谜题是人类大脑显著的演化发展。两百万年以前，人类祖先的大脑只比现代黑猩猩的大脑大一点点，是当今人类平均大脑的三分之一。随后，祖先们开始迅速地发育。据我们所知，这是演化历史上唯一的一次，一个物种经历了如此迅速的大脑发育，其最终结果是人类得到了相对于其身体，比地球上任何其他生物都更大的大脑。到底是什么引起了这种不同寻常的发育？

古人类学家提出了许多的可能性，诸如使用工具、语言、集体狩猎甚至我们物种的社会性。可问题在于你没法得到确切的答案，因为能够参考的证据太少了。大脑不会转变为化石，而头骨，虽然的确能变成化石，但对它们所容纳的大脑，也说明不了多少情况。由于能参照的材料如此匮乏，研究者也就没法得到什么共识。这也就是为什么仍有裂痕为更非正统的可能性留下了敞口的原因。于是，就出现了麦肯纳的"迷幻猿理论"。

虽然麦肯纳经常被描述为民族植物学家，听起来还挺科学的，但他并没有接受过正规训练。他是一名自学成才的梦想家和知识分子。在美国科罗拉多州一个小镇上作为一名普通的少年长大之后，20世纪60年代中期，麦肯纳前往加州大学伯克利分校就读，并接受了反主流文化。随后，他出发去环球旅行，最终来到了亚马孙丛林中，在那里首次品尝了迷幻蘑菇。迷幻蘑菇改变了他的人生。回到了美国家中后，他在1976年与他的兄弟丹尼斯合著了《裸盖菇素：迷幻蘑菇栽培者指南》，卖出去了超过十万本，他也由此开始了一段作为演讲者和作家的职业生涯，把传播迷幻药的福音当成了他人生的使命。从某种意义上讲，他的迷幻猿理论是这一努力的顶点。对于迷幻蘑菇怎样促进了人类大脑的演化，这正是他做出反映自然的科学解释的尝试。

据麦肯纳说："人类大脑的迷幻式演化开始于数百万年以前（他没有明确说出具体的时间），那时原始人类走出了非洲的热带丛林，走上了干燥的草原。我们的祖先，在这个阶段，生活条件并不怎么好。它们以能找到的其他动物所剩的食物为生，经常跟在穿越大草原迁徙的野生牛群的后面。"

随后，在决定命运的一天，其中一名原始人类做出了一个意外发现。在他跟随一支兽群，迂回地穿行于一堆堆粪便周围时，他看到一只蘑菇长在一个粪堆上。他伸出手，把这只菇采下来丢进嘴里，结果获得了惊人而新奇的体验。这不是常见的蘑菇,而是一只迷幻蘑菇——古巴裸盖菇,含有强力迷幻剂裸盖菇素。这第一个意外的迷幻体验者发现了"非洲草原的幻觉菌菇"。很快,他所有的同伴都开始寻找这些长在粪堆上的蘑菇了,由此把自己转变成了该理论中的"迷幻猿"。

麦肯纳相信,这些蘑菇不仅令我们的祖先体验到了愉悦的感受,还使他们获得了适应性的演化优势。麦肯纳还提到由精神病学家罗兰·费希尔做的研究:在低剂量下,这些蘑菇能提高视觉敏锐度,尤其是边缘感知,这对狩猎起到了帮助,蘑菇发挥了化学望远镜的作用,在略高的剂量下,这些菌菇增加了性唤起,鼓励那些食用它们的祖先更经常性地交配,比不食用者产下更多后代。在这个剂量下,这些蘑菇还缓和了男性猎人凶暴的个性,使他们平和下来,与女性共同抚养年幼者。

在更高剂量下,这些蘑菇会产生"十足的古老巫术般的狂喜感"。在这里,大脑发育就参与进来了。裸盖菇素的一个已知的作用——麦肯纳曾提到过,是造成感觉以奇怪的方式重叠和混合的效果。它似乎重新组织了大脑的信息处理能力。麦肯纳主张,这一知觉上的重整可能打破了意识上的屏障,促进了想象力、自我反思、象征性思考,以及可能最重要的——语言的发展。而且,如果它确实发挥了这样的作用,如果它鼓励了早期人类以新的方式发声并解读从它们口中发出的声音,它可能在许多个世纪之后,引发大脑尺寸的增长。据麦肯纳说,我们可能"吃出了更高级的意识。"

在麦肯纳的时间表中,人类与蘑菇共生的活跃时期几乎持续了两百万年,从我们遥远的祖先能人时代,一直持续到文明的黎明时期。他把这看作我们历史上的黄金时期,他将之称为"合作伙伴社会"的时代。在这一时期,人类得到蘑菇智慧的滋养,脑力完全发育成熟。该时期在一万两千年前结束,蘑菇因为气候变化而变得稀少,而我们的祖先定居下来开始了农耕。

然而,他们想念那些蘑菇,开始寻找其他的东西——酒——取代蘑菇。对麦肯纳而言,这就代表了人类从高雅的生活悲惨地沦落了。代表我们被放逐出了伊甸园。酒增加了人类的侵略性和权力分层,使"统治者文化"得以崛起，这种文化在过去的十二个世纪里一直统治着人类社会。

麦肯纳所讲述的关于我们物种的历史，最终转变成了一个丢失纯真的故事，一路引向当下的时代，而根据他的诊断，如今的我们与彼此和自然疏远地生活着。他给出的解药是再次接纳蘑菇古老巫术般的智慧，重新与自然相连，重新回到我们丢失了的合作伙伴社会的天堂中。

许多主要报刊都撰写了《众神的食物》的书评，包括《洛杉矶时报》和《华盛顿邮报》，以及《自然》和《美国科学家》等科学期刊。麦肯纳不能宣称他受到了忽视。对他来说，好消息是许多评论家都称赞他语言上的天赋；坏消息是几乎每一个人都抨击了他的科学主张，他们并不相信他提出的蘑菇使我们成为人类的论点。

一个反复出现的批评是，麦肯纳只是略微涉及现有的科学文献而已。他蜻蜓点水地触及了许多学科——人类学、考古学、心理学、真菌学——哪些事实符合他的需要就引用哪些事实，但他并没有深入探究任何一个学科领域。该书聚焦于笼统的观点，而不是学术的细节。

另一个抱怨是麦肯纳的社会和政治观点干扰了他的科学论述。"他完全没有去尝试保持科学上的公正性。相反，他公开地呼吁工业化世界放宽药品政策限制，坚称作用于精神的药物有可能在社会中发挥积极的作用，不应该被定为非法。"评论者们抱怨道。其结果就是，他的书读起来更像是支持药物的宣传材料而不是科学。

更严重的是，评论者们指责麦肯纳歪曲研究结果。例如：他提到了罗兰·费希尔的研究，宣称该研究显示裸盖菇素提高了视觉敏锐度，而实际上该研究并没有这种说法。研究显示裸盖菇素改变了视觉，却并没有暗示存在提升。麦肯纳所想象的给旧石器时代猎人们提供了帮助的"化学望远镜"实际上并不存在。

接着，还有他的主张太过夸张的问题。整个前提看起来都特别奇怪，而且说实话，非常愚蠢。因此，科学界得出了结论。没人能否定麦肯纳在遣词造句上有一套，而且有想出令人兴奋的点子的天分，但最终人们认为他缺乏学术上的严谨性，无法提出令人信服的主张。比较宽容的说法是，迷幻猿理论是过于相信迷幻剂积极价值的人想出来的无稽之谈；不那么宽容的说法是,这就是伪科学的愚蠢而已。

因此,麦肯纳自然是没能令他的理论得到主流科学的接受,但是这会不会是传递信息者的过分热情和缺乏经验阻碍了信息的传递呢?虽然受到否定,但是迷幻猿理论是否值得被认真对待呢?有一小部分研究者确实是这样认为的。

这些支持者往往来自迷幻药研究领域,这意味着他们比绝大多数人更倾向于认为迷幻药有很大的意义。尽管如此,他们确信迷幻蘑菇有可能在人类演化中扮演了某种角色,而且由于麦肯纳于2000年去世,他们也试图在麦肯纳去世之后保证迷幻猿理论不至于销声匿迹。

真菌学家保罗·史塔曼兹就是这些粉丝之一,他被认为是蘑菇和迷幻剂方面最重要的权威人士之一。2017年4月,在美国加利福尼亚州的一场学术会议上,史塔曼兹宣布自己相信迷幻猿理论"完全正确",听众报之以热情的掌声。另一个粉丝是特伦斯·麦肯纳的兄弟,丹尼斯——很难把他当成一个不偏不倚的信息来源,但与特伦斯不同,他有充分的科学资质,他自不列颠哥伦比亚大学获得了植物学博士学位。

他们提出应认真对待该理论的主张,部分基于科学上对迷幻剂的作用日渐增长的重视。新的研究不断揭示这些迷幻剂对大脑的强烈作用。最近使用功能性磁共振成像(fMRI)的研究表明,迷幻剂激发了大脑一些通常不会交流的部位之间产生深度联系,这种作用看起来极为持久。许多使用者报告说摄入这些迷幻剂的体验对人生的改变是永久性的。

另外,这些作用于精神的强有力的物质,显然存在于我们祖先生活的环境中。古巴裸盖菇生活在热带和亚热带地区,它长在许多动物物种的粪堆上,这些动物包括大象、斑马、羚羊、水牛和奶牛。一名好奇的原始人类只要捡起一只蘑菇,把它丢进嘴里就能体验到它的作用。

对迷幻猿理论的支持者而言,将这两件事联系在一起并得出结论,迷幻剂很可能在人类大脑的突然发育中起到了作用,才是最自然不过的事。

来自批评者的反对则是,不管这些迷幻剂有多么强有力,或者多么容易取得,并没有明确的理由说明它们为何影响了人类的演化。该理论支持者的回应回到了麦肯纳提出的所谓的"迷幻剂可能帮助人类获得语言能力"的主张上。

想想动物和人类交流方式上的区别是什么。许多动物都有简单的交流形式。犬类会吠，长尾猴曾被观察到对不同的掠食动物发出不同的警告叫声。但是在这些例子中，一种声音总是有一个特定的含义。然而，人类掌握了复杂、符号形式的语言，使我们得以交流高度抽象的信息。我们将声音和概念混合在一起，生成了无尽多样化的含义。我们的祖先是怎么学到这个窍门的？

丹尼斯·麦肯纳和他的兄弟一样，指出裸盖菇素的标志性作用是"联觉①"。它造成了感觉的混合。我们大脑的一些通常不会相互协调的部分因而联系在了一起。这看起来恰恰就是帮助我们人类的祖先从简单的声音跨越到更复杂、符号语言所需要的关键的刺激。这确实让人倾向于去想象其中一个祖先摄入了古巴裸盖菇，随后在脑中形成了一种模糊的意识，感觉到这些从它嘴里发出的声音如果用新的方式组合可以有不同的含义。丹尼斯·麦肯纳确信两者之间的关联。他宣称这是一个事实："裸盖菇素教会了我们语言。它教会了我们如何思考。"

依据类似的思路，卡尔·萨根的儿子：作家多里昂·萨根将人们的注意引向了语言和迷幻剂之间有趣的相似性上。迷幻剂在一个人的脑中生成画面，而语言也有同样的作用。我们运用语言在彼此脑中形成图像。诗歌和歌曲可以生成强有力的视觉想象涌入脑海。萨根暗示：从这个意义来说，语言实际上是一种"交感幻觉"。它是终极的迷幻剂。

或许这些相似之处不过是巧合罢了。我们可能永远没法确切知道是怎么回事。很难想象有什么古生物学发现或者心理学实验能正面或反面结束这场争论。但是，想象迷幻剂和语言之间或许有深层的联系，的确是一件吸引人的事。

接着，还有最后的一个概念，它说服了一些人，认为我们或许值得

---

① 联觉：本来一种通道的刺激只能引起该通道的感觉，现在这种刺激却同时引起了另一种通道的感觉的现象。例如，红、橙、黄色等暖色会使人感到温暖，而蓝、青、绿色等冷色会使人感到寒冷。

再多看看迷幻猿理论。这个概念是说，人类意识是如此不同寻常的东西，因此为了解释它，我们或许需要越过标准的演化理论，并考虑有惊人的偶发事件使其产生的可能性。

特伦斯·麦肯纳经常谈及蘑菇和早期人类形成了一种共生的关系。你可以很轻易地把它当成他的一种诗意的辞藻而置之不理，但是这的确令人回想起了"极盛"的人类学概念，这个词用来描述两种文化的接触往往引发创造力的爆发，并产生出不期然结果的现象。一个例子是全球贸易是如何使中国的发明，诸如火药和印刷术在欧洲普及开来的，在欧洲，这些发明以全新的方式得到了发展。

麦肯纳的理论要求我们考虑，两百万年前，有什么类似的情况或许在非洲发生了。想象两种来自不同生物界的物种机缘巧合地相遇了。菌菇复杂的化学系统可能遇到了一种灵长类动物，而它恰恰是唯一准备好从中获益的物种。其结果是演化不期然的极盛时刻。新的意识通道和潜藏的能力在原始的猿的大脑中被激发了，随后渐渐地，我们的祖先开始在幻觉中一路发展出了更高级的意识。

怪论成真：洞穴艺术

阿尔塔米拉洞窟位于西班牙北部沿岸，步入那里好似走进一座史前教堂一样。其洞顶和洞壁布满令人震撼的图画，描绘着欧洲野牛、古代野牛、鹿和马的画面，所有这些岩画都绘制于一万多年前，绘画者的身份在时间的迷雾中早已模糊。这些恢宏的旧石器时代画作如今被认为是"世界艺术的奇迹"，但是很显然，它们并非一向都受到这样的重视。当这座洞窟在19世纪末被发现时，这还是人们第一次看到如此精心绘制的史前艺术作品，而史前史这一年轻学科一流的专家们显然不为所动。他们很快就宣称穴居人是不可能创作出这种艺术作品的，并将其斥为一场现代骗局。直到二十年后，他们才最终回过头来，承认其真实性和重要性。

该岩画是由一名富有的西班牙地主，马塞利诺·桑斯·德·索图欧拉发现的。1878年，他曾经参观巴黎世博会，在那里，他看到在法国发现的一些史前手工艺品的展品。他想起数年前——1868年，一位寻找自己的狗的猎人在他的土地上发现了一座洞窟的入口，这激起了他的好奇。索图欧拉想：这个洞窟中会不会有什么史前手工艺品呢？

但直到第二年，索图欧拉才跟随自己的想法，着手更仔细地查看这座洞窟。当在其入口附近挖掘时，他很快发现了一些燧石工具和骨头，这让他兴奋了起来。第二天，索图欧拉带上了自己九岁的女儿玛利亚——这样她可以在他工作时在他身边玩——他弯下身去，继续他的挖掘，而玛利亚直接跑进洞窟探险去了。几分钟之后，索图欧拉听到她大喊："看啊，爸爸，野牛！"

索图欧拉在早些时候曾经一个人走进过洞窟，但是他对自己可能在地面上找到什么的心情太过急切，所以根本没想到要抬头看看洞顶。结果他就错过了那里画着的几乎和真牛一样大小的彩色野牛，直到玛利亚的喊声吸引他看到了它们。

这个关于孩子在如此重要的发现中起到作用的迷人故事，如今已经成了现代考古学中最常提起的故事之一。它经常被拿来提醒人们，不要太过专注于手头现有的任务，要记得时不时停下来考虑一下更全面的情况。

索图欧拉一看到这些壁画，即刻就意识到了它们的重要性，于是他勤勉地开始工作，将他们的发现传播出去。他准备了一本小册子，在册子里仔细地描述了这些壁画，并主张这些壁画必定来自史前时代。他还获得了马德里大学的一位教授胡安·比拉诺瓦·彼拉的帮助，这位教授也一样被这些壁画所打动。两人一起前往西班牙、德国和法国的一系列学术会议，去讲述关于洞窟的信息。他们原以为人们会对该发现产生巨大的兴趣。然而，迎接他们的却是公开的怀疑和轻视。

索图欧拉是一位寂寂无闻的业余人士，这对该发现帮助不大。如果是一位富有经验和盛名的学术专家做出的发现，也许人们对它的反应会有所不同。同样地，人们以前从未见过与这处洞窟壁画同样规模的东西。它似乎太过不同寻常，不像是真的，而且，由于在当时史前史这门学科才建立了几十年而已，其从业者深恐因为相信了骗局而名誉受损。

而最重要的是，对于石器时代我们的祖先，当时流行的想象与洞窟壁画是相矛盾的。这种想象来自达尔文在那不久以前发表的演化理论，主张人类起源自猿。史前史的学者因此相信我们遥远、穴居的祖先肯定在行为上更像黑猩猩而不是人类。然而，阿尔塔米拉洞窟的壁画显然不是任何像黑猩猩这样的动物能画出来的东西。它是由熟练的绘画者创作的，而其技巧一点也不输现代的画家。

有两位影响力很大的法国学者，埃米尔·卡提拉克和加布里埃尔·德·莫提哀带头反对了这个发现。从未走进过洞窟，甚至拒绝前往洞窟的卡提拉克宣称，其岩画是"平庸画家粗俗的玩笑"。两位学者都谴责这一洞窟壁画为骗局，是拐弯抹角构思出来攻击进化论用的。卡提拉克将其怪罪在保守的西班牙教士身上，而莫提哀则怀疑这是反进化论的西班牙耶稣会士所为。

卡提拉克和莫提哀或许还受到一种民族主义嫉妒心理的影响。他们就是不想将创作如此恢宏的作品归功于古代西班牙人。如果洞窟位于法国，他们对它的观点可能会更宽容些吧。

为了支持他们提出的一切都是骗局的指责，这些学者指出洞窟和画作身上不同寻常的特点，如在洞顶缺少烟留下的痕迹。他们问道，穴居人是如何在没有点火去看的情况下，画出这样的画来的？他们宣称，这证明这些画是最近的作品。学术界的其他人都追随他们的领导，同意了这样的观点。

索图欧拉发现他的名声快要变得千疮百孔了。他抗议说动物脂肪在燃烧时，并不会生成多少烟，但是他却被无视了。他没有被盛赞为伟大的发现者，却被当成骗子而被排挤，他甚至被禁止参加未来的学术会议。

后来，更多的洞窟壁画被发现，才最终证实了他的发现。1895年，与阿尔塔米拉相似的雕刻画和岩画——包括熊、猛犸象、狮子和更多野牛的画作——在法国的孔巴雷尔和丰德戈姆的洞窟中被发现。这一次，没人怀疑这些艺术作品是旧石器时代的了，而其地点位于法国显然也安抚了法国的学者们。在他们民族主义的骄傲得到安慰之后，他们重新考虑了阿尔塔米拉绘画的真实性。

然而，直到 1902 年，学术上彻底的承认才终于到来。在那一年，卡提拉克写了一封公开道歉信给索图欧拉，标题是"一名怀疑者的错误"。不幸的是，被错误对待的发现者已经来不及接受这则道歉了，他已于 1888 年去世。然而，卡提拉克前往西班牙，当面向索图欧拉的女儿，现在已经是成年人的玛利亚道了歉。在他来到那里时，首次步入了阿尔塔米拉洞窟，终于看到了这些惊人的画作，这些他长久以来一直拒绝承认其真实性的画作。

人类在变笨？

如果我们能从石器时代揪起一名穴居人，把他丢进 21 世纪会发生什么？我们会发现他比我们更聪明还是更笨？

穴居人在智力方面不怎么受尊敬。人们对它们典型的印象是粗野、愚蠢，挥舞着大棒的呆子。大多数人或许认定一名穿越时空而来的穴居人智力水平肯定跟不上现代。然而，有数名科学家却提出了一个令人不安的观点，认为穴居人实际上从智力上比现代人要高一大截。其思想很敏锐、聪明、有能力轻易掌握复杂的观念，情绪很稳定，并且拥有强大的记忆力。据这些研究者称，其智力优越的原因在于人类的脑力在过去的一万两千年里一直在走下坡路。他们说，石器时代末期，是我们物种智力处于最高水准的时期。这以"蠢蛋理论"的名字为人所熟知，来源自 2006 年的同名电影，讲述的是未来世界人类变得病态地愚蠢的故事。

"我们可能变得更笨了"的第一条线索来自古人类学领域，这是人类学的一个分支学科，其研究聚焦于人类的演化历史。到了 20 世纪末，就人类大脑在我们的演化过程中的大小，研究者已经收集了足够多的数据，得以揭示一个令人不安的事实。在石器时代三百万年的跨度之内，我们祖先的平均脑容量显著增加了，但是到了石器时代末期（五万到一万两千年以前），它达到了顶峰。从那以后，脑容量一直在减少，减少了相当多。

两万年以前，生活在欧洲的克罗马农人的大脑体积平均有一千五百立方厘米。如今，人类的大脑体积大约在一千三百五十立方厘米，这代表了 10% 的减少。从视觉角度来说，我们失去的脑容量大约相当于一个网球的大小。虽说二万年可能听起来很久，但从演化的时间尺度来看不过是一眨眼的工夫而已。这也就意味着，人类的大脑不仅缩小了，而且缩小得还很迅速。

关于大脑大小的这些令人沮丧的统计数字方面并无争议。真正的问题在于，这种缩小意味着什么？这表示我们在变得更笨吗？事情就是这么简单吗？

也许不是。解剖学家很快指出，虽然在大脑大小和智力之间存在一种不甚严密的相关性，但两者间并没有严格的相关性存在。比如说，一名天才的大脑不一定比一个笨蛋的大脑个头要大——爱因斯坦的大脑就只是平均大小而已。

当在不同物种间对大脑进行比较时，最重要的因素是脑容量与身体质量的比值。这被称为"脑形成商数（EQ）"。一个物种每单位体重对应的脑容量越大，它通常也就越聪明。因此，一个大脑袋的小型生物很可能比一个大脑袋的大型生物要聪明。在动物界，人类的这个数值比任何其他物种都要高，这似乎正是为什么我们是地球上最聪明的物种，或者至少可以说，是地球上最危险的物种的原因。

也许克罗马农人的大脑个头大，仅仅因为它们的体型更大而已。这可能是我们大脑缩小的一种解释，我们可以把自己较小的头颅归咎于我们整个体型缩小了。

不幸的是，这行不通。最近的研究表明：克罗马农人的大脑从比例上比我们的大，即使当我们考虑到它们较大的体型也是如此——人类的大脑比体型缩小的程度要高得多，EQ 并没能给我们解围。

这一发现使得密苏里大学的一位认知科学家大卫·吉尔里（David Geary）得出结论，我们的确可能正在变笨。在他 2005 年的书《意识的起源》(*The Origin of Mind*) 中，他提出，人类整体上个体能力可能降低了的可能性。他是第一个开玩笑地把这一观点称为"蠢蛋理论"的人。

吉尔里猜测，我们头颅的缩小与新时期时代末期，大约 12000 年前农业的采用相关。他跟踪记录了人类的大脑尺寸随时间的变化,并发现恰恰就是在这一历史时期,随着人口密度增加,人类的大脑显著地缩小了。在全世界所有出现复杂社会的地方,这一动向不断重现。

吉尔里推测,先不论我们对穴居人的固有印象,其实在我们的祖先作为狩猎采集者生活的石器时代,想要生存就需要很高的智力。他们需要掌握广泛的一系列技能,如怎样持续地找到并识别可食用的食物,怎样躲避掠食动物以及怎样很好地狩猎。一个笨蛋可是活不下来的。如果你犯了错误,受到的可不只是象征性的惩罚,而是会死去。这给智力施加了巨大的选择压力。

当我们的物种开始从事农业生产,这提供了更可靠的食物来源,人口开始膨胀。农田周围形成了城镇,随后又被城市所取代。文明诞生了。然而,即使最积极的发展,往往也会有人们意料之外的影响。在这里,农业缓解了施加在我们物种身上的必须聪明的压力。它制造了某种安全网,于是那些不那么聪明的人也活了下来,将他们的基因传递了下去。跨过许多个世纪,这种选择压力的缺位使我们物种的脑容量逐步减少。其最终结果就是我们在变笨。

就好像大脑正在缩小还不够糟一样,在遗传学这个学科中又出现了"蠢蛋理论"的另一个论点。在《遗传学趋势》2013年1月刊上,斯坦福大学教授杰拉尔德·克拉布特里(Gerald Crabtree)在一篇两部分组成的文章中提出,一项直接的基因分析同样暗示,我们自石器时代以来正在变笨。他把它称为"脆弱的智力"现象。

据他描述,问题在于我们的智力要求许多基因都恰好发挥正确的作用。他估计维持我们的智力涉及的基因在两千到五千个之间,占我们整个基因组的10%。据克拉布特里称,与智力相关基因的绝对数量带来了一个问题,因为它使得有害的突变有更大的概率积累。这使智力成了脆弱的特性,易于跨世代而逐渐消失。

为了理解这一论点,可以想一想"打电话"这个小游戏(有时也被称为"传声筒游戏"),在游戏中一队参与者需要传递一段信息,每个人需要悄声向相邻者的耳朵里说出这段信息。如果该信息很简单——也许只是一个词——那么很可能它抵达这支队伍的队尾时仍然没有改变。然而，信息越长，被改动的概率就越大。这种类比并不确切，但是基因也受同样的基本概念支配。一个特性涉及的基因越多，随着基因信息从一代传给下一代，突变就有更大的概率会积累，而如果没有为消除这些突变采取任何措施的话，它们的数量就会增加，最终对该特性造成负面的影响——在这里，也就是指智力。

如果这是真的，智力一开始又是怎么进化出来的呢？克拉布特里解释道，答案是由于我们的祖先作为狩猎采集者生活的数十万年里所承受的选择压力。正如吉尔里之前提到过的，有巨大的选择压力施加在智力上，因为只有那些拥有的智慧足以使它们在严酷、艰难的环境中生存下来的人，才得以延续它们的基因。在这些环境条件下，人类变得非常聪明，但是它们为此付出了骇人的生命代价。

与吉尔里相似，克拉布特里认为：农业的采用是我们的演化历史上一个关键的时刻。农业保护我们不再承受强烈的选择压力，而这种选择压力正是为使智力不受损而维持相应基因所需要的。人类社会繁荣发展，但这一成功的代价就是我们的智力不可避免地缓慢下降。直白来说就是，笨人不再被从人类族群中剔除了。克拉布特里估计，与石器时代末期的一名狩猎采集者相比，我们每个人在智力相关的基因方面都有二到六个有害的突变，这听起来好像不多，但使我们普遍比祖先要笨可能已经足够了。这些突变在后代中只会继续积累，因此我们的后代大概会比我们还要笨。

古人类学和遗传学都暗示我们可能在变笨。"但是，等一下！"你也许想这样说。怎么可能会有人认真地宣称我们在变笨呢？看看我们这个物种在过去一百年里的所有惊人之举吧。我们把人送上了月球，解开了基因密码，还制造出了电脑。如果要说有变化的话，人类似乎正在变得更聪明，而不是更笨。

这是对"蠢蛋理论"的一个常见反对意见。如果到处都有人在做越来越聪明的事情的话，我们怎么可能是在变笨呢？这一看似自相矛盾的问题的答案来自人文学科，而它构成了蠢蛋理论的最后一根支柱，被称为"集体学习理论"。包括历史学家大卫·克里斯蒂安（David Christian）在内，构想出它的研究者们，从未想过要拿它来支持所谓我们的智力在下降这样的理论，但是它确实可以提供一种解释。

集体学习描述了人类作为一个群体，而不仅仅是个体层面上，积累和共享信息的能力。一个人一学到什么东西，群体中的每个人都可以从这个新信息中学习并获益。

克里斯蒂安的主张是，集体学习是我们物种最典型的特点，因为只有人类掌握了这种技巧。数万年前，早期人类在最初发明符号化语言时获得了这种能力。这使它们得以与彼此共享复杂、抽象的想法，随后将这一知识传递给子孙后代。就这样，作为一个物种，我们开始积累越来越多的信息，而我们拥有越多的信息，获取更多信息就变得越发地容易。整个过程就这样乘势加速了起来。

很快，我们发明了一些技术，能够增加我们共享和积累信息的能力。我们实际上学会了将我们大脑的一些功能，如记忆，外包的方法。书写是这些技术中最强有力的一种，随后是印刷术，还有现在的电脑。多亏了这些科技创新，我们在以几乎指数级的增长速度积累着信息。

然而，集体学习的问题在于：它是一个群体现象。作为个体，我们可能聪明也可能不聪明，但是当我们联结在一起作为一个集体时，我们会变得非常聪明。换句话说，我们不能面对过去一个世纪里发明的所有先进技术，就得出结论，我们肯定是有史以来最聪明的人类。只因我们是一代代集体学习积累的知识的受益者，我们的成就才成为可能的。

事实上，我们作为个体非常有可能确实在变笨，而集体学习的力量仍然会驱动我们的文明社会继续做出更多的发明创造，变得更加复杂。

蠢蛋理论确有某种令人沮丧的逻辑。如果你对目前世界的状况感到悲观，甚至可能感觉它有着不言而喻的真实性。但是，如果你对人类的现状更为乐观的话，请放心，主流科学界并不太相信我们的智力在退化的理念。

例如：关于为什么我们的大脑自石器时代以来变得更小，有其他可能的解释。哈佛大学的灵长类动物学家理查德·兰厄姆（Richard Wrangham）主张，很可能只不过是自我驯化的表现罢了。动物研究者发现：被驯化的动物品种总是比那些没有被驯化的或者野生的品种大脑更小。例如：狗就比狼的大脑要小。

研究者相信驯化和较小的大脑的联系之所以出现，是因为驯化选择那些不那么有攻击性的个体。饲养者更喜欢友好且容易相处的个体，而且，结果看起来，合作性正是与年轻大脑相关的不成熟的特性。野生物种的攻击性会随着成年的到来而显现。因此，通过选择友好的个体，饲养者不经意间选择了那些成年时仍具有不成熟、较小大脑的个体。

当把这一点投射在人类大脑的大小上时，论证是这样的，随着人口密度增加，人们与彼此和睦相处变得更加重要。明显的攻击性危害了较大群体的稳定性，因此最好斗的个体往往通过处决的方式，被系统性地剔除了。实际上，人类物种驯化了自身，其结果是我们的大脑变得更小了，但这并不意味着我们就变得更笨了。

至于克拉布特里的"脆弱的智力"的论点，他的遗传学同事严厉地批驳了它。驳论的基本主题是：否认人类社会向农业的转变放松了对智力施加的选择压力。都柏林圣三一大学的凯文·米切尔（Kevin Mitchell）提出：更高的智力与更低的死亡风险相关，这些死亡的原因很广泛，包括心血管疾病、自杀、他杀和事故。因此，更聪明的个体会继续享有繁育后代方面更大的成功。而且，现代社会复杂的社会互动可能在智力上施加了更高的选择压力，因为它成了一般性健康的一个标志。

马克斯·普朗克分子细胞生物学和遗传学研究所的一群研究者认同这些批评，并补充道智力并非像克拉布特里担忧的那样，是一种脆弱的特性。事实上，从基因上来说，它似乎还很强健——理由在于，与智力相关的数量庞大的基因，并非仅为这一特性服务。相反，它们中的许多还与其他关键功能相关，如细胞分裂和葡萄糖转运。强大的选择压力继续维持着它们的存在。

在科学对蠢蛋理论的反感背后，还潜伏着一个很大的原因。许多人害怕这会引起令人不安的"优生学"的幽灵现世——优生学认为科学或者政治机构应当决定谁能生育，以确保只有"最好的"人选才能将他们的基因传递下去。在19世纪和20世纪初，有一段时间里，许多一流的科学家都是优生学的支持者。这是科学历史上一段黑暗的时间，没人想重温这回事。

对克拉布特里而言，他坚称自己绝不是优生学的支持者。他提出我们脆弱的智力这一问题，不是为了证明需要开展社会变革，而仅仅是出于学术上的好奇。事实上，他指出以我们现有的知识，如果的确存在这一问题，那么我们是没有什么明显可以采取的措施的，只能接受这种情况。

真的如此吗？我们或许已经在做什么以改变这种趋势了。在我们物种的整个历史上，对人类头颅大小，因而也是对大脑的一个重要的制约因素，在于女性的骨盆大小。头非常大的婴儿往往在生产过程中无法通过母亲的骨盆。在过去，这意味着大头的婴儿在生产过程中往往会死去，但是现在，得益于医生能够安全地进行剖腹产手术的能力，他们不再面临这样的危险了。我们已经去除了古代对头部大小的限制，研究者怀疑这已经对我们的演化起到了作用。在过去一百五十年里，人类平均头颅大小有了明显的增长。

这意味着，如果人类头颅现在可以想长多大就长多大，更大的大脑可能就会随后跟上。纯粹凭借运气，我们可能已经拯救自己避免成为蠢蛋的结局。

◇ 第五章

蘑菇上帝和幻影时代

MUSHROOM GODS AND PHANTOM TIME

在过去的两百万年里，全球可能会遇到所有体型和个头的人类物种。在大部分时间里，长腿的直立人漫游在欧亚大陆；强壮的尼安德特人，更晚些时候占据了同一片地区；再遥远一些，在印度尼西亚弗洛里斯岛上，小个头，像霍比特人一样的弗洛里斯人在这里安家。

如今这些物种都消失了。人们并不清楚它们身上到底发生了什么。我们能确定的只有一点，只有一个人类物种存活了下来，那就是我们自己——智人。我们的祖先大约在十万年前首先出现于非洲——在那时候，直立人已经消失，尽管尼安德特人和弗洛里斯人仍然存在——他们很快迁徙到世界的各个角落。

在大约五万年前，我们祖先中出现了一种显著的文化改变。他们不再只制造石斧和石矛。突然间，他们开始用骨头雕刻出精巧的工具，在洞窟的内部画出恢宏的画作，甚至涉足长距离的贸易。他们仍然过着游牧的生活，狩猎和采集食物。随后，在大约一万两千年前，他们中的一些人决定开始种植庄稼。很快，他们就定居下来生活在这些庄稼旁边，变成了农民。这标志着人类历史上的一个关键时刻，因为它最终引发了文明的诞生。因此，"文明时代"是我们将在最后一章审视的主题。

"文明"这个词与拉丁词语"civitas"相关，意指"城市"，城市最初出现于大约五千五百年前，从更早的农耕村庄发展而来。就在城市兴起的几百年之后，书写的最早形式出现于美索不达米亚和埃及。这种技术使人们得以记录他们在积累的资源，同时也记下他们的信念，并帮他们记住重要的事件。

这些书写记录存在的结果是，研究这一时代的学者们——如考古学家、人类学家、哲学家、历史学家和心理学家在内的社会科学家们——不用全部依靠梳理化石和其他物理遗迹来弄清到底发生了什么。他们可以阅读一手的描述。不幸的是，这并不等同于更高的准确性。人类作为证据来源以不可靠而著称——我们会说谎、夸张、修饰、记错，以及曲解事件——因此，关于历史记录，不同意见相当丰富，奇怪的理论甚嚣尘上，想出这些理论的人们相信,为了了解这一时代的真相,我们需要深入字里行间一窥究竟。

古代人类受幻觉指引?

想象一下,工程师可以建造一个由精密的生物机器人组建的社会。从外部来看,它会和我们的社会完全一样。你会看到人们开车去上班、工作、在餐馆用餐、夜晚回到家然后入睡,但是你要是打断其中一个机器人,并让它解释为什么它决定做这些事,那么它不会有答案。它从未决定过做任何事,不涉及任何有意识的想法,它只不过是在依照自己被编好的程序做事而已。

1976年,普林斯顿大学心理学家尤利安·杰恩斯提出了"二分心智理论"。该理论指出:直到历史较晚时期以前——即大约三千年前,人类运行的方式一直与以上描述十分相似。当然,杰恩斯并不认为我们的祖先是机器人,但是他确实主张我们的祖先是没有自我意识或者自省的能力。虽然他们种田、建造城市、发动战争,但他们这么做是没有意识的。他们就像自动机器一样运行。如果被问起为什么会如此行动,他们也没有回答的能力。那么,我们的祖先是如何做出决定的呢?这里是杰恩斯理论最奇怪的部分。杰恩斯主张,我们的祖先都受自己脑中声音的指引——幻听——告诉他们该做什么。他们顺从地跟随这些指示,因为他们相信这些是上帝的声音。

作为一名年轻的研究者,杰恩斯对人类意识之谜产生了兴趣。他感兴趣的并不是指保持清醒或对周围事物有觉知方面的意识。相反,他着迷的是我们大脑中制定决策这一部分的意识。这部分可以被描述为"我们的内省自我意识",或者说是我们醒着时经过我们大脑的一系列想法,思索着我们过去做过的事,在我们脑中重现场景,并预料未来的事件。

这种意识似乎是一种人类才有的独特现象。我们不可能确切地知道动物怎么想,但是它们似乎是活在当下的,依靠更本能的行为来做出决策，而我们在自身本能之上还拥有一层自我意识。杰恩斯想知道这是从哪里来的。

为了探索这一问题，杰恩斯首先依循了当时传统的研究方法。他研究了动物的行为，在蠕虫、爬行动物和猫身上开展了迷宫实验和其他心理学测试。但是很快他就变得沮丧起来。他断定，意识是太过复杂的主题，无法在实验室受限的环境中被充分阐释。为了理解它，需要一种跨学科的研究方法。因此，他放弃了动物实验，转而沉浸在研读一系列广泛的主题之中：语言学、神学、人类学、神经学、考古学和文学。

正是从这种涉猎极广的自学中，杰恩斯得到了一个启示。他认识到我们的意识肯定有一段演化的历史。在过去某个时点上，我们的祖先肯定就像动物一样，曾专注于当下，而在那个时候和现在之间，我们的自我意识得到了发展。基于这一点，在其演化过程中肯定是有中间步骤存在的。但是，这样的步骤可能是什么样子呢？他想出的答案是，我们的意识在发展成为成熟的自我意识之前经历了一个阶段。这段时间里，它以一种"脑中的声音"的形式存在。我们的祖先经历了会给予他们指示的幻听。

他想象的情况是这样的：在我们的演化历史的大多数时间里，早期人类作为狩猎采集者群居生活，他们依靠纯粹的本能行为生存，生活在此时此地，专注于手头的任务。这些群体足够小，所以你会认为它们通常处于能听到彼此声音的范围内，在危险的时刻，每个人都能即刻对领头人的口头命令做出反应。就这样，它们并无必要拥有任何种类的内省自我意识来控制自己的行为。

杰恩斯认为，改变的关键时刻大约发生在一万两千年前，那时我们的祖先放弃了狩猎采集的生活方式，定居下来开始了农耕。由此诞生了更大的社会群体，如城镇以及最终发展出来的城市，这引起了社会控制的问题。人们已无法做到始终待在领导者身边，有一些任务要求他们自行完成。领导者喊出的命令不再能组织群体的行为了。

据杰恩斯说，我们的祖先通过想象领导者可能会让他们做什么而解决这一问题。他们内化了他的声音，随后每当他们必须做出不寻常的决策时，或者每当他们需要被提醒集中注意力于一项任务时，他们就会以幻听的形式听到这一想象中的命令声。杰恩斯举了一个例子：如果有人试图靠自己架设鱼梁①，时不时地，他脑中的声音就会催促他继续工作，而不是像他喜欢的那样到处闲逛。

最终，这些声音的身份不再是群体的领导者了。人们开始相信他们听到的是一位死去的祖先或者上帝的声音。杰恩斯创造了这样的理论，称数千年来（直到公元前1000年前后），我们的祖先就是这样，依靠着他们内在声音的指导，体验着一切。

他在一本书里详述了这一理论，书名让人印象深刻，叫《二分心智的崩塌：人类意识的起源》。尽管这个名字听起来仿佛只有学者才可以读懂，但其轰动一时的主张吸引了公众的关注，它很快登上了畅销书的榜单。

但是，为什么有脑中的声音一说呢？杰恩斯从哪里得来的这种想法？他灵感的一个来源是所谓的裂脑研究。我们的大脑由右脑和左脑两个半球构成，连接左右两个半球的是被称为"胼胝体"的很粗的纤维束。20世纪60年代，外科医生开始采取一种激进的治疗手段，将割断胼胝体作为治疗严重癫痫病例的方法。这一手术留给患者的本质上是头部两个不再相连的脑半球。

该手术的确缓解了癫痫发作，而且患者在手术后，外表看起来很正常。但是，随着研究者对患者展开研究，他们意识到有时候患者表现出很奇怪的样子，就好像他们拥有两个各自独立、相互对着干的大脑一样。例如：在穿衣时，一名患者试图用右手扣上衬衫的扣子，而左手却在同时试图解开扣子。另外一名患者会坚决否认能看到一个物体，而他当时正用左手拿着那个物体。

这些结果使研究者意识到：我们大脑的两个半球不仅各自独立地工作，而且关注世界的不同方面。左脑是以细节为导向的，而右脑关注更整体的画面。左脑可以被描述为更理性或符合逻辑的，而右脑更具艺术性或灵性。

---

① 鱼梁：一种拦截水流以捕鱼的设施。

正是这些裂脑研究，使得杰恩斯创立了理论。他声称：我们祖先的原始意识可能类似地被分成了两个，就像大脑也分成两个半球一样。对他们而言，右脑可能发挥着决策者的作用，沉思着长期的计划和策略，而同时左脑可能发挥着执行者的角色，照管此时此地的活动。回到架设鱼梁的例子上，左脑可能应对的是每分每秒的任务细节，而右脑可能作为整体管理者，确保工作顺利完成。

因此，大多数时间里，左脑会掌控局面，但偶尔可能会有崭新的情况出现，左脑会犹豫，不确定该做什么。到了这一刻，右脑会对其发出指令，而这时左脑体验到的会是幻听或者幻视。

杰恩斯将这种假想出来的裂脑意识结构称为"二分心智"，二分这个词是从政治学中借来的术语，在政治学中，它描述的是由两院组成的立法体系，如英国的下议院和上议院。

当然，你我也有左右脑两个半球，但是我们大多数人不会在脑中听到声音。杰恩斯的假设是我们的祖先还没学会协调大脑左右半球，以生成我们所经历的单一、统一的意识。

裂脑研究并非杰恩斯灵感的唯一来源。他宣称："我们并不需要尝试猜测我们遥远的祖先是如何体验世界的，因为从二分心智时代，实际上我们留存下来了第一手的记录，描述了祖先们当时的生活。通过仔细地审视这一信息来源，我们就可以了解他们的精神世界的特点。"

或许你曾经读过他所指的这段记录，它就是《伊利亚特》——古希腊宏大的史诗。它描述了特洛伊战争时期的种种事件，史学家认为特洛伊战争发生在大约三千两百年前。我们并不知道《伊利亚特》被写下来的确切时间，但应该是在特洛伊战争的几百年之后。然而，这段记述似乎是根据战争以后口口相传的故事而写就的。出于这个原因，杰恩斯主张，它可以使我们得以一窥那些生活在三千多年前的人的精神世界。这是一部艺术作品，由二分心智所创。

杰恩斯带着重塑其古代作者心灵世界的目标阅读了这本诗作。他很快就看出，古代人对现实世界抱有与我们非常不同的看法。首先，诗中的人物完全没有表现出任何自我意识。他们从未暂停下来自省一下或者沉思片刻。杰恩斯指出,《伊利亚特》所用的古希腊语中,甚至没有词语可以用来表达诸如意识、心灵或者灵魂这样的概念。

更有趣的是,每当人类角色需要做出决定时,他们都没有自己做决定。无一例外地,会出现一位神祇,告诉他们该做什么。杰恩斯详述了关于这一点的例子。当阿伽门农①带走布里塞伊斯——阿喀琉斯②的情妇时,一位神揪住阿喀琉斯的头发,警告他不要举剑攻击阿伽门农。是众神领导着军队上的战场,随后又在每个转折点催促着战士,在人与人之间引发争端的也是众神。实际上,一开始引发战争的也是众神,正如杰恩斯所说的那样——"众神代替了意识"。

杰恩斯之前,古典学者曾经提出过众神在这部诗作中扮演的奇怪角色,但是他们一向将其解读为一种文学手法。杰恩斯挑战了这一说法。他问道,如果《伊利亚特》中的众神并不是虚构出来的,而是对古代人真实体验的实际描述呢?如果他们的确听到且看到众神发出命令呢?他提出,毕竟诗中的人物是据实对待众神的,仿佛他们真的存在一样。

当然,他承认,希腊和特洛伊战士并没有真的看到众神;他们只是体验到了幻听和幻视,但是他们可能并不能区分二者。对他们而言,以他们的二分心智,众神可能看起来非常真实。杰恩斯直白地陈述了他的观点:"特洛伊战争是由幻觉领导的,而那些被这样领导的战士一点也不像我们。他们是不了解自己所作所为的高贵的机器人。"

在杰恩斯的年表中,特洛伊战争发生在二分心智时代的末期。人们的意识向着现代意识转变的过程在那之后不久就开始了。

据杰恩斯称,这一转变的起因在于,二分心智过于僵化,无法很好地对真正崭新的情况做出反应。因此,随着社群规模增长并开始与附近的社群发生摩擦,出现了紧张的迹象。人们需要一种更灵活的方法来调节行为。本质上,这些古代人类的世界发展得更加复杂了,而他们需要更精密

---

① 阿伽门农:古希腊神话中的迈锡尼国王,特洛伊战争中的希腊联军统帅。战争胜利回到家乡后被谋害。
② 阿喀琉斯:特洛伊战争的半神英雄之首。著名的"阿喀琉斯之踵"即是从他而来。

复杂的大脑组织形式来应对这种情况。其结果就是现代自我意识的发展。人们不再等待聆听一位神明发出的幻觉指令,而是发展出了一个可以做出决策的内在的"我"。

杰恩斯强调这一发展并未涉及大脑的物理变化。现代意识是一种习得的适应性变化,一种通过社交学到的技能——这种技能随后会被传授给子孙后代。杰恩斯提出,即使在今天,意识仍然是我们在孩童时学到的东西,仅在七岁左右就获得了完整的自我意识。实际上,大脑的一个不同寻常的方面在于:它是一个极具可塑性的器官,通过回应社交接触并受其指导而得到发展。没有了社交,大脑就会萎缩。正如野孩子的罕见例子中,儿童在没有人际互动的环境下被抚养长大,他们永久性地失去了学会语言的能力,同时显然也失去了拥有理性意识的能力。

但是,据杰恩斯称,二分心智并没有完全消失。他主张二分心智以许多不同方式留下了印迹,如宗教。据记载,人类大部分的宗教历史中,都充斥着脑中听到声音的人们,并相信这些声音来自众神。例如:先知摩西[①],他接受了一个声音的指令,而这个声音据说自一个燃烧的灌木丛中发出。

杰恩斯同时还提出,二分心智残存的迹象一直保留到了今天,以精神分裂症的形式存在。那些受到这种病症困扰的人仍然能在脑中听到声音,他们经常把这些声音解读为众神、恶魔或者天使的声音。虽然在古代世界,这样的声音是能够带来好处的,但在统一心智的时代,这些声音已成了明显的障碍,一种需要治疗的疾病。

杰恩斯的学者同事们并不是很确定该怎么看待他的理论。一些人将其斥为荒谬的。其他人更模棱两可一些。生物学家理查德·道金斯写于 2006 年的评论称:"这是那样一种书,要么就彻底是垃圾,要么就是顶级的天才之作,不存在中间的过渡。大概属于前者,但我想押一部分在后者上,以规避风险。"

---

① 摩西(Moses,约公元前 1525—公元前 1405):古希伯来民族领袖,被认为是犹太教的创始人。

对于杰恩斯的理论，学者们提出了各种各样的批评。古典学者提出："尽管《伊利亚特》的大部分内容与他的理论所指出的情况一致，但并非完全符合他的说法。"当赫克托耳决定接受阿喀琉斯的挑战时，他的确显现出在做内省式沉思的样子。另一方面，心理学家提出，杰恩斯暗示精神分裂症患者可能会体验到二分心智的状态，但这不大可能，因为他们的幻觉比杰恩斯描述的要复杂得多，种类也多得多。加州大学圣迭戈分校的生物学家克里斯托弗·威尔斯指出："以与世隔绝的方式生活在现代的狩猎采集者，看起来与所有其他人具有同样形式的意识。但是，如果杰恩斯是对的，鉴于他们与外部世界缺乏交往，并不应该是这种情况。"

实际上，杰恩斯的假说很大程度上只是被学者们忽略了。由于其高度跨学科的本质特点，杰恩斯的假说似乎无人问津，很少被引用。因此，这个假说占据了自己独有的古怪的学术角落。然而，杰恩斯确有一些热情的支持者，他们确信杰恩斯谈及了一些重要的东西。作为其证据，他们指向了史前洞穴艺术研究中的一些最新发现。

一万到三万年前，我们生活在欧洲石器时代的祖先，在洞穴中留下了绝妙的艺术作品，大多数描绘的是他们生活环境中的动物。这一艺术的复杂性已经使得大多数研究者得出结论，他们肯定拥有与我们非常相似的头脑。但是，1999 年，认知科学家尼古拉斯·汉弗莱在《意识研究期刊》中发表了一篇文章，主张情况不一定如此。正如杰恩斯在《伊利亚特》中发现有迹象表明，那时的人们与我们的头脑非常不同一样，汉弗莱也在洞穴艺术中看出了类似的古怪特点。

具体来说，汉弗莱将人们的注意引向了法国肖维岩洞史前艺术，和 1967 年生于英国诺丁汉的名叫纳蒂亚的自闭症女孩的画作，两者之间不寻常的相似之处上。纳蒂亚是一名艺术天才。尽管纳蒂亚从未接受过任何教导，而且几乎全无语言技能，但在她三岁时，她已开始创作技艺高超的画作。然而，她的画作展现了极为独特的风格。她选择的主题是动物，尤其是马，而且她经常将动物身体的不同部分混合在一起，组成嵌合体生物。她对侧面画有显著的偏好，而且会强调面部和腿部，同时很大程度上忽略身体其他部分，经常随性地画出形象，一个叠在另一个上面。这一风格似乎来源于她过分关注某些部分,同时忽略更大背景的自闭症倾向。

汉弗莱指出,洞穴艺术展现出非常相似的风格,诸如聚焦于动物、嵌合体生物,以及看起来随性的重叠作画。因此,虽然洞穴艺术被经常性地作为"现代"意识出现的证据提出,他却主张完全相反的情形可能才是真相。它可能揭示了这些古代绘画者的头脑是怎样奇怪地具有前现代特点的。

汉弗莱并没有引用杰恩斯的理论,但是他的结论成了二分心智假说有力的回响。他的结论再一次暗示,我们的祖先体验真实世界的方式可能与我们截然不同。从生物学上来说,祖先们的大脑可能和我们的大致相同,但可能是依据非常不同的原理组织起来的。

如果情况如此,这就引出了一个有趣的想法:我们的意识是可以改变的。大脑或许能够重组其自身,从而以新的方式体验真实世界。这件事以前可能就发生过,当时它从二分心智切换到了现代意识,而如果这件事在以前发生过,它未来也许还会发生。如果是这样的话,你肯定会好奇,它又会采取怎样奇怪的新形式呢?

怪论成可能:啤酒先于面包

在大约一万两千年前,我们的祖先放弃了狩猎采集者游牧的生活方式,定居下来成了农民。这是我们物种的历史上一个关键的时刻,因为农业把我们直接引向了文明,因而也引向了现代世界。但是,为什么我们的祖先做出了这一改变?这个问题令科学家们一直感到困惑。有研究显示,狩猎采集者生活得相当好。他们有充分的休闲时光,而且食谱也很健康和多样。而另一方面,成为一名农夫却意味着艰苦繁重的工作,食谱也很单一,这导致营养不良和疾病的问题。换句话说,农业看起来并没有令大多数人提高生活水平。所以说,到底是什么促使他们接纳农业的呢?

明显的答案是食物。农业会给新石器时代的人类提供稳定的谷物来源,谷物可以轻易地长期储存,之后再用来烤制面包。这种安全感显然比找不到任何食物的持续威胁要更好。然而，一个不那么明显的答案，是啤酒。毕竟，谷物可以用来烤制面包，也可以酿制啤酒。也许我们的祖先被酒精的魅力吸引，于是开始种植作物，期望成为酿酒者而不是面包师。

这个猜测就被称为"啤酒先于面包假说"。当20世纪50年代第一次被提出时，学者们把它当成一个小玩笑。这个想法似乎太蠢，不必认真对待。然而，在最近的几十年里，它却在稳步地提升地位，以至于人们已经不能再把它当成幽默段子了。许多研究者现在认为，啤酒创造了文明是一件很有可能的事。

1953年，考古学家罗伯特·布雷德伍德在伊拉克的一处考古遗迹发现了新石器时代种植谷物的证据，随后该假说首次被提出。布雷德伍德在《科学美国人》的一篇文章中主张，变化的气候条件使人们更易于在那片地区种植谷物。因此，他得出结论，生产面包肯定是他们放弃狩猎，选择在农业村庄定居下来的决定背后的驱动力。但是威斯康星大学的植物学家乔纳森·索尔很快就对他的这一假设提出了异议。索尔问道："若制作啤酒才是种植谷物的目的呢？"

布雷德伍德值得赞扬的一点是，他并没有对索尔的观点置之不理。事实上，他承认自己颇受这一观点的吸引，而且他同意这些证据并没有明确地更支持其中哪个假说。他发现了残余的谷物，以及种植和收割它们所用的工具，但是并没有迹象表明人们用谷物来做什么。因此，布雷德伍德决定将问题交给来自人类学和考古学的一个专家小组。他向他们提问：我们新石器时代的祖先采用农业生产，更像是为了制作面包还是啤酒呢？他们的回应刊载于《美国人类学家》的一期刊物中。

索尔得到了第一个论证的机会。他主张就我们的祖先拥有的工具来看，种植和收获谷物对他们来说会是一个极为耗费时间的过程。他问道，他们会费那么大力气只为了面包吗？显然啤酒比面包更值得费工夫。他还指出，考古学家不断地在新石器时代的定居点发现小麦和大麦的组合。这在他看来更像是啤酒的配方而不是面包。

然而，大多数专家都持怀疑态度。丹麦的考古学家汉斯·赫贝克开玩笑说："这有点像提出早期人类驯化奶牛是为了用它们产的奶做酒类饮料一样。"植物学家保罗·曼格斯多夫更加怀疑并发问:"如果人们花了这么多时间培育作物来制作啤酒,那他们吃什么呢?还是说他们一直只是在喝酒吗?"他轻蔑地问道,"我们是该相信西方文明的基石是由一群营养不良的人建立的,而这群人永久地生活在一种半醉的状态下吗?"

普遍的结论是:在啤酒和面包之前,可能先出现了某种粥或糊,因为粥可以简单地通过向谷物里倒水做成。最终我们的祖先会了解到,通过烹饪这种粥,他们可以将其转变成面包。因此,专家们断定:啤酒的酿制应该在这之后才出现。

这似乎平息了争论。在讨论会之后,啤酒先于面包假说从人们的视线中消失了。学者们继续认定,转向农业是古代人类清醒的抉择。

在三十年里,这一直是人们的共识,直到20世纪80年代,宾夕法尼亚大学的两名研究者:所罗门·卡茨和玛丽·福格特重提了啤酒的观点。他们指出:"在这几十年间,考古学证据已经弱化了面包在先假说的说服力。"许多研究发现,在最初种植谷物之后的数千年里,新石器时代的人们仍继续食用多样的植物。这揭示了,采取农业生产的决定受到的是文化渴望的驱动,而非人类对食物的生物需求的驱动。这些早期的社会在用谷物做一些他们想要的而不是必要的东西。这听起来更像是啤酒而不是面包。

同时,从人类营养学领域出现的证据,支持啤酒在先假说。有研究显示:发酵是一种释放谷物营养成分的极佳方法。它通过添加赖氨酸、提高B族维生素含量,以及使关键的矿物质能更容易地被吸收,而将谷物从相对营养较低的食物转变成了营养较高的食物。新石器时代的啤酒可能还富含热量及可溶性纤维——完全不像如今超市里卖的味淡、过滤后的拉格啤酒。另外,酒精成分可能杀灭了细菌,使它比粥喝起来更安全。因为它在发酵过程中生成了抗生素四环素,因此甚至可能具有药用价值。总的来说,饮酒者比起那些决定不喝酒的人,可能享受到了显著的演化优势。而这甚至还没有将啤酒提供的愉悦的醉酒感纳入考量。

鉴于这些新发现,卡茨和福格特主张,想象发酵法的发现促使早期人类开始有目的地种植谷物,也就很说得通了。

在 21 世纪，有许多证据给啤酒先于面包假说提供更多的支持。宾夕法尼亚大学的人类学家帕特里克·麦戈文曾经使用生物分子分析方法来检查古代陶器碎片上面的残留物。这使他得以确定陶罐里曾经储存了什么。很显然，通常储存的都是发酵的饮品。他得以确定，在伊朗和伊拉克边境附近，可追溯到五千五百年前的戈丁特佩考古遗迹发现的一个陶罐里面，装的是大麦制成的啤酒。

而且，西蒙弗雷泽大学的文化人类学家布莱恩·海登还从一个完全不同的角度探讨了这一问题。他主张，我们不应低估或轻视我们的祖先有多喜欢聚会的事实。聚会在当时和现在一样，它将社群联结在一起，满足非常基本的社交需要。这从演化的角度来看，会是很有利的事情。而大多数人可能会同意，聚会有啤酒通常比没有要更好。

海登指出，夸富宴①，或精心策划的宴会，在许多部落族群的文化中扮演着重要的角色，因此他想象新石器时代的人们可能会经常举办宴会，以此向他们的邻居炫耀财富和权力。他把这称为"竞争性设宴"。在这一背景下，啤酒可能被看作价值很高的食物，对宴会的贡献很大。它也会成为某种出于社会原因，我们的祖先非常愿意生产的东西。另一方面，面包却并不会提供类似的文化回报。

所有这些支持啤酒先于面包假说的论证为它赢得了地位，尽管还没到取得学术正统地位的程度。支持它的证据仍然是间接的。但是对面包在先的证据亦如此。我们有可能永远也无法知道真相是什么，但是很可能我们的祖先是先成为酿酒者后做的面包师。卡茨和福格特对该理论做了如下总结：想象一下你是一个新石器时代的人，你吃饭时可以配粥、面包或者啤酒。你觉得你会选择哪一个呢？

---

① 夸富宴（potlatch）：某些北美印第安人，尤其是夸求图人举行的社交聚会，在这些聚会上，主人故意在客人面前大量毁坏个人财产并且慷慨地馈赠礼物以显示自己的财富和地位。

荷马是女人？

在整个历史上，社会被严格地按照性别的原则加以组织。直到 20 世纪以前，几乎从未受到过挑战的主流理论认为，男人产出所有与高级文化相关的东西（艺术、政治和科学），而女人生育后代；男人在公共领域有至高权力，而女人在家庭环境中占据主导地位。这被认为是事物自然的秩序。

这一根深蒂固的性别分工在西方文学经典中，从欧洲文化最伟大典范的作者名单中反映了出来。直到 20 世纪之前，该名单完全是由男性构成的，包括如弥尔顿、莎士比亚、乔叟、但丁、维吉尔、索福克勒斯和荷马等人。数不清的一代又一代学生都必须学习这些作家的作品，他们的天才之处似乎提供了令人放心的证据，证明男人真的就是更优越的文化创造者。

在超过两千五百年里，荷马始终是这份名单中不可或缺的一员。他的两部史诗著作，《伊利亚特》和《奥德赛》，被普遍认为不仅是最伟大，而且是以欧洲语言撰写的最早的文学作品。它们是西方文明建造的基石。他的文化影响是不可限量的。

出于这个原因，荷马是男性被人们认为是理所当然的事。没人质疑过这件事。这么做看起来会很荒谬。它一直没有受到过挑战，直到 19 世纪末，英国小说家塞缪尔·巴特勒[①]第一次提出了异端的想法。他认为，也许这么多世纪以来，所有人都错了。也许荷马真的是一名女性。

自然，这样的想法可以被人们轻易地抛却。关于荷马的性别，肯定是有一些直接证据的吧。毕竟，荷马不会在自己的诗作中哪里提到自己是一名男性吗？同时代的作品提到荷马时不会将他称为男性吗？

实际情况是，并没有。没有直接证据证明荷马是一名男性。荷马从未提到过他（她）的性别。事实上，两部属于荷马的诗作没有提供任何关

[①] 塞缪尔·巴特勒 (Samuel Butler, 1835—1902)：被称为"19 世纪后半期英国最伟大的作家"。代表作品《众生之路》。

于作者的细节。其创作者在两部作品中都彻底维持了匿名的状态，从未站出来邀过功。荷马的名字甚至从未在其中任何地方出现过。也从未在任何同时代的文本中被提起过。

诗作的起源本身也同样被神秘所笼罩。我们仅掌握如下事实：

公元前1200年前后，在如今土耳其的西北角，有一座城市特洛伊，它的周围发生了一场战争，或者也许是一系列战役，考古学家不是很确定。但这些考古学家比较确信那里发生了某种冲突，而冲突的双方是特洛伊城的居民和来自希腊大陆的军队。战争之后过去了四百年，在公元前800年前后，希腊字母被发明出来了。在这之后不久，关于这场冲突的两部史诗以书面形式被记录了下来。它们是以新字母写就的最早的作品。第一部史诗是《伊利亚特》，背景设置在特洛伊战争期间；第二部史诗是《奥德赛》，它讲述了英雄奥德修斯在战后试图返回家园，但是在旅途中遭遇了怪兽和女巫阻拦的冒险故事。

然而，从这两部史诗被写下时起，经过更长的时间之后，希腊人才开始好奇到底是谁写下的它们。作者的身份已经在历史的迷雾中遗失。现在，时间已经到了公元前500年之后，在没有任何确凿的信息之下，涌现了一个传说，认为两部史诗的作者是一位古代吟游诗人，名叫荷马。但是希腊人很清楚，他们事实上并不了解关于荷马是谁的任何信息。而为了填补关于他身份的空白，甚至涌现了更多的传说。其中最流行的一种说法是，他是一名盲眼的诗人，曾生活在小亚细亚的沿岸。

关于荷马史诗的这一套贫乏的细节留下了很多未解之谜。学者们确信这两部诗作肯定在被写下来之前，某种程度上以口头形式存在，吟游诗人会在公共节日上背诵它们。但是，荷马史诗是作为口头诗被完整创作出来的吗？也许其创作是在特洛伊战争之后不久，随后传了几代人，直到最后被记录下来？还是说记录者本质上才是创作荷马史诗的人，或许他将此前的口头诗片段编在了一起？学者们并不知道到底是怎么回事。

另外，这两部诗作确切地说是在希腊字母发明（大约公元前800年）的多久以后被写下来的呢？古典学者巴里·鲍威尔提出："希腊字母本身可能正是为了写下这两部史诗才被发明出来的。"然而，其他人认为史诗是在公元前 600 年才被创作出来的。

　　学者们甚至不确定荷马是否仅为一个人。许多人相信属于荷马的作品实际上由许多不同的作者创作而成，随后在晚些时候被编辑在了一起。另一个理论提出，荷马这个名字指的是一个诗人的公会。换句话说，荷马的生平是一片空白。将这位诗人归为男性不过是出于传统罢了。

　　然而，指出荷马生平信息的缺失只不过是明确了不确定性而已。我们有任何理由能真的怀疑荷马是一名女性吗？

　　塞缪尔·巴特勒的确这样认为。他在一本 1897 年出版的，共 270 页，名为《奥德赛的女作者》的书中详述了他的观点。巴特勒的论述关注的焦点完全在《奥德赛》上，他感觉这部史诗明显具有女性感受性的特点。其程度之深使他得出结论，这部作品只可能出自女性之手。

　　巴特勒提出《奥德赛》充满了女性角色：珀涅罗珀、密涅瓦、欧律克勒娅、海伦、卡吕普索、喀耳刻、阿瑞塔和瑙西卡娅。事实上，它比任何一部古代史诗中拥有的女性角色都要多，这些女性不仅占据剧情的中心地位，而且她们这些人物形象都十分鲜活且具有同情心。而在巴特勒看来，男性角色则相对呆板和缺乏才智。

　　在他敏锐的眼光看来，还有其他的细节暴露了作者女性的身份，诸如在史诗中，家庭生活得到了精准的描写。巴特勒还列出了《奥德赛》中，许多他认为只有女性才会犯的错误。巴特勒把这些错称为"女性自然会犯的错误"。其中包括："相信一艘船两端都有方向舵"以及"认为从小树上可以砍下干燥合用的柴火"。自然没有男性会犯如此明显的错误，因此《奥德赛》的作者肯定是一名女性。

　　巴特勒甚至成功地将这名女性的身份限定在了一定范围内。他认为荷马是一名未婚的年轻女性，于公元前 1050 年前后生活在西西里西北部的城镇特拉帕尼——他是通过识别出西西里附近，与《奥德赛》中描述的地点相似的地标而得出的这个结论。他唯一没有提供的大概也就是街道地址了。

　　就我们看来，巴特勒的论述可能的确很奇怪。毕竟"女性自然会犯的错误"——他是当真的吗？另外，他的论证只适用于《奥德赛》。他认为充满暴力战斗场面的《伊利亚特》很可能是一名男性的作品。他相信有两个不同的荷马，其中一人是女性，而由于一些历史上的意外，两部诗作都归在了一名男性的名下。

虽然如此，巴特勒的书的出版就像一颗文化上的氢弹落地一样，激起的争议像冲击波一样遍及宽广而遥远的地域。他的论点并不是特别好已经不那么重要了。仅仅是他敢于提出这一观点本身就已经令人震惊。学者们被激怒了。当时可是维多利亚时代，英国的教育系统仍然以学习经典著作为中心。荷马的作品就像是给男性上层精英准备的训练手册一样。质疑他的性别，就是挑战作为英国社会基础的整个父权秩序。

但是，巴特勒在现代主义艺术家中间找到了热情的支持者，这些艺术家在20世纪初，忙于试图挑战各种各样人们认为理所当然的理念，如艺术应该看起来是什么样的？为什么马桶或者空白的画布不能被当作艺术？他们中的一些人在问着这样的问题。因此，荷马是女性的理论正合他们的意，成了他们中间轰动一时的事件。其最著名的遗产是它启发詹姆斯·乔伊斯写下了他的杰作《尤利西斯》，据说乔伊斯在写作时，书桌上他的身边还放了一本巴特勒的书。

这里要为巴特勒说句公道话，《奥德赛》的确奇怪地以女性为中心。如果有一位古代的女性曾坐下来写作一部史诗，你很容易想象她会创作出像《奥德赛》这样的作品。但是，如果这就是女性荷马理论的全部证据，那么除了被当作历史奇闻，它也不会多么有趣。但是得益于历史学家安德鲁·达尔比，关于该理论又有了更多的进展。达尔比在他2007年出版的书《重新发现荷马》中，更新了巴特勒的论点，就荷马为何可能是一名女性提供了更深入的论证。

达尔比通过介绍历史背景来为他的论证打下基础。他提出古希腊有许多才华横溢的女性诗人，她们有可能创作了荷马的作品。诗歌是一种古希腊女性不仅参与，而且擅长的艺术形式。公元前6世纪，生活在莱斯沃斯岛上的萨福被普遍认为是"最伟大的希腊诗人之一"。

达尔比还驳斥了人们普遍持有的所谓史诗仅由男性表演，而女性只能歌唱挽歌或爱情诗的看法。他说："口头诗现存传统相关的研究显示，男性和女性都创作和表演史诗。区别在于，只有男性在公开场合，如宴会上表演史诗；而女性在私下场合，如在家庭环境中表演。"

最后，达尔比否认，史诗以口头形式先于希腊字母的发明而创作，并在之后才被记录下来的这种想法。他主张：口头诗歌并不是这么回事。诗歌从未一字不差地代代相传过。这种完美传递的想法，是印刷思维模式下的一种概念。在口头文化中，只有非常疏松的想法的框架和重复的词语才会被传下去。每次表演本质上都是故事的一个新的版本。在这种情况下，不管是谁第一个写下的荷马史诗，本质上都是重新创作了它们。

在这样的背景下，达尔比随后提出了问题：为什么一名男性吟游诗人会写下这些史诗？这就一名男性而言，似乎是做了非常奇怪的事。毕竟，如今我们理所当然地认为写作是一种获取文化地位的手段，但是在古希腊，大约公元前800年时，几乎没有人能够阅读。写作是一种全新的技术。写下史诗最多也不过是一种令人没有把握的冒险。它是为了给谁读而写的呢？

这里就是达尔比论证的关键之处了。他相信一名成功的男性诗人（《伊利亚特》和《奥德赛》的作者肯定是希腊最好的诗人）可能抗拒参与如此新颖的事业，因为这么做不能获得什么明显的地位。对男性吟游诗人来说，名誉和荣耀来自公开表演。一份书写的文本却是个未知数。另外，参与这样的项目——大概是在私下场合背诵诗歌，同时由一位抄写员将它写下来——可能会使他脱离他的职业，或许长达几个月之久。

而另一方面，一位女性诗人，就不会对私下场合的表演有任何疑虑了。如果她是一名才华横溢的诗人，被禁止在公开场合表演，她甚至还可能意识到，通过写作或许能触及一种全新的受众。

达尔比同时提出，诗作的匿名性可能支持了其女性的作者身份。男性诗人传统上会在其作品中表明身份，并吹嘘其成就；这是树立公众形象重要的过程。由此，在荷马史诗中没有任何表明身份的信息这一点暗示，其作者是某个习惯于维护更私人形象的人：比如说一个女人。

为尝试重构史诗的创作过程，达尔比建立了理论，称《伊利亚特》肯定首先由这位无名的女诗人写成。他猜测她可能有一名男性资助人，为整个创作活动提供资金。毕竟，写诗用的羊皮纸价格昂贵。在他的要求下，她首先创作了一部传统史诗，将旧有的故事和传说编织在了一起。

达尔比想象，二十年后，同样的这位资助人肯定要求她写下第二部史诗，但是她现在年龄更长了，能够更深入地思索写作技艺和其可能性。因此，这一次，她创作了更具实验性、更复杂，同时表面上也更为女性化的作品。就这样，我们得到了《奥德赛》。

达尔比知道他的理论猜测性极强，但是他坚称这完全有可能是真的。

事实上，古典学者并没有当即否定达尔比的猜测。评论者称赞他的论证有趣且有想象力，但是他们仍然没有准备好接受荷马可能是女性的想法。他们指出，就算女性有可能在私下场合歌唱史诗，但仍然有非常长久的传统认定史诗为属于男性的类别。而且，虽然荷马史诗的作者可能并没有表明身份，但在史诗中有数名吟游诗人被间接提到，他们都是男性。你会倾向于认为身为女性的荷马，仅仅出于同性相互支持的缘故，也该在诗作中谈及女性吟游诗人才对。

还有荷马项目的开销问题。写下这两部史诗会需要很大一笔投资。山羊皮当时还没有大规模生产。一名富有的男性资助人真的会将如此耗资不菲的项目托付给一名女性吗？

最后，就是有着巨大分量的将荷马认定为男性的传统。显然，这意味着些什么。

古典学者很轻易地就承认，这些都并非反对女性荷马理论的决定性论点。你会意识到，和维多利亚时代他们的同行不同，古典学者其实还真的愿意相信荷马是一名女性。他们只是没法做到这一点。

但是，你必须承认达尔比确实说得有些道理。荷马的诗作恰恰就在文化从口头到书面转变的历史时刻出现了。写作会成为破坏性的终极技术，最终令口头文化彻底黯然失色。一名对自己的成功感到骄傲、有成就的男性吟游诗人，真的会给有可能终结自己职业的改变添砖加瓦吗？这会有点像想象印刷和音乐行业迅速接纳互联网一样。实际上，他们抵制了互联网很久。往往是那些处于边缘的人，那些并不会从现状中获益的局外人，最先看出破坏性技术全部的潜力，而在古希腊，说到一名拥有男性同行全部天赋,然而却丝毫无法共享其公开荣耀的女性,谁还会比她更像局外人呢?

耶稣是蘑菇?

在宗教崇拜中使用致幻物质的做法,可能和宗教的历史一样久远。这一主张并不是特别有争议。古代印度教文献中提到了一种叫苏摩酒的令人陶醉的饮料,而美洲土著部落数千年来一直在仪式中使用一种叫佩奥特掌的有精神作用的植物。考古学家发现在地中海各地的神庙,诸如阿波罗神庙和德尔斐神庙,所在的地点经常存在地质裂缝,那里突出的沥青石灰岩中会冒出引发催眠效果的烃气。

诸如此类实践可能对现代基督徒来说相当有异域感,就他们而言,典型的周日礼拜的醉人程度,并不会超过小抿一口圣餐酒的水平。但是据约翰·马可·阿莱格罗在他1970年出版的书《神圣蘑菇和十字架》中详述的"神圣蘑菇理论"称,基督教并非一直如此驯良。阿莱格罗宣称:"从其原本的形式来看,它与使用致幻物质关系非常紧密。"事实上,阿莱格罗认为它始于一种古代的性和药物崇拜的异教。甚至更具争议性的是,他提出最早的基督徒从未把耶稣想象成一个实际的人物。他说:"耶稣,是一只致幻的蘑菇。"

如果阿莱格罗是一个长发、眼神狂野、站在街角的激进分子,人们会很容易无视他的理论。但问题在于,他并不是这样一个人。他的学术资质可谓完美无缺。他是语言学专家,研究古代语言。他曾经在牛津大学师从该领域最著名的人物戈弗雷·德赖弗爵士,而且他是曼彻斯特大学的讲师。然而,他最值得骄傲的,是曾作为国际研究团队成员,参与研究和翻译死海古卷的任务。

死海古卷被描述为"20世纪最伟大的考古学发现"。它在20世纪40年代被发现,是由一个古代的犹太宗派在耶稣时代的大约一个世纪之前,藏在以色列昆兰附近一山洞中的一系列文献。这些羊皮卷包含了如今已知最早的《旧约》抄本。成为团队的一员，研究它们，对于所有参与者来说，都是极高的学术地位的象征。阿莱格罗在戈弗雷爵士的力荐下被指派加入了团队，戈弗雷爵士相信他是语言学界一颗冉冉升起的新星。

到了1970年，阿莱格罗已经通过他为死海古卷做的工作，而成了一位著名的公共知识分子。他已著有数本畅销书，而且频繁出现在广播和电视上。这意味着，当他开始宣称耶稣是一只蘑菇时，他的学术同行不能只是无视他。显然，他的地位使他可以有权威性地对早期基督教发表见解。

阿莱格罗理论的基石是语言学分析。他宣称，自己所拥有的希腊语和希伯来语之外的古代语言知识，为他带来了各种对《新约》的崭新见解，尤其重要的是古代世界里近东许多闪米特人用的语言阿拉姆语，以及古美索不达米亚的语言苏美尔语。学者们在最近才刚刚破译了后者。

阿莱格罗借助他广博的语言学知识，重新阅读了《新约》，他相信，在这个过程中，他发现了其中两层独特的含义。希腊语版本讲的是它的表面含义，详述了一个名叫耶稣的良善传道者传播爱的福音的故事。然而，在其下面，他宣称他发现了另一层含义，只有当一个人懂得阿拉姆语和苏美尔语时才会明白的含义。这一层含义包含文字游戏、双关语、典故交织而成的复杂网络，不断重复地提到了蘑菇。

例如：有一个关于半尼其的故事。在《马可福音》中，介绍了一对名叫雅各和约翰的兄弟，我们被告知，耶稣给他们取了外号"半尼其"。马可告诉读者半尼其是"雷子"的意思。但是，阿莱格罗指出，它并不是这个意思——在任何已知的希伯来、阿拉姆或者希腊语方言中都不是。然而，"雷子"是阿拉姆语里一个描述蘑菇的词，因为它们会在暴风雨之后出现在地面上。

另一个隐藏的提到蘑菇的地方涉及彼得这个名字，也就是耶稣主要的门徒。在希腊语里"Petros"指的是"岩石"，在《新约》里一个使用双关语的著名例子里，作为场所被使用，耶稣说："我还告诉你：你是彼得，我要在这磐石上建立我的教会。"阿莱格罗指出，这里甚至还运用了更深的双关，因为"Pitra"是阿拉姆语里蘑菇的意思。

接着是耶稣被钉在十字架上时，死前喊出的话语："以罗伊！以罗伊！拉马撒巴各大尼。"这通常被翻译成："我的神！我的神！为什么离弃我？"阿莱格罗告诉他的读者："拉马撒巴各大尼是对苏美尔语中神圣蘑菇的重要名字'利马什巴（拉）各安它'的聪明模仿。"他还进一步揭示，"以罗伊，以罗伊"令人回想起酒神狂欢者祈祷的口号"以来路，以来路"，这是他们在将神圣蘑菇从地面拔起时重复的话语。

这些只是阿莱格罗在《新约》中发现的暗中提到蘑菇的一小部分例子罢了，还有很多的地方，但是我们应该怎样看待它们呢？它们看起来太多了，没法归结为机缘巧合。阿莱格罗得出结论，说它们相反是《圣经》作者肯定从属于某种蘑菇异教的证据。

阿莱格罗一找到其存在的线索，就开始怀疑这一异教在西方宗教历史上扮演了关键的角色——之前学者们从未觉察，而只因他有这样的语言学专长才发现的角色。他开始对发现这段历史的想法着迷了。他的女儿朱迪斯·安·布朗，后来写下了回忆中这一时期对阿莱格罗的主要印象。当布朗还是十几岁的孩子，而阿莱格罗在为《神圣蘑菇和十字架》工作时，他永远都待在自己的办公室里，躲在一盘盘索引卡和大堆大堆的笔记后面，编纂着证据来支持他的理论。

在阿莱格罗终于弄清楚一切之后，他得到的故事是这样的：在很久以前的石器时代（他没有给出确切的时间），生活在美索不达米亚地区的人们中间，肯定兴起了一种对蘑菇的生殖崇拜。他想象，这些人相信雨水是伟大的天空之神的精子，落在了大地这个子宫上，从而诞生了它的孩子——植物。蘑菇对他们来说，是所有植物中特别的，因为菌类拥有非凡的力量。它们就像借助了魔法一样，没有种子，却从土壤中长出——以一种纯洁的诞生方式——而它们的形状酷似挺立的阴茎，使它们成了天空之神在大地上显现繁殖力的标志。

阿莱格罗提出，尤其有一种蘑菇，会特别吸引原始人类的注意。这就是一个能致幻的品种毒蝇鹅膏菌，它更常见的名字是毒蝇菌，外观非常独特，亮红色的菌盖上点缀着白色的小点。然而，这种蘑菇真正吸引注意的方面，倒并非其外观，而是当它被吞食时会发生的情况，因为它随后会给人以奇妙的幻觉。早期美索不达米亚人可能相信这些幻觉是瞥见了天空之神拥有的神圣知识。

阿莱格罗得出结论，围绕着对这种蘑菇的崇拜，肯定形成了一个异教团体，祭司们都致力于守护使用它所需的各种仪式、咒语和准备工作。由于这是不能与一般人分享的强大的知识，祭司们要确保对此保密，将其隐藏在精心编织的神秘代码和代名词的遮掩背后，从不曾将其书写下来。

到目前为止，一切都还算好。阿莱格罗关于古美索不达米亚蘑菇异教的理论可能被其他学者看作具有高度猜测性，但是没有几个人会因为它而生气。然而，他的下一步举动，却有争议得多了，因为他对另类宗教历史的描述一下子跳到了公元1世纪。

在介于中间的漫长时间里，他猜测，蘑菇异教不断地与君主和其官僚等世俗权威发生冲突。其祭司唤起的那种幻觉的力量过于剧烈，不合政治领导者们的胃口。它被迫转入了地下，但有零星的小团体留存了下来——这些小团体继续一代代地传递着蘑菇的神圣知识。他总结说，其中一个团体，建立于罗马的犹太行省。这是一个激进的犹太教派，其成员自称为"基督徒"。

阿莱格罗解释说："基督徒这个词，源于希腊词语'Christos'，意指'涂擦'或'受膏油'。"这些都是标准语言学中的内容。耶稣基督的含义是"受膏者耶稣"。传统的解释是，该词的含义可以追溯到古代犹太给国王涂以膏油的做法。然而，阿莱格罗却假设，基督徒可能用蘑菇制成的致幻的膏油涂在皮肤上，作为其仪式的一部分，因而得到的这个名字。而他对基督教符号的重新解读。这才刚刚开始。他的其他主张甚至更为耸人听闻。

例如：阿莱格罗宣称"耶稣"这个名字根本不是指一个人的。它实际上在古代是指毒蝇菌蘑菇的词，从希伯来名字约书亚而来，而约书亚这个词又来自苏美尔语词，意思是"拯救人的精液"，指的是代表了"天空之神"阴茎的蘑菇。

基督徒同时还频繁地提及耶稣的死亡和复活。同样，据阿莱格罗称，这也是蘑菇传统的一部分，暗指蘑菇的生命周期：它怎样很快地萌生，就好像童女生子①一样，有纯洁的诞生方式，展开其菌盖，随后死亡，但几天后又再次出现。他说："类似地，基督徒用来作为其信仰标志的十字架实际上源自蘑菇。""钉在十字架上"的阿拉姆语动词意思是"伸展开来"。因此，耶稣被"钉在十字架上"指的是蘑菇完全伸展开来的动作。而十字架本身，不过是蘑菇展开菌盖的样子的一个高度非写实化的表现而已。阿莱格罗指出，"小十字"②是阿拉姆语里描述蘑菇的一个词。

据阿莱格罗称，如果公元66年，罗马帝国没有派出军队去犹太行省，镇压那里的犹太人骚乱，引发一场激烈的战争，拖了数年之久，并以著名的围困马萨达③而达到顶峰，所有这一切可能都还是隐秘的知识。他猜测罗马人肯定尤其严酷地镇压了基督徒，他们一直通过宣称世界末日——推而广之也就是，罗马帝国的末日——近了，而煽动起许多麻烦。他说，这是他们从蘑菇导致的幻觉得到的信念。

阿莱格罗猜测，被迫逃离耶路撒冷的基督教神父下了决心，被逼无奈下把运气都赌在了写下他们的神圣传统上，以免它彻底遗失。但是，他们煞费苦心地采取了许多手段隐藏其秘密，在其中嵌入了一个故事，讲述一个友善的犹太拉比宣扬普遍的爱以掩盖秘密。这些文字就是《新约》，这就使阿莱格罗的另类宗教历史首尾相接了，因为这为他最初引用的那些神秘蘑菇的内容提供了解释，这些内容正是最初令他开启学术发现之旅的谜题。

然而，在阿莱格罗的另类历史中还有一件事。这是命运具有讽刺意味的转折，他说："它发生在接下来的几百年里，人们忘记了如何正确解

---

① 童女生子（virgin birth）：在基督教传统中，耶稣基督被认为是由圣母玛利亚因圣灵感孕而生，在这里形容蘑菇如同从虚无中萌生一般长出来的样子。
② 小十字（the little cross）：这里原文用到的词与英语里的"十字架（cross）"是同一个单词。
③ 围困马萨达：是犹太人反抗罗马人侵略最后的战役，近千名犹太男女占领了死海附近的马萨达希律王山顶宫殿并构筑防御工事。他们在这里坚守了三年。公元72年，罗马军队围困马萨达两到三个月，最终攻破城墙后，发现马萨达最后的九百余名犹太人集体自杀的历史事件。在这一史实基础上抽象出来的马萨达精神成为犹太民族英雄主义和自由品格的概括。

读基督教文本的知识。这使掩盖秘密的故事变成了人们所了解的全部,而现代基督教正是在这一误导性的表面内容的基础上出现的。"他接着说道,"但你仍然能在各种基督教的做法中看出原本的蘑菇异教的影子,诸如圣餐仪式。"他继续问道:"基督徒会参与一个涉及食用其上帝的身体和血,显然具有食人性质的仪式,这看起来难道不奇怪吗?"当然奇怪。他对读者保证,原本的仪式可没这么吓人。它不过是分享和食用其上帝——神圣蘑菇的集体行为罢了。

《神圣蘑菇和十字架》于1970年5月在书店上架。由于无法抗拒如此著名的学者宣扬如此异端观点的吸引力,英国媒体对它做了密集的推广。在这样的宣传之下,这本书迅速大卖,直到读者们发现,虽然这本书有令人侧目的主题,但却难以阅读。事实上,除了语言学家,几乎没人能读得下去。阿莱格罗以为他写下的是一本具有极高知识重要性的作品,为了使该书足够有学术性以满足他的学术同行,他还认真到在书中加入了一百四十六页的注释,分析晦涩难懂的语言学知识点的程度。

"他大概用不着费这个工夫的,因为学者们猛烈地抨击了这本书。"牛津大学基督教会学院院长、神学家亨利·查德威克做出的评论很典型,他写道:"这读起来像是'一位闪米特语语言学家的情色噩梦'。"

评论家们瞄准了阿莱格罗的语言学论点。他主张在希腊语、阿拉姆语和苏美尔语词语之间有词源学的联系。这些他所认为的联系在他们看来很荒谬。毕竟,词和短语听起来有点相似——诸如"拉马撒巴各大尼"和"利马什巴(拉)各安它"——并不像阿莱格罗认定的那样,就意味着它们之间有关联。彼得·莱维在《星期日泰晤士报》的书评中写出:"认为一个公元1世纪的犹太教派会善用苏美尔语,是件没道理的事。"

就连怀有同情的书评人,如诗人罗伯特·格拉维斯,也很难接受阿莱格罗的论点,质疑毒蝇鹅膏菌甚至是否真的生长在犹太行省,使异教成员好歹能接触到这种蘑菇。

然而,对阿莱格罗来说,最沉重的打击来自《泰晤士报》发表的一封由十五位英国一流的语言学教授联名签署的公开信。他们宣称:"该书的写作,没有依据任何他们认为具有学术重要性的语言学证据。"签名者中还有戈弗雷·德赖弗爵士,阿莱格罗在牛津读书时的教授。

后来阿莱格罗的女儿在传记中提到,这本书毁了他的职业,而且很大程度上毁了他的人生。他的婚姻破裂了,失去了工作,再也没有担任任何学术职位。他继续写书,尽管他的读者群越来越小。最后在1988年,六十五岁的阿莱格罗死于主动脉瘤。

看起来你可能无法为一本如此声名狼藉的书辩护什么——但是,事实真的如此吗?阿莱格罗的语言学论点可能没救了。就连20世纪他最忠实的维护者,如他的女儿,也承认他的语言学猜测并不具有说服力。但是,他的所谓基督教来源于一个蘑菇异教的更大的主张又如何呢?虽然这想法听起来如此奇特,但你是有可能为此展开论证的——虽然,想要这么做,你就必须愿意接受一个较大的前提:耶稣从未作为一个历史人物存在过。

就主流学者们而言,讨论到此也就结束了。牢固的共识认为:先不论耶稣有没有超自然能力的问题,他是一个真实存在的人。但是超过一个世纪以来,有少数学者坚称有令人信服的理由,去怀疑耶稣存在的真实性。这被称为"基督神话理论",而其支持者被称为"神话论者"。

他们指出,并没有直接的证据证明耶稣确实存在。据推测在他在世的几十年后,才有文字记录出现,这些记录是关于他生平全部信息的源头。这件事本身倒并没有特别重大的意义;历史上有很多人,没人怀疑他们的存在,而关于他们的记录也是这种情况。但是,他们主张,耶稣的情形更令人怀疑,因为在他的生平故事与异教崇拜的许多对象的故事之间,有显著的相似性。

在古希腊罗马时代,整个地中海地区兴起了许多异教,其追随者崇拜诸如奥西里斯、罗慕路斯、阿多尼斯和密特拉等神明。在这些对象之间有一种共同的模式。据说他们虽然由一位神明与凡人所生,但都具有人类的形态,而且他们都经历了某种折磨,并战胜了死亡,使他们能够拯救追随者。而且,尽管这些崇拜对象都是神,但据说他们都生活在地球上,有许多讲述他们在人类历史中的故事。

到了公元1世纪,这一模式已经固定下来。因此,神话论者提出,耶稣的故事只不过是这一更普遍的异教风潮的产物，不也是有可能的吗？耶稣难道不会起源自一个与地中海一带其他崇拜对象相似的神话人物，而随着时间流逝，他的故事开始被当成事实，并以真实世界的细节加以润色吗？

但是，如果耶稣是一个神话人物，主流学者们回应道：为何他的生平故事以他被钉上十字架结束呢？这在罗马帝国是一种极为受辱的死法。显然一个异教会为他们的神选择更有尊严的死法。大多数学者们相信，他们并没有这么做的事实暗示，这一细节是基于真实事件的。它表明确实有一名传道者名叫耶稣，而他就是这么死的。

虽然有这样的反对意见，但基督神话理论仍有一群即使被边缘化，但仍然很坚定的追随者。而且，对于那些愿意沿这条路走下去的人来说，问题随后变成：耶稣最初是哪一类神话人物？

大多数神话论者都相信，他曾是一个与天空或者太阳相关的神明。但这里阿莱格罗的理论就回来了，因为难道耶稣就不能是一位蘑菇神吗？如果论证是关于他到底是哪一类神话人物的，为什么蘑菇神就比天空之神的可能性低呢？毕竟，它可以解释，为何早期基督徒如此频繁地描述他们产生神秘的幻视的情况。而且不容置疑，确有古代异教围绕对药剂之神的崇拜而存在。其中最著名的当数对希腊酒神迪奥尼索斯的崇拜。与耶稣相似，迪奥尼索斯被认为曾经经历过死亡和重生。

因此，这是支持认真对待阿莱格罗理论的一种可能的论点。但是，事实仍然是，将历史人物耶稣转变为一只蘑菇来看待确实相当令人难以容忍，而这事实上突显了基督教的一个中心特点：耶稣在历史上确有其人这一点，在基督教的成功中发挥了怎样关键性的作用。一个看起来不那么有血有肉，更具神话色彩的人物不会有同样的说服力。因此，即使为了讨论，一个人愿意考虑耶稣可能源自一只蘑菇的情况，更合适的评论也应是，人们对此的了解被抹去得有多么彻底——因为基督教成为世界上一大宗教的原因，恰恰在于如此众多的人坚信，耶稣确有其人。

怪论成真：古特洛伊城

生于德国的商人海因里克·施利曼喜欢讲述他首次听说特洛伊城的故事。他说，那是 1829 年，他七岁时，他的父亲给了他一本路德维格·耶尔的《图解世界历史》作为圣诞礼物。在书中，他看到了一幅图，描绘火焰中的特洛伊古城。他很受吸引，把这幅图拿给他的父亲，父亲把他抱了起来，放在自己的腿上，给他讲传说中的美女海伦的故事。海伦对特洛伊王子帕里斯的爱如何导致她逃离了丈夫、国王墨涅俄斯；希腊人怎样派出了一千艘船，要从特洛伊人手中抢回海伦，英雄阿喀琉斯和赫克托耳是怎样在城外尘土飞扬的平原上决战的；以及最终希腊人是怎样运用诡计，藏在一座木马里，进入到高墙耸立的城堡中，随后烧毁了特洛伊城的。

施利曼宣称这个故事在他心中激起了某种感受，使他即使在如此年少时就决定，有一天他会找到特洛伊城。但是，在当时，大多数历史学家并不相信存在特洛伊城。在整个古代历史上，其存在被认为是理所当然的事，但是 18 世纪，开始时兴针对历史分析采取更怀疑的态度，疑问悄悄潜入了学者们的心里。毕竟，在土耳其西北角，特洛伊城应该在的位置，不存在任何看似一座城的明显的遗迹。19 世纪中期，当古典历史学家乔治·格罗特出版了他多册组成的《希腊历史》时，这种怀疑论获得了正统的地位。格罗特主张，有着诸多传奇英雄的特洛伊战争的故事，并不比其他古代传说，如伊阿宋和阿尔戈英雄，有更多的真实性。他带着权威的口吻宣称："诗歌并非历史。没有理由相信这座城是真实的。"

施利曼的想法并不一样，但当格罗特的历史出版时，他还是个年轻人，所以他把自己找到特洛伊城的梦想暂时搁置一旁——虽说他后来宣称他没有一天不想着这件事——转而投身于商业。他成了一名大宗商品交易商，事实证明他做得相当出色。他的语言天赋便利了他在国际商务环境中进行交易。到了 19 世纪 60 年代初，在他刚四十多岁时，他已经富有到一生都无须再工作的程度。

他出发去周游世界，然后在 1868 年，来到了地中海东部地区。他决定，是时候开始彻底追寻他寻找特洛伊的梦想了。他几年前已经自学了古希腊语，因此，手中拿着荷马的《伊利亚特》，他走访了土耳其西北部的一些地方，将那里的地标与荷马对特洛伊周围地貌的描述相比较。

荷马写道："从特洛伊城，你可以看到艾达山积雪的山顶，那里有两条河，那里距离海岸很近，希腊战士们可以轻易从他们海边的营地走到这座城。"借助这些线索，施利曼最终认定，靠近现代海港恰纳卡莱的一个叫希萨利克的地方肯定就是特洛伊城所在地。

施利曼对他认定的这件事信心满满，以至于甚至在开始挖掘前，他就以一本书的形式发表了他的结论，书名叫《伊萨卡，伯罗奔尼撒半岛和特洛伊》。学者们并未被说服。法国历史学家欧内斯特·勒南声称他是个傻瓜，而其他人嘲笑他不过是名商人。他们问道：他又能知道些什么呢？

施利曼仍然保持着顽强不屈的精神。他们的怀疑只不过让他更坚决地要证明自己的主张而已。1870年，他雇用了一支挖掘团队，并在希萨利克开启了全面的挖掘工作。他们挖了一道深四十五英尺的沟，直接穿过挖掘地的小山，揭示那里绝对曾经坐落着一座强大的城市。事实上，挖掘工作显示，城市曾经被建造和毁掉了九次。这些地层垂直地互相堆叠在彼此上方。

施利曼最大的成就在1873年5月到来，当时他发现了被他称为"普里阿摩斯的宝藏"的物品（在荷马史诗中，普里阿摩斯是特洛伊的国王）。那是令人惊叹的一系列青铜、银质和金质的物品，包括珠宝、战斧、剑、盾和花瓶。这些宝藏看起来显然可以配得上古代特洛伊城。这个发现在全球登上了新闻头条。和其他挖掘中发现的证据一起，施利曼已经证明专家们是错的，至少对于大众媒体而言，这一点已经很明显。他确实发现了古代特洛伊城。

许多年过去，学者们仍然拒绝相信他的主张。然而，在20世纪继续的挖掘工作令他们大多数人同意：希萨利克可能确实是特洛伊城，虽然并没有确凿的证据，如刻着普里阿摩斯名字的宝座被发现，但是这里处于正确的位置。这是一座富有的城市，而且有证据表明在青铜时代末期这里存在武装冲突，这正是历史学家认为特洛伊战争发生的时期。因此，人们的想法也就成了：为什么这里就不能是特洛伊城呢？

这似乎在特洛伊城存在与否的问题上证实了施利曼是对的，但是，虽然如此，他的名声其实并不太好，事实上，几乎可谓一片狼藉，因为事实看来，刚才所讲的关于他寻找特洛伊城的终生梦想，以及他如何对抗怀疑者开展搜寻的故事，实际上本身是混合了虚构和真实的产物。随着历史学家开始更仔细地审视他的人生，查看他坚持写下的日记，他们得出结论，他是一名惯于自我夸耀、积习难改的骗子。是的，他的确在古典学者坚称特洛伊城只是传说的情况下，在希萨利克进行了挖掘，但是那之后人们发现，他从一位温文尔雅的名叫弗兰克·卡尔弗特的英国侨民那里，偷取了发现该城的功劳。

真相看起来是，虽然施利曼有此宣言，但他从未有过找到特洛伊城的儿时梦想。这个故事纯粹是杜撰出来的，是在发现特洛伊城之后，围绕他建构的传说的一部分。19 世纪 60 年代初他从商界退休，经历了一场中年危机，到处寻找可做的事以赢得与财产相匹配的文化声誉，这时他才对考古学产生了兴趣。他一开始对成为作家做了简短的尝试，但随后，在索邦大学听了几场考古学讲座之后，他锁定了考古学。但直到 1868 年他在土耳其巧遇卡尔弗特之后，才将特洛伊城当成了他人生的重大成果。

多年来痴迷于找到特洛伊城的其实不是施利曼，而是卡尔弗特。在施利曼现身于地中海东部的很久之前，卡尔弗特就已经将希萨利克确定为特洛伊城可能的位置了。他甚至买下了这里一半的土地来获取挖掘权，而且他在那之后还试图吸引大英博物馆资助这里的挖掘工作，但是他们回绝了他。他已经自行开始了挖掘，但由于缺少空闲时间和资金，他的工作没什么进展。

1868 年，当施利曼出现在土耳其时，卡尔弗特觉得那是他的幸运日。他遇见了一位对考古学感兴趣的富商！卡尔弗特分享了关于希萨利克他知道的一切，而施利曼报之以热切的聆听。

施利曼值得称道的一点是：他即刻意识到卡尔弗特给予他的机会，而他把握住了这个机会。但是，不再需要卡尔弗特的施利曼胁迫他靠边站，卡尔弗特却缺乏有效反击的性情和计策。其结果是，到 1875 年，施利曼作为特洛伊城的发现者，在公众中尽享荣耀。他还出版了另一本书——

《特洛伊及其遗迹》——得意扬扬地描述着他在挖掘中的贡献。在书中，他甚至根本没有提到过卡尔弗特。

因此，特洛伊城的发现的确提供了一个学术专家犯了错的例子，但这并非你希望读到的那种具有启发性的故事。故事的寓意倒并非要告诉你：即使批评者认为不可能实现也要追寻你的梦想；反倒是说，要当心到底与谁分享你的梦想，因为一名富商可能偷走它，并在它实现时把所有的名誉据为己有。

耶稣是恺撒大帝？

公元33年，犹太行省的罗马军队处决了一位名叫耶稣的犹太传道救世主。对他们而言，这只不过是一件小事。自然，他们中没人预见到他的死可能对他们的帝国有任何长期的影响。但是，当然事实正是如此。他的追随者，基督徒们，在整个地中海地区扩散开来，将其领袖的信息布道给所有愿意聆听的人，信徒人数以惊人的速度增长，最终取代了整个帝国各种异教信仰。如今，全球人口的大约三分之一均为基督徒——人数超二十亿。

那么，早期基督教是如何能够完成如此壮举的？一名来自加利利偏僻森林的木匠所创的无名教派，是如何最终拥有如此巨大的全球影响力和力量的？据教会称，促成大批古罗马人民皈依基督教的，是殉道者面对迫害时的勇敢。世俗学者们还指出许多其他的因素，诸如早期基督徒不停歇的传福音和传教工作，以及他们所建立的有着强大凝聚力的人际网络等。

20世纪90年代，一位名叫弗朗西斯科·卡罗塔的意大利语言学家带着一个奇怪得多的答案站了出来。据他称，主流历史学家们论证的前提是错误的。他们认定基督教开始于一个无名的犹太教派，而他主张，真相极为不同。他相信基督教实际上起源于罗马帝国最高阶层，因此从一开始背后就有巨大的帝国资源支持。这怎么可能呢？这是因为耶稣并不是人们认为的那个人。事实上，他是历史上最大的一例身份混淆的产物。卡罗塔坚持认为：耶稣，实际上是尤利乌斯·恺撒。

卡罗塔第一次想到耶稣真实的身份是在 20 世纪 80 年代，当时他正在看恺撒雕像的一张照片。尽管恺撒是一名军事领袖，在公元前 1 世纪几乎成为罗马的首位帝王，但罗马的艺术家们往往把他塑造成感情深挚、具有灵性的样子——在卡罗塔看来非常像耶稣的样子。这个想法就在此时出现在他脑海中。恺撒的面容如果就是耶稣基督最初的面容呢？

卡罗塔变得格外沉迷于这个想法，以至于他最终卖掉了他创建的软件公司，并利用他此前受过的语言学和古代历史的学术训练，把所有的时间投身于研究恺撒和耶稣的联系。结果就是 1999 年，他出版了厚达五百页的书，详述他的发现。最初的德语版书名将他的论点以问题的形式展现——《耶稣是恺撒吗？》，但 2005 年英语译本的书名则更为言之凿凿——《耶稣就是恺撒》。

卡罗塔的论证主要基于一个在古典历史学家中间众所周知，但公众却不太了解的事实：恺撒曾作为一位神被人崇拜过。一群古罗马元老院议员在公元前 44 年刺死了恺撒，他们宣称这么做是为了阻止他将罗马共和国转变为帝国，然后自己当元首。然而，这次刺杀行动并没能阻止罗马共和国转变为帝国，它只是将其延迟了十七年而已。恺撒收养的儿子屋大维（随后被赐予了奥古斯都的头衔）继承了他的位置，成了第一任皇帝。但同时，恺撒的追随者们很快就宣称他们倒下的领袖是一位神明，和朱庇特——罗马万神殿的众神之王的地位相当。他们在地中海周围建造寺庙和纪念碑，以纪念"圣神尤利乌斯"。恺撒成了罗马领袖中第一个上升到了神的地位的人，虽然他并非最后一个。随后的一些罗马皇帝，如奥古斯都，也被认为是神。

这一崇拜恺撒的异教，卡罗塔主张，是基督教最初的形式。所有与耶稣基督相关的符号和故事都是先从那里出现的，神圣的恺撒被置换成了神圣的耶稣。

卡罗塔首先将他的论点建立在对耶稣和恺撒人生的一系列语言学和描述的相似性上。他坚称，不管耶稣人生中发生了什么，都可以在早前恺撒的人生中找到对应的情形，就好像有人不过是微调了恺撒的生平传记，将名字和细节稍作改动，将它转变成了耶稣的故事一样。

最明显的相似之处是同样的首字母缩写——J.C.①，两个人是一样的。随后，还有恺撒作为高卢——或加利亚（Gallia），根据拉丁拼法——一名将军崛起的事实，而耶稣在加利利（Galilee）开始传教。加利亚和加利利，是巧合吗？从加利亚，恺撒向南行，来到一座圣城（罗马），在那里他被深恐他渴望成为王的罗马敌人所杀，在那之后，他升到了天上成了一位神。类似地，耶稣向南行，从加利利来到一座圣城（耶路撒冷），在那里他被宣称他渴望成为王（犹太人之王）的罗马人所杀。在那之后，他也升到了天上成了一位神。

刺下致命一刀而杀死了恺撒的元老院议员是盖乌斯·卡西乌斯·朗基努斯。而根据基督教早期的传说，在耶稣被钉在十字架上时，一名罗马的名叫朗基努斯的百夫长用长矛刺伤了他的侧腹。

恺撒和耶稣都遭到了背叛。布鲁图斯背叛了恺撒，而犹大背叛了耶稣。这两个名字并不相似，但是卡罗塔指出布鲁图斯的全名是德西莫斯·尤尼乌斯·布鲁图斯。尤尼乌斯，他的姓氏，在希腊语中写作"Junas"，与犹大（Judas）很像。

接着，还有耶稣身上发生的神迹的故事，卡罗塔主张，这些故事与民间流传的恺撒在军事战役中许多奇迹般的壮举的故事相似。例如：在古罗马历史学家阿皮安的著作中，我们可以找到一篇关于恺撒命令其军队在夜间渡过布林迪西附近海域的故事。为了帮助他的手下，他乔装和他们一道登上了船，但是渡海开始变得困难起来，他的手下感到害怕。这令恺撒显出了真实身份，并说："不要怕，恺撒在你们的船上，恺撒的幸运与我们同在！"他们安全地渡过了这片海。

这与耶稣最著名的神迹，也就是据说发生在他的信徒试图在夜间渡过加利利海时，他行走在海上的故事奇怪地相似。被暴风雨袭击的他们害怕会丢了性命，这时他们突然看见耶稣穿过海浪，走在水面上。他走近他

---

① J.C.：尤利乌斯·恺撒（Julius Caesar）和耶稣基督（Jesus Christ）的名字首字母缩写都是 J.C.。

们并用和恺撒相似的话语说:"鼓起勇气吧!是我,不要怕。"而他的信徒们安全地渡过了这片海。

卡罗塔挖出了更多耶稣和恺撒之间的相似之处。他的终极目标,其实是将所有福音书中的内容都回溯到恺撒的人生中去。然而,所有这些可能的相似之处,却似乎忽视了两个人之间最基本的差异,也就是耶稣是一位贫穷的木匠,他传递和平的启示,而恺撒却是一名无情的、强有力的将军。这样两个截然相反的人物的身份怎么可能被混淆呢?

据卡罗塔称,这个过程开始于恺撒崇拜教的兴起,因为它有许多内容之后会与基督教联系在一起。

首先,是恺撒本人。虽然他的确是一名将军,但卡罗塔指出他同时还在罗马人民中间有穷人捍卫者的名声,以纪念他同情和宽仁的心地。这些同样的品性之后也加在了耶稣身上。

数千人参加了恺撒的葬礼,以哀悼他们的伟大领袖的去世,卡罗塔主张,在葬礼上设置的一个有趣的戏剧性装置为基督教十字架的符号打下了基础。它是一个像十字架的装置,上面附上了恺撒的蜡像,展现他双臂张开已经死去的样子。这随后被竖立了起来,这样整个人群都可以见证恺撒的伤口。据说,它激怒了悲伤的人群,他们一致起身,涌入罗马的街道,寻找谋杀恺撒的人。

在恺撒的葬礼之后,恺撒崇拜教在整个帝国蔓延开来,当时从法国北部一路延伸到埃及,并囊括了整个地中海地区。他的两个儿子屋大维和马克·安东尼,恺撒以前的得力助手,都推广了这种崇拜。它尤其在那些恺撒的老兵中扎根,他们对其前领袖的回忆保持着极度的忠诚。在整个帝国中,他将小块土地授予他们,以报答他们的工作,从而赢得了他们的效忠。这些退役的老兵在他们的土地上定居之后,成了散播这一信仰的传道者。据卡罗塔说,他们随身携带一份神圣文本——由恺撒的一名追随者阿西尼厄斯·波利奥在恺撒死后很快写下的恺撒的传记。卡罗塔想象这些老兵将这份文本用来作为某种恺撒的福音书,从中学到恺撒的美德、同情心和奇迹般的人生的故事。

卡罗塔指出,如果这些军队的老兵是该信仰最初的一批传道者,这或许能解释为何基督徒开始将非信徒称为"教外人"（pagans）。这个词来源于拉丁词语"pagus"意指"村庄"。老兵的营地经常位于村庄的郊外，所以对这些退役的战士来说，将他们自己，恺撒的崇拜者，和身为非信徒的当地村民（pagans）区分开来，也就是一件很自然的事了。

而老兵是传道者这件事可能还解答了另一个谜题：为什么早期的基督徒作家对于抄本的形式，相对于连续的卷轴展现出了显著的偏好？抄本是一个术语，指一本由一堆书页装订好制作成的书。这也就是说，它是现今几乎所有书的形式（不算电子书）。最早的抄本出现于大约公元1世纪，而基督徒迅速热情地采纳了这种形式，而非基督徒作家却坚持用了几个世纪的卷轴。

学者们并不确定为何情况会是这样。为什么基督徒会在意他们写在抄本还是卷轴上？对卡罗塔而言，理由却非常明显。这是因为抄本的发明者被广泛认为就是尤利乌斯·恺撒本人。故事是这样的，在军事战役中，他开始折叠他的卷轴，叠成像手风琴那样的折页，发现这样更易于阅读，这随后就启发了人们创造出抄本。因此，他的追随者，老兵们，更偏爱这一形式也就完全说得通了。这是一种模仿和纪念他的方式。

在卡罗塔反传统观念的历史中，许多基督教的元素，诸如十字架、神圣文本和追随者群体现在都涉及了。该信仰同时也在整个帝国中散布开来。然而，恺撒仍然是这种崇拜的中心人物。他是怎么会被替换成耶稣的？卡罗塔相信这涉及了有意地欺骗。这是由罗马皇帝维斯帕先在公元75年前后，在他皇宫中的一名犹太历史学家弗拉菲乌斯·约瑟夫斯的帮助下策划的阴谋。

在成为皇帝之前，维斯帕先作为镇压了犹太人在犹太行省起义的将军而掌权——这是一段漫长而血腥的战争，发生于公元66年到公元73年。在冲突之后，卡罗塔猜测：维斯帕先曾寻找一种方法让犹太人融入整个帝国，确保他们不会再次叛乱。从罗马帝国的视角来看，犹太人的麻烦在于他们宗教上的热情，因此维斯帕先的点子是通过把他们转变成皇帝的崇拜者，来弱化他们的宗教热情。然而，他意识到：为了使这件事成真，帝王崇拜教必须被转变成为一种可以在他们之间引起共鸣的形式。它必须被犹太化。维斯帕先给了约瑟夫斯一个任务，实施这一计划，而他尽职尽责地开始了工作。

他的策略是创造一个犹太版本的恺撒崇拜教。他用波利奥写的恺撒传作为基础，随后，他基本上将恺撒最后的日子的故事植入到了犹太行省，用一个想象出来的名叫耶稣的犹太人传道者取代了恺撒。卡罗塔宣称，这些转变带来的文本就是《马可福音》。历史学家认为这部福音写于犹太战争前后，因此约瑟夫斯作为其写作者的时间是可以合上的。在此，我们还遇到了卡罗塔提出的另一个基督教和恺撒之间有趣的联系，因为学者们实际上并不知道写下《马可福音》的马可到底是谁。这一直是个谜。但是对卡罗塔来说不是，他相信这是指马克·安东尼。

手里拿着这部福音的约瑟夫斯随后开始推广这一新的信仰，使用了老兵的营地作为他行动的基地。他重塑的恺撒人生的这个版本取得了巨大的成功，其他的就是历史了。卡罗塔宣称，约瑟夫斯本人后来可能改换了自己的身份，把自己变成了门徒保罗，作为早期教会领导者，扮演了关键角色的罗马犹太人。

那么，对基督教来说，事情就是这样的吗？其信徒必须承认他们实际上是恺撒教徒吗？耶稣圣诞节应该被改为恺撒圣诞节吗？

卡罗塔的理论确实获得了一小群热情的支持者为它发声。在他们的帮助下，卡罗塔的书和文章从德语被译成各种语言：丹麦语、英语、意大利语和法语。但是，当然，基督教眼下并没有面临危险。对卡罗塔理论的负面反应远远多于积极的反应。批评者们抨击它是伪科学、古怪、是一个糟糕的玩笑、江湖骗子的工作、纯粹是疯了，以及（最佳评语）"猴子饲料"。从没有学术期刊花时间审读过他的书。

最频繁出现的批评是，卡罗塔在恺撒和耶稣之间发现的相似性无足轻重，而且极有可能纯属巧合。而且，他的贬低者问，说真的，恺撒崇拜教怎么能转变成基督教，却没引起古典世界的任何人做出评论呢？没人提起过任何事，这似乎太令人瞠目结舌了。而且，卡罗塔重新把基督教想象成了一个被犹太化的罗马异教，而不是被罗马化的犹太教派，直接无视了描绘耶稣传道和1世纪犹太文化之间紧密联系的大量学术研究。

所以也许卡罗塔的理论确实可以被斥为荒谬。但是，若为他辩护的话，如果你将他的论点简化到其精髓（忽略关于恺撒实际上是耶稣的部分），他在暗示的是在帝王崇拜和基督教之间有着紧密的联系。他想象没有前者，后者可能就从不曾兴起。如果这样表述，他的理论其实也并没有那么疯狂。事实上，它几乎与最近的许多学术研究的观点相一致。

很长一段时间以来，学者们都认定帝王崇拜并非真正的宗教——它不过是政治，不过是精心编造的假象，以及某种罗马帝国为了强迫其属地表示顺从而想出的办法。

由于牛津的历史学家西蒙·普莱斯的工作，这些观点在20世纪80年代开始被质疑。普莱斯发现了证据，证明帝王崇拜是一种相当真诚的信仰形式。他证明，帝王崇拜往往是草根运动，自发地在整个帝国中涌现出来，而不是古罗马从上至下的产物。普莱斯主张，帝王崇拜为人们提供了一种方法，与帝国本身达成和解。从他们的角度来看，帝王的的确确对他们的人生有着神明一样的影响力，因此对他们来说，把他当成一位神明来崇拜是很自然的事。

但是，如果帝王崇拜是一种信仰的真实形式，这就使它和基督教关系的故事变得更复杂了。学者们开始怀疑，基督教并非填补了异教瓦解所制造出来的空白，而是在帝王崇拜的基础上兴起的。学者中间浮现的共识认为，事实上，似乎这才是真相——帝王崇拜深刻地影响了早期基督教，后者从前者那里采纳了大量的词汇和符号。

例如：《新约》学者巴特·埃尔曼曾主张："基督教宣称他们被钉上十字架的领袖是一位神，几乎与罗马人将他们死去的帝王称为神同时，这并非仅仅是巧合而已。由帝王崇拜提供的人如何能转变成神的例子是很难被人忽略的。"类似地，福特汉姆大学的教授迈克尔·佩帕德指出："尤利乌斯·恺撒收养的儿子奥古斯都皇帝，被正式以'神之子'的名字称呼，同样的头衔后来又用在了耶稣身上。"

认为基督徒会从帝王崇拜中吸取一些元素进入他们自己的教义中是有道理的，即使只是为了用它们来反衬他们自己的信仰。毕竟，这是地中海周边地区潜在的皈信者熟悉的符号语言。

从这一角度来看的话，所有卡罗塔发现的恺撒和耶稣之间的相似之处，似乎也就不是那么不可行了。主流学者绝对不会同意耶稣实际上就是恺撒，但是基督教是否曾经从恺撒崇拜教中借取元素，将他们的许多故事加以调整，从而修饰了他们救世主的故事呢？这个想法当然是有争议的，但确有可能。在这种情况下，耶稣不会是恺撒，但他的生平可能包含有一些内容，回响着这位死去的将军的人生。

中世纪早期从未存在过？

尝试一下这个简单的测试。说出公元 614 年到公元 911 年间发生于欧洲的事件。

如果你是一名历史爱好者，这可能是一个简单的问题。毕竟，那一时期有许多事件的记录。公元 8 世纪有加洛林王朝的兴起，在查理曼大帝的统治下达到顶峰，还有公元 9 到 10 世纪给欧洲大部分地区带来恐慌的维京人劫掠。

如果你能够说出一些事，祝贺你。但如果你不能，也别担心。虽然大多数历史学家从不会这样说，但是，据德国学者赫里贝特·伊利希称："'什么也没有'会是最确切的答案。"伊利希是"幻影时代假说"的建立者，根据这一理论，公元 614 年到公元 911 年之间的二百九十七年从未发生——它们被凭空想象了出来并嵌入到了欧洲的历史中。他相信人们认为应当发生于这个时代的事件——查理曼大帝的崛起和所有其他事件——完全是编造出来的。

据伊利希回忆，20 世纪 80 年代末，他第一次偶然想到大约三百年被加入到了日历中的想法。虽然已经得到了德语和文学研究方面的博士学位，但他却是作为一家银行的系统分析师生活的。这显然不是他梦寐以求的工作，但他得以维持生计。随后，有一天，他在思索 16 世纪格里高利历的改革时，意识到这件事中潜伏着一个谜题——这个谜题引导他得出幻影时代的想法。

1582 年，格里高利教皇下令对日历进行改革。问题在于由尤利乌斯·恺撒于公元前 45 年建立的儒略历，渐渐地变得与季节无法同步了。儒略历的一年是 365.25 天长，但这比实际的太阳年少了六百七十四秒。跨越几个世纪之后，少了的时间越积越多。教皇意识到，如果不马上采取行动的话，复活节很快就要在冬天而不是春天举行了。他的学者们，在他的要求下，决定为了使日历重新符合太阳年，需要跳过十天的时间，而这就是教皇下令做的事情。

据伊利希来看，这里就是谜题所在。为什么只是跳过十天呢？每一百二十八年，儒略历都与太阳年错开额外的一天。这意味着：到了 1282 年，错开的时间会累积到十天，这正是教堂跳过的天数。但是当然，他们改革日历是在 1582 年，而不是 1282 年。有额外的三百年没有被计算在内。他们本应该跳过十三天，而不是十天。为什么有这种差异呢？

伊利希认定只有一种可能的解释。在公元前 45 年到公元 1582 年之间，肯定大约有三百年被加入到了日历中。

伊利希意识到，他思索的事情在传统学者看来会过于大胆，但他仍然继续沿着这一思路想了下去。如果有三个世纪曾被加入到日历中，他自问，哪些世纪最像是假的呢？它们很可能文献记录很少，他推论道，整体而言缺乏原始材料。毕竟，伪造的历史永远不可能比得上真实历史的那种丰富。历史学家则可能将那些世纪当成鲜为人知且极少有人理解的时期。在欧洲历史中有这样的时期吗？他即刻想到确实有这样的时期。那就是构成所谓黑暗时代的大部分时间的几个世纪。

黑暗时代是一个模糊的概念。其时间范围并没有被严格地界定。它通常用来描述从公元 476 年西罗马帝国终结到大约公元 1000 年的这段时期。现代历史学家根本不喜欢这个概念，认为它主观得毫无必要。他们更愿意称这段时间为"中世纪早期"。但是黑暗时代这个词在流行的用法中被保留了下来，因为这段时期似乎确实挺黑暗的——由于现存的原始材料的匮乏，我们对它知之甚少。它同时也是欧洲历史上一段相当阴郁的时期，最黑暗的时期持续了大约三百年，从公元 600 年到公元 900 年。

欧洲文明在这几个世纪里，仿佛掉下了悬崖一样。在罗马帝国原先的土地上，兴起了数个野蛮人的王国，而且虽然其统治者一开始试图保留罗马的法律和风俗，维持一个他们在维护帝国秩序传统的表象，但随着时间过去，一切都开始土崩瓦解。人们不再建造基础设施。罗马人伟大的工程项目变成了废墟。人们的识字率骤降，虽说一开始这个数字也不怎么高，随着学识的传统被毁，知识也被人们丢失了。

关于是什么引发了这种衰落，有许多猜测。有很多理论把它归因于地中海贸易受到海盗的干扰，或者甚至是在中美洲发生了巨大的火山爆发可能引起了气候变化，影响了欧洲的农业。但大多数历史学家现在将之归咎于疾病的影响。自公元3世纪开始，一系列传染病席卷了欧洲，并且，随着时间过去，这些传染病持续不断地攻击人类社会。人口水平急剧地下跌。没有足够多的人维持文明在其原来的水平上了，欧洲许多人口回到了一种更为原始的生存方式。

但是，伊利希问道，若衰落的真正原因在于，它其实是虚幻的呢？黑暗时代之所以黑暗，若是因为它们其实是虚假的呢？

以此方式，伊利希将这些世纪的不为人知，重新塑造成了一种人们对年表动了手脚的迹象，而不是疾病和低人口的表现。他说："真相是，在西罗马帝国覆灭之后，欧洲在发展的路上只经历了轻微的颠簸，然后就又回归稳定的上升期，取得了中世纪中期的经济和文化成就。"他挑出了公元614年到公元911年作为虚假时期的时间界线。前面的年份对应东罗马帝国将耶路撒冷输给波斯人的时间，后面的年份是维京公爵罗洛和西法兰克王国国王查理三世签订条约的时间。这两个事件，他认定，都确实发生了，但是其间所有的事件，包括加洛林王朝的兴起，他都认为只不过是虚构的而已。

如此惊人的年表操纵事件怎么可能发生呢？这样精心的策划肯定是有设计师的。他们会是谁，为什么他们会这样做呢？

伊利希的怀疑聚焦于一位年轻的统治者——奥托三世身上，他属于奥托王朝，该王朝于公元10世纪在整个德国和意大利北部建立了广阔的王国。据传统历史记载，奥托三世出生于公元980年，在他的父亲奥托二世去世后，仅三岁他就成了国王。但随着他成年，年轻的奥托培养出了极强的野心。他不仅想要统治欧洲最大的王国,还想领导他称为"罗马帝国复兴"的运动。然而,奥托三世的计划却因为他二十一岁时死于发烧而中止了。

伊利希提供了奥托人生略有不同的版本。他保留了这位统治者生平的大框架,但是把他放在了一个更早的世纪中。据伊利希的测算,奥托出生于公元 683 年而不是公元 980 年,但他仍然把奥托看作一位具有强烈野心的年轻人。事实上,伊利希猜测他的渴望很可能远不止于政治领域,还涉及精神领域。伊利希想象奥托不仅想要在凡人的事务方面成为领袖,而且想在宇宙本身神圣的领域成为领导者。他渴望成为地球上耶稣基督的代言人,成为审判日到来前迎来宇宙最后一千年的那个人。

当时的基督教教义认为世界会存在七千年,每一千年被认为与上帝的一天相对应,从而加在一起可以对应创世的七天。据公元 7 世纪的学者计算,他们当时生活在第六个千年里。关于第七个,也就是最后一个千年何时开始有不同的估计,但是一千年在许多人看来是很合适的猜测。毕竟,《圣经》的《启示录》预言了撒旦会受困一千年,这可以被解读为:他会在耶稣诞生的一千年之后回来。这标志着最后一千年的开端,引发善良与邪恶的力量之间一场壮烈的缠斗,引向世界的末日。

这些并非边缘思想。这些是教会正统、官方的教导。在整个基督教世界,对最后一千年的来临有着热烈的盼望。毫无疑问,奥托三世也有这样的信念。但伊利希认为奥托在实现自己巨大的野心方面面临一个麻烦,因为他出生的时间太早了,在公元 683 年,这意味着最后一千年还远隔三百多年呢。

因此,伊利希猜测,奥托的心里可能形成了这样的想法,认为最后一千年并非处于几百年后的未来,实际上近在眼前。这是末日教成员中间常见的心理现象。他们经常想要加速末日的到来。他们说服自己相信,他们正在见证末世。

如果奥托真的相信这个的话,那么日历上的实际日期就会成为一个小小的麻烦。他可以简单地改变日期来匹配他狂热向往的千年幻梦。毕竟,他是皇帝,也许他说服自己相信他只是在改正年份,而不是改动年份。

或者也许他没有靠自己想出这个点子。教皇西尔维斯特二世可能将这个点子悄悄说给了他听,来迎合这位年轻统治者的虚荣心。为了实现这一计划,在教皇和奥托之间形成某种共谋关系是必要的。

在定下了这一宏伟计划之后,奥托派出了送信人,向他整个王国中的教士传达命令:向日历添加三百年的历史。他们应该会顺从地伏案开始工作。我们不必想象他们会不情愿地服从。毕竟,他们很可能与皇帝一样,有着对最后一千年的期待;这是当时那个时代的思维模式,都是见证《圣经》预言在当下发生的热切期盼的一部分。

这样的计划或许听起来太不可能了。显然就算是一位皇帝也不可能设计出如此惊人的骗局!但是伊利希反驳道,这是在以21世纪人的思路想问题。在现代世界,暗中在日历里加上三百年是不可能的,但是在公元7世纪,这不仅有可能,而且还会很轻易就能做到。

在中世纪早期,大多数人并不知道当时的年份是什么。这一信息与他们没有关系。只有少数教士和抄写员知道如何阅读和书写,只有他们关心日历。奥托可以改变年份,而这不会在他的王国中大多数人的生活里激起任何的涟漪。文化范围内普遍的漠不关心帮了他的忙。

同样重要的是,在公元7世纪,几乎没有人使用公元纪年法的年份系统,因此改动它不会遇到任何反对。在当时,记录事件时间最普遍的做法仍然是提及在位的统治者。例如:人们会说,某某事件发生于奥托三世在位的第五年。

使用耶稣诞生的年份为0年的做法在525年前后由一位名叫狄奥尼西·埃克西古斯的斯基泰僧侣引入,但是它流行起来得很慢,只在奥托王朝时代前后才被普遍使用,即使在那时,其采用亦进展十分缓慢,因而直到1627年,才有人想到使用它对应的公元前的纪年方法。据伊利希称,一位下了合适决心的皇帝操纵公元纪年日历肯定不会是一件困难的事。事实上,他主张,我们如今在使用公元纪年法,恰恰是因为幻影时代的策划者们推广了它。

1991年,伊利希发表了他的假说,在一本德语的名为《虚构的中世纪》的书中详述了他的观点——还是应该说,他在1694年发表了它,才更确切呢？

德国的历史学家持怀疑的态度。伊利希的主张在他们看来太过荒谬，甚至不值得他们做出什么回应，而且若不是这本书开始登上了畅销书榜单，他们大概会直接忽略它。但是，这本书的确吸引了公众的注意，于是他们感到有义务发表某种反驳，可他们能说什么呢？你如何能证明这三百年实际上发生了呢？

伊利希的假说实际上对历史学家提出了真正关乎存在本质的问题，而这可能是它最有趣的一方面。这些问题包括，是什么使我们可以确定地谈论任何关于过去的事？我们关于历史的知识最根本的基础是什么？

这些问题如此基础，人们一般从不会在关于历史方法论这样枯燥乏味的学术讨论之外提及这样的问题。然而，伊利希却用一种非常公开、轰动的方式提出了它们，挑战了历史知识本身的正确性。

因此，历史学家耐心地试图解释，使他们相信中世纪早期确实存在的证据类型。他们指出，那个时期存在考古学证据。这包括建筑，其中一些还相当宏伟，诸如公元 800 年在亚琛①为查理曼大帝建造的巴拉丁礼拜堂。还有世界比较历史学的存在。全球其他地区的年表，如中东和中国，与欧洲的历史无缝地衔接。如果西方日历里三百年都是虚构的，这样的情况怎么可能存在呢？

然而，他们认为最具说服力的证据是从黑暗时代保存下来的超过七千份原始文本。它们从一个国家到另一个国家间的内容都是内在一致的。来自英国的编年史学家的信息和法国及德国的相匹配。如果这些都是虚假的，这将要求大批的僧侣和教士参与伪造历史的国际阴谋。这样的想法表面上听起来十分荒谬。

历史学家承认没有一份证据靠自己可以证明黑暗时代的真实性。相反，是所有证据的总和，每一份之间的相互支持，提供了信念的牢固基础。

然而，伊利希并不买账。他和他的支持者挑战了每一种证据。为什么不考虑大范围伪造者共谋的可能性呢？他们问道。毕竟，很难认为中世

---

① 亚琛（Aachen）：德国的城市。

纪教士有诚实的名声。历史确切性的现代理念那时候还没有发展出来呢。对教士来说，保留记录的目的在于支持教会或者国王的利益。如果需要的话，他们会愉快地在记录上造假。

至于世界比较历史学，伊利希猜测其他文化会很轻易地将幻影世纪纳入到他们自己的年表中，他的想法是，如果提供给古代的统治者一块空白的历史画布，他们会找到什么办法来填满它。至于考古学证据呢？他将它们斥为弄错了时间。

面对这些论点，大多数历史学家得出结论，没有必要进行进一步争论了。他们对进一步讨论伊利希的假说采纳了一种非正式的禁止措施，并将这一原则称为"沉默的死亡"。

但是，伊利希确实以他奇特的方式确实道出了正确的一点。他说历史知识都不是绝对的，这没有错。历史知识总是围绕着不确定性。这也是为什么人们有一种倾向，看轻历史知识，认为它并不像实验科学，如物理学和化学中得到的知识那样地严格和客观。它被看作天然更具有猜测性和间接性。这也可能是诺贝尔奖不发给历史学，甚至也不发给地质学的部分原因。这可能也是这些学科中满是奇怪理论的原因，因为证据更容易被加以不同的解读。

基于此，系统性地质疑每一件历史证据的真实性是有可能的。激进的怀疑主义确是一个选项。事实上，甚至可以比伊利希走得还要远。1921年，哲学家伯特兰·罗素提出了后来被称为的"五分钟假说"理论。他指出整个世界可能都是在五分钟以前诞生的，并由人们对早期的记忆补充完整。因此，忘了中世纪早期不存在的事吧。我们甚至怎么能知道昨天真实存在呢？①

罗素主张我们实际上无法确定地知道这一点。你可以像勒内·笛卡尔一样得出结论，存在本身是我们能够确信的唯一的事："我思故我在。"在这之外，一切都可能是假象。

---

① 这使人想起了宇宙可能是一个电脑虚拟世界的想法。请见"第一章：宇宙难题"。事实上，幻影时代假说可以被看成虚拟世界假说的一个变体，中世纪僧侣是虚拟的历史记忆的设计师。

几乎所有学者都把这种思考方式看作思想的死胡同而拒绝接受它，它的确是。它否认了证据的可能性，因为从理论上来说，这些证据可能都是人为制造出来的。然而，如果你想要走这条道，没有什么能阻止你前进。如果你想要质疑一切，那么你必须承认有一种逻辑上的可能，过去从未存在过。

后 记

我们谈及了许多领域，探索了宇宙最初的时刻，探究了生命的起源，见证了人类物种的演化，并且最终抵达了文明的兴起。现在，我们可以看到，现代世界模糊的框架开始显现：民族国家的形成，世界上各大宗教的建立，以及促进科学技术发展的大学的创建。

到这里，我们的旅程就该结束了。这本书的目的在于对"奇怪理论"这个类别，提供宽泛的介绍。我们已经从宇宙历史的每个大的时代取了样，实现了这一目的。虽说我们的探究可以轻易地继续下去，因为还有许多古怪的假说待我们探索，有许多假说是关于当今人们关注的问题的。比如说，全球变暖在令我们变胖吗？有一个理论说，全球二氧化碳水平的提高在令地球变热的同时，还在刺激我们体内与胃口相关的荷尔蒙的分泌。

我们还可以跨越现在，看向未来。如果我们从自己对地球疏忽的管理中存活了下来，人类会变成什么样子？有些人猜测我们的命运会"微型化"：我们的后代会找到办法前往微观甚至量子领域的内在空间，直到他们最后将自己送往"黑洞一般的终点"。

宇宙本身又会怎样终结呢？或者它会有终结吗？一个令人不安的可能性是，整个宇宙可能会经历一种突然的能量态的随机变化，这就像一颗原子经历放射性衰变的过程。在这种情况下，存在的万物肯定都会在任一时刻突然间毫无预警地消失。

事实上，奇怪理论的范畴就像好奇心本身一样宽广。它囊括了所有的学科以及知识领域。这样的猜测反映了我们想要弄明白周遭的世界，识别出真实世界表象下隐藏的联系的不息渴望，同时还体现了我们对目前的解释尚不完备的怀疑。

当然，这些奇怪的想法可能不过是疯狂的幻想。它们可能会给我们带来徒劳的工作，引我们走进死胡同。它们中的大多数可能确实如此，也绝对有这样的风险。但是，另一方面，完全忽略它们难道不也是有风险的吗？毕竟，科学反复地展示出，世界比任何人预想的还要奇怪。

　　不幸的是，我们并没有一种计算方法，可以可靠地从大量错误的理念中拣选出隐藏的宝石。我们在分析、争论、持续不断地评估（以及重新评估）证据之外，并无他法。而且，偶尔，一开始看起来荒谬的想法，确实会从这些过程中胜利地涌现。

　　我相信这证明了最重要的一课，那就是保持好奇心，愿意去考虑挑战了主流观念的奇怪想法。这并不意味着要去接纳每一个已经出现的奇异理念，因为怀疑也同样重要，但这的确意味着一个人应永远不惧怕提问。有时，那些看起来愚蠢的问题，往往才是最棒的问题。

致　谢

想象作者靠自己一个人写作会是一件很奇怪的事。事实上，他们并不是这样写作的。他们需要许多的帮助，这本书也不例外。

我深深感激泛麦克米兰的夏洛特·怀特，她充满耐心地引导我完成手稿。她的许多建议和批评都是极为宝贵的。

同时，我的家人和朋友们在整个过程中帮助我保持了清醒的头脑和集中的注意力。我的父母从远方不断地给予我鼓励，还有柯尔斯滕、本、阿斯特利德和皮帕。查理给予了我愉快的调剂，并令我在拼字游戏的技巧方面一直保持谦逊。

感谢丹妮尔，你是一个好女儿，感谢你介绍给我 IPA 的世界。金斯顿，我的第一个孙子，在这部手稿几乎完成时降生了。他已经为我带来了许多的爱和笑容。南瓜确保我每天早晨按时起床，并且每天都和我一起坐在办公室里。斯图尔特和卡罗琳就英国的术语为我提供了有益的建议。安妮和戴安娜主办了放松身心的尤马假期，还有其他我们外出共度的时光。但最重要的，感谢贝弗利满怀爱意地忍耐了我这段在古怪理论的土地上跋涉的漫长旅途。

参考文献[①]

引言

[1] Kuhn, Thomas S. The Structure of Scientific Revolutions [M].(3rd edn.). Chicago: University of Chicago Press, 1996.

第一章 宇宙难题

若宇宙大爆炸从未发生？

[1] Bondi, H. Cosmology [M]. Cambridge: Cambridge University Press, 1961.

[2] Gregory, J. Fred Hoyle's Universe [M]. Oxford: Oxford University Press, 2005.

[3] Hoyle, F. Steady-State Cosmology Re-visited [M]. Cardiff: University College Cardiff Press, 1980.

[4] Hoyle, F., Burbidge, G. & Narlikar, J. V. A Different Approach to Cosmology: From a Static Universe Through the Big Bang Towards Reality [M]. Cambridge: Cambridge University Press, 2000.

[5] Narlikar, J. V. & Burbidge, G. Facts and Speculations in Cosmology. [M]. Cambridge: Cambridge University Press, 2008.

怪论成真：射电天文学

[1] Jarrell, Richard. 'Radio Astronomy, Whatever That May Be: The Marginalization of Early Radio Astronomy' in The New Astronomy:

---

① 参考文献：为方便读者查询，本章提及的书名均保留了英文原名。

Opening the Electromagnetic Window and Expanding our View of Planet Earth [M]. Dordrecht: Springer, 2005.

[2] Kellermann, K. I. 'Grote Reber (1911–2002)'[J]. Publications of the Astronomical Society of the Pacific, August 2004, 116,pp.703–11.

我们的宇宙其实是电脑虚拟世界？

[1] Bostrom, Nick.'Are you living in a computer simulation？'[J]. Philosophical Quarterly, 2003, 53(211),pp.243–55.

[2] Hanson, Robin. 'How to live in a simulation'[J]. Journal of Evolution and Technology, 2001, 7(1).

[3] Hossenfelder, Sabine,'No,we probably don't live in a computer simulation'[EB/OL]. Back Re(Action), 2017-3-15. http://backreaction.blogspot.com/2017/03/no-we-probably-dont-live-in-computer.html.

全宇宙只有一个电子？

[1] Feynman, Richard P. 'The Development of the Space–Time View of Quantum Electrodynamics'[J]. Science, 1966-8-12, 133(3737),pp.699–708.

[2] Gardner, Martin. 'Can time go backward？'[J]. Scientific American, January 1967, 216(1),pp.98–109.

[3] Halpern, Paul. The Quantum Labyrinth: How Richard Feynman and John Wheeler Revolutionized Time and Reality [M]. New York, NY: Basic Books, 2017.

[4] Schwichtenberg, Jakob. 'One Electron and the Egg'[EB/OL]. http://jakobschwichtenberg.com/one-electron-and-the-egg/.

我们生活在黑洞中？

Carroll, Sean. 'The Universe is Not a Black Hole'[EB/OL]. 2010-4-28.

http://www.preposterousuniverse.com/blog/2010/04/28/the-universe-is-not-a-black-hole/.

[1] Luminet, Jean-Pierre. Black Holes [M]. New York, NY: Cambridge University Press, 1992.

[2] Pickover, Clifford A. Black Holes: A Traveler's Guide [M]. New York: Wiley, 1996.

怪论成真：暗物质

[1] Bertone, Gianfranco & Hooper, Dan. 'A History of Dark Matter' [J]. Reviews of Modern Physics, October–December 2018, 90(4).

[2] Hooper, Dan. Dark Cosmos: in search of our universe's missing mass and energy [M]. New York: Smithsonian Books/Collins, 2006.

[3] Rubin, Vera C. 'Dark Matter in the Universe'[J]. Proceedings of the American Philosophical Society, September 1988, 132(3),pp.258–67.

我们会永远活下去？

[1] Byrne, P. The Many Worlds of Hugh Everett III [M]. New York: Oxford University Press, 2010.

[2] DeWitt, B. S. 'Quantum mechanics and reality'[J]. Physics Today, 1970, 9, pp.30–5.

[3] DeWitt, B. & Graham, N. (eds.). The Many-Worlds Interpretation of Quantum Mechanics [M]. Princeton: Princeton University Press, 1973.

[4] Lewis, P. J. 'Uncertainty and probability for branching selves'[J]. Studies in History and Philosophy of Modern Physics, 2007, 38, pp.1–14.

[5] Tegmark, M. 'The interpretation of quantum mechanics: many worlds or many words？' [J/OL]. 1997.
https://arxiv.org/abs/quantph/9709032.

第二章 不寻常的暗淡蓝点

地球位于宇宙的中心？

[1] Clifton, T. & Ferreira, P. G. 'Does dark energy really exist？'[J]. Scientific American, 2009, 300(4),pp.58–65.

[2] Davies, P. C. W. 'Cosmic heresy？'[J]. Nature, 1978, 273,pp.336–7.

[3] Ellis, G. F. R. 'Is the Universe Expanding？'[J]. General Relativity and Gravitation, 1978, 9(2), pp.87–94.

[4] Ellis, G. F. R., Maartens, R. & Nel, S. D. 'The expansion of the Universe'[J]. Monthly Notices of the Royal Astronomical Society, 1978, 184, pp.439–65.

行星会爆炸？

[1] De Meijer ,R. J., Anisichkin, V. F. and van Westrenen, W. 'Forming the Moon from terrestrial silicate-rich material'[J]. Chemical Geology, 2013-5-8, 345, pp.40–9.

[2] Herndon, Marvin J. Maverick's Earth and Universe [M]. Victoria, British Columbia: Trafford, 2008.

[3] Ovenden, M. W. 'Bode's Law and the Missing Planet'[J]. Nature, 1972-10-27, 239, pp.508–9.

[4] Van Flandern, Tom, Dark Matter, Missing Planets and New Comets [M]. Berkeley, California: North Atlantic Books, 1993.

怪论成真：日心说

[1] Gingerich, Owen, The Book Nobody Read: Chasing the Revolutions of Nicolaus Copernicus [M]. New York: Walker & Company, 2004.

[2] Westman, Robert S. The Copernican Question: Prognostication, Skepticism, and Celestial Order [M]. Berkeley, California: University of California Press, 2011.

太阳系有两个太阳？

[1] Davis, M., Hut, P. and Muller, R. A. 'Extinction of species by periodic comet showers'[J]. Nature, 1984-4-19, 308,pp.715–17.

[2] Muller, Richard. Nemesis: The Death Star [M]. New York: Weidenfeld & Nicolson, 1988.

[3] Schilling, Govert, The Hunt for Planet X [M]. New York: Copernicus Books/Springer Science, 2009.

怪论成真：大陆漂移学说

[1] Oreskes, Naomi. The Rejection of Continental Drift: theory and method in American earth science [M]. New York: Oxford University Press, 1999.

[2] Powell, James L. Four Revolutions in the Earth Sciences: From heresy to truth [M]. New York: Columbia University Press, 2015.

每年有千万颗彗星撞击地球？

[1] Dessler, A. J. 'The Small-Comet Hypothesis' [J]. Reviews of Geophysics, August 1991, 29(3), pp.355–82.

[2] Frank, L. A., Sigwarth, J. B. and Craven, J. D. 'On the influx of small comets into the Earth's upper atmosphere'[J]. Geophysical Research Letters, April 1986, 13(4), pp.303–10.

[3] Frank, Louis A. The Big Splash [M]. New York, NY: Birch Lane Press, 1990.

地球在膨胀？

[1] Edwards, M. R. 'Indications from space geodesy, gravimetry and seismology for slow Earth expansion at present—comment on "The Earth expansion theory and its transition from scientific hypothesis to pseudoscientific belief" '[J]. Hist. Geo Space. Sci., 2016, 7, pp.125–33.

[2] Kragh, H. 'Expanding Earth and declining gravity: a chapter in the recent history of geophysics'[J]. Hist. Geo Space. Sci., 2015, 6, pp.45–55.

[3] Nunan, R. 'The theory of an expanding Earth and the acceptability of guiding assumptions' in Scrutinizing Science: Empirical Studies of Scientific Change [M]. Dordrecht: Kluwer Academic, 1988.

[4] Nunan, R. 'Expanding Earth theories' in Sciences of the Earth: An Encyclopedia of Events, People, and Phenomena, Vol. 2 [M]. New York: Garland Publishing, 1998.

[5] Sudiro, P. 'The Earth expansion theory and its transition from scientific hypothesis to pseudoscientific belief'[J]. Hist. Geo Space. Sci., 2014, 5, pp.135–48.

第三章 它是活的

万物都有意识？

[1] Goff, Philip. 'Panpsychism Is Crazy, but It's Also Most Probably True'[J/OL]. Aeon, 2017-3-1. https://aeon.co/ideas/panpsychism-is-crazy-but-its-also-most-probably-true.

[2] Shaviro, Steven. 'Consequences of Panpsychism' in The Nonhuman Turn [M]. Minneapolis: University of Minnesota Press, 2015.

[3] Skrbina, David. Panpsychism in the West [M]. Cambridge, MA: The MIT Press, 2017.

疾病来自太空？

[1] Hoyle, Fred & Wickramasinghe, N. C. Diseases From Space [M]. London: J. M. Dent & Sons, 1979.

[2] Hoyle, Fred & Wickramasinghe, N. C. Evolution From Space [M]. New York: Simon and Schuster, 1981.

怪论成可能：热液喷口假说

[1] Corliss, J. B., Baross, J. A. & Hoffman, S. E. 'An hypothesis concerning the relationship between submarine hot springs and the origin of life on Earth'[J]. Oceanologica Acta, 1981, 4 (supplement), pp.59–69.

[2] Hazen, Robert M. Genesis: The Scientific Quest for Life's Origin [M]. Washington, DC: Joseph Henry Press, 2005.

[3] Radetsky, Peter. 'How did life start？'[J]. Discover Magazine, November 1992, 13(11), pp.74–82.

地球拥有不竭的石油和天然气储量？

[1] Cole, S. A. 'Which Came First, the Fossil or the Fuel？'[J]. Social Studies of Science, November 1966, 26(4), pp.733–66.

[2] Glasby, G. P. 'Abiogenic Origin of Hydrocarbons: An Historical Overview'[J]. Resource Geology, 2006, 56(1), pp.85–98.

[3] Gold, Thomas. Power from the Earth: Deep-Earth Gas – Energy for the Future [M]. London: Dent, 1987.

[4] Gold, Thomas. The Deep Hot Biosphere: The Myth of Fossil Fuels [M]. New York: Copernicus, 2001.

[5] Priest, Tyler. 'Hubbert's Peak: The Great Debate over the End of Oil' [J]. Historical Studies in the Natural Sciences, February 2014, 44(1), pp.37–79.

另类生命存在于地球上？

[1] Cleland, Carol & Copley, Shelley. 'The possibility of alternative microbial life on Earth' [J]. International Journal of Astrobiology, 2005, 4, pp.165–73.

[2] Davies, Paul, et al. 'Signatures of a shadow biosphere'[J]. Astrobiology, 2009, 9(2), pp.241–9.

[3] Davies, Paul. The Eerie Silence: Are We Alone in the Universe？ [M]. New York: Allen Lane, 2010.

怪论（部分）成真：盖亚假说

[1] Lovelock, J. E. Gaia: a new look at life on Earth [M]. New York: Oxford University Press, 1979.

[2] Ruse, Michael. The Gaia Hypothesis: Science on a pagan planet [M]. Chicago: University of Chicago Press, 2013.

[3] Tyrrell, Toby. On Gaia: a critical investigation of the relationship between life and Earth [M]. Princeton: Princeton University Press, 2013.

我们已经找到了地外生命？

[1] DiGregorio, Barry. Mars: The Living Planet [M]. Berkeley, California: North Atlantic Books, 1997.

[2] Klein, Harold P. 'Did Viking Discover Life on Mars？'[J]. Origins of Life and Evolution of the Biosphere, December 1999, 29(6), pp.625–31.

[3] Levin, G. V. 'The Viking Labeled Release Experiment and Life on Mars' [C]. Proceedings of SPIE – The International Society for Optical Engineering. San Diego, California, 29 July–1 August 1997.

[4] Levin, G. V. & Straat, P. A. 'Color and Feature Changes at Mars Viking Lander Site'[J]. Journal of Theoretical Biology, 1978, 75, pp.381–90.

[5] Levin, G. V. & Straat, P. A. 'The Case for Extant Life on Mars and its Possible Detection by the Viking Labeled Release Experiment'[J]. Astrobiology, 2016, 16(10), pp.798–810.

第四章 迷幻猿的崛起

恐龙灭绝于一场核战争？

[1] Magee, M. Who lies sleeping? The dinosaur heritage and the extinction of man [M]. Selwyn: AskWhy! Publications, 1993.

[2] McLoughlin, J. C. 'Evolutionary Bioparanoia' [J]. Animal Kingdom, April/May 1984, pp.24–30.

我们的祖先是水猿？

[1] Hardy, A. 'Was man more aquatic in the past?' [J]. New Scientist, 1960-3-17, 7, pp.642–5.

[2] Kossy, D. Strange Creations: Aberrant Ideas of Human Origins from Ancient Astronauts to Aquatic Apes [M]. Los Angeles: Feral House, 2001.

[3] Langdon, J. H. 'Umbrella hypotheses and parsimony in human evolution: a critique of the Aquatic Ape Hypothesis' [J]. Journal of Human Evolution, 1997, 33, pp.479–94.

[4] Morgan, E. The Descent of Woman [M]. New York: Stein and Day, 1972.

怪论成真：走出非洲理论

[1] Dart, Raymond A. 'Australopithecus africanus: the man-ape of South Africa' [J]. Nature, 1925-2-7, 2884(115), pp.195–9.

[2] Falk, Dean. The Fossil Chronicles: How two controversial discoveries changed our view of human evolution [M]. Berkeley: University of California Press, 2011.

[3] Tobias, P. V. 'The life and times of Emeritus Professor Raymond A. Dart'[J]. South African Medical Journal, 1985-1-25, 67, pp.134–8.

我们的祖先是猪和黑猩猩混血？

[1] Critser, Greg. 'How a wild pig may uproot the tree of life'[J]. Quarterly Journal of the Los Angeles Review of Books, Summer 2015, 7, pp.122–9.

[2] McCarthy, Eugene M. On the Origins of New Forms of Life: A New Theory [EB/OL].2008. Macroevolution.net.

[3] McCarthy, Eugene M. 'The Hybrid Hypothesis'[EB/OL]. Macroevolution.net http://www.macroevolution.net/hybrid-hypothesis-contents.html.

[4] Myers, P. Z. 'The MFAP Hypothesis for the origins of Homo sapiens'[EB/OL]. Pharyngula, 2013-7-2. https://freethoughtblogs.com/pharyngula/2013/07/02/the-mfap-hypothesis-for-the-origins-of-homo-sapiens/.

[5] Prothero, Donald. 'Hogwash!'[EB/OL]. Skepticblog, 2013-12-4. http://www.skepticblog.org/2013/12/04/hogwash/.

迷幻药使我们演化成人类？

[1] Clarke, D. B. & Doel, M. A. 'Mushrooms in post-traditional culture: apropos of a book by Terence McKenna'[J]. Journal for Cultural Research, 2011, 15(4), pp.389–408.

[2] Huxtable, R. J. 'The mushrooming brain'[J]. Nature, 1992, 356, pp.635–6.

[3] McKenna, T. Food of the Gods: The Search for the Original Tree of Knowledge – A Radical History of Plants, Drugs, and Human Evolution [M]. New York: Bantam Books, 1992.

[4] Sagan, D. Cosmic Apprentice [M]. Minneapolis: University of Minnesota Press, 2013.

[5] Self, W. 'Mushrooms Galore'[N]. Times Literary Supplement, 1993-1-

22, pp.7–8.

怪论成真：洞穴艺术

[1] Beltran, Antonio (ed.). The Cave of Altamira [M]. New York: Harry M. Abrams, 1999.

[2] Curtis, Gregory. The Cave Painters: Probing the Mysteries of the World's First Artists [M]. New York: Alfred A. Knopf, 2006.

人类在变笨？

[1] Crabtree, G. R. 'Our fragile intellect', Parts 1 & 2 [J]. Trends in Genetics, 2013, 29(1), pp.1–5.

[2] Geary, D. C. The Origin of Mind: Evolution of brain, cognition, and general intelligence [M]. Washington, DC: American Psychological Association, 2005.

[3] Kalinka, A. T., Kelava, I. & Lewitus, E. 'Our robust intellect' [J]. Trends in Genetics, 2013, 29(3), pp.125–7.

[4] McAuliffe, K. 'The incredible shrinking brain'[J]. Discover, 2010, 31(7), pp.54–9.

[5] Mitchell, K. J. 'Genetic entropy and the human intellect' [J]. Trends in Genetics, 2013, 29(2), pp.59–60.

第五章 蘑菇上帝和幻影时代

古代人类受幻觉指引？

[1] Jaynes. J. The Origin of Consciousness in the Breakdown of the Bicameral Mind [M]. Boston: Houghton Mifflin Company, 1976.

[2] Keen, S. 'The Lost Voices of the Gods: Reflections on the Dawn of Consciousness' [J]. Psychology Today, 1977, 11, pp.58–64, pp.66–7,

pp.138–42, p.144.

[3] Rowe ,B. 'Retrospective: Julian Jaynes and The Origin of Consciousness in the Breakdown of the Bicameral Mind'[J]. The American Journal of Psychology, 2012, 125(3), pp.369–81.

[4] Williams, G. 'What is it like to be nonconscious？A defense of Julian Jaynes' [J]. Phenomenology and the Cognitive Sciences, 2011, 10, pp.217–39.

怪论成可能：啤酒先于面包

[1] Braidwood, Robert J., et al. 'Did man once live by beer alone？'[J]. American Anthropologist, 1953, 55, pp.515–26.

[2] Hayden, Brian, Canuel, Neil & Sanse, Jennifer.'What was Brewing in the Natufian？An Archaeological Assessment of Brewing Technology in the Epipaleolithic'[J]. Journal of Archaeological Method and Theory, 2013, 20, pp.102–50.

[3] Katz, Solomon H. & Voigt, Mary M. 'Bread and Beer'[J]. Expedition, 1986, 28(2), pp.23–34.

荷马是女人？

[1] Beard, M. 'Why Homer Was (Not) a Woman: The Reception of the Authoress of the Odyssey' in Samuel Butler,Victorian Against the Grain [M]. Toronto: University of Toronto Press, 2007.

[2] Butler, S. The Authoress of the Odyssey, where and when she wrote, who she was, the use she made of the Iliad, and how the poem grew under her hands [M]. London: Longmans, Green, 1897.

[3] Dalby, A. Rediscovering Homer: Inside the Origins of the Epic [M]. New York: W. W. Norton & Company, 2006.

耶稣是蘑菇？

[1] Allegro, John M. The Sacred Mushroom & the Cross [M]. London: Hodder and Stoughton, 1970.

[2] Brown, Judith Anne. John Marco Allegro: The Maverick of the Dead Sea Scrolls [M]. Grand Rapids, Michigan: Wm. B. Eerdmans, 2005.

[3] King, John C. A Christian View of the Mushroom Myth [M]. London: Hodder and Stoughton, 1970.

怪论成真：古特洛伊城

[1] Allen, Susan Heuck. Finding the Walls of Troy: Frank Calvert and Heinrich Schliemann at Hisarlik [M]. Berkeley: University of California Press, 1999.

[2] Brackman, Arnold C. The Dream of Troy [M]. New York: Mason & Lipscomb, 1974.

[3] Korfmann, Manfred.'Was there a Trojan War？'[J]. Archaeology, May/June 2004, 57(3), pp.36–8.

耶稣是恺撒大帝？

[1] Carotta, F. Jesus was Caesar: On the Julian Origin of Christianity [M]. The Netherlands: Aspekt, 2005.

[2] Carotta, F. 'The gospels as diegetic transposition: A possible solution to the Aporia "Did Jesus Exist？"' [EB/OL]. 2007. http://carotta.de/subseite/texte/articula/Escorial_en.pdf.

[3] Ehrman, B. How Jesus Became God: The Exaltation of a Jewish Preacher from Galilee [M]. New York, NY: HarperOne, 2014.

中世纪早期从未存在过？

[1] Illig, H. Das Erfundene Mittelalter: Die größte Zeitfälschung der Geschichte [M]. Munich: ECON, 1996.

[2] Illig, H. 'Anomalous Eras – Best Evidence: Best Theory'[C]. Toronto Conference, 2005.

[3] Niemitz, H-U. 'Did the Early Middle Ages Really Exist？'[EB/OL]. 1997.

http://www.cl.cam.ac.uk/~mgk25/volatile/Niemitz-1997.pdf.

[4] Scott, E. A Guide to the Phantom Dark Age [M]. New York: Algora Publishing, 2014..

图书在版编目（CIP）数据

万物皆假设/(英)埃里克斯·伯依斯著；马盈佳译. -- 南昌：江西科学技术出版社，2021.5
书名原文：PSYCHEDELIC APES
ISBN 978-7-5390-7640-9

Ⅰ.①万… Ⅱ.①埃… ②马… Ⅲ.①科学知识-普及读物 Ⅳ.①Z228

中国版本图书馆CIP数据核字(2021)第018748号

PSYCHEDELIC APES
First published 2019 by Macmillan an imprint of Pan Macmillan, a division of Macmillan Publishers International Limited

国际互联网（Internet）地址：
http://www.jxkjcbs.com
版权登记号：14-2020-0176
选题序号：ZK2020169
图书代码：B21002-101

万物皆假设	(英)埃里克斯·伯依斯 著 马盈佳 译

出版发行	江西科学技术出版社
社址	南昌市蓼洲街2号附1号
	邮编：330009 电话：（0791）86623491 86639342（传真）
印刷	天津鑫旭阳印刷有限公司
经销	全国新华书店
开本	880mm×1230mm 1/32
字数	230千字
印张	7.75
版次	2021年5月第1版 2021年5月第1次印刷
书号	ISBN 978-7-5390-7640-9
定价	48.00元

赣版权登字-03-2021-21
版权所有，侵权必究
（赣科版图书凡属印装错误，可向承印厂调换）